3권으로 읽는
자치통감 294·하

3권으로 읽는
자치통감 294·하

권중달 지음

도서
출판 삼화

《자치통감》에는 무슨 내용이 있을까?

  필자가 《자치통감》과 씨름해 온 지도 벌써 40년이 되었으니 《자치통감》은 필자 인생의 동반자나 마찬가지다. 그동안 방대한 분량의 《자치통감》을 한글로 완역하였고, 《자치통감》을 통하여 중국사를 보는 시각을 다룬 몇 권의 책으로도 출간하였다. 때로는 강의를 통하여 《자치통감》을 이야기했으며, 뜻을 함께 하는 이들과 《자치통감》의 원문을 읽는 작업도 진행해 왔다. 이와 같은 노력 덕분에 이제는 제법 많은 사람들이 《자치통감》에 관심을 갖게 되었다.

  일반적으로 중국의 역사책이라고 하면 사마천의 《사기》가 대표적인 것으로 알려져 있다. 하지만 《사기》는 인물 중심의 기전체로 엮여 있어 마치 위인전을 보는 것과 같다는 평을 받기도 한다. 그에 비하여 사마광이 편년체로 엮은 《자치통감》은 인간과 사건, 시간으로 얽힌 역사를 종합적으로 이해할 수 있도록 구성되어 있다.

  역사 교과서로서의 《자치통감》을 말하면서 필자는 우리나라의 세종대왕을 자주 인용한다. 세종대왕은 한글을 창제하기 전에 먼저 《자치통감》에 훈의를 달면서, 이 책을 널리 알리기 위하여 각 도에 엄명을 내려 《자치통감》을 인쇄하기 위한 30만 권의 종이를 마련하게 했다. 자신이 여러 번 탐독하였기에 그 깊이를 익히 아는 《자치통감》을 조정에서 관직을 가지고 있는 사람부터 지도자가 되려는 사람들에게 널리 읽히기 위해서였다. 세종대왕의 위대한 업적은 그가 어린 시절부터 통독했던 《자치통감》의 지혜에서 비롯되었다 해도 과언이 아닐 것이다.

몽골의 쿠빌라이도 중원으로 들어와 원 왕조를 세우면서 《자치통감》을 몽골어로 번역했다. 유목 생활을 하던 몽골족의 칸 쿠빌라이가 농경 국가인 중국을 효과적으로 통치할 수 있었던 것도 《자치통감》을 통하여 중원의 역사를 체계적으로 이해했기 때문이라고 할 수 있지 않을까.

어디 그뿐인가. 가장 놀라운 일은 신 중국을 탄생시킨 마오쩌둥이 《자치통감》을 17번이나 통독했다는 사실이다. 최종 학력이 호남제일사범학교 졸업인 마오쩌둥은 청나라 이후 근 100여 년간 분열과 혼란의 소용돌이 속에 빠져 있던 중국 대륙을 통일하고 중화인민공화국을 탄생시킨 장본인이다. 따라서 그는 학교 공부보다 《자치통감》을 더 많이 읽었을 것이고, 그의 지략과 혜안의 원천은 여기에서부터 시작되었다고 할 수 있다.

마오쩌둥은 평소에 청나라 말기의 이름난 역사학자인 왕명성의 말을 자주 인용했다.

"천지간에 없어서는 안 될 책이 《자치통감》이며, 공부하는 사람이 반드시 읽지 않으면 안 되는 책이 바로 《자치통감》이다."

또한 마오쩌둥은 《자치통감》에 대하여 이렇게 이야기했다.

"중국의 군사 전략가는 반드시 정치가는 아니다. 그러나 걸출한 정치가는 대부분 군사 전략가이다. 중국에서 왕조가 바뀌거나 시대가 바뀔 때 군사 전략을 모른다면 무슨 방법으로 정치를 하겠는가? 특히 전환기에서의 정치는 대부분 군사력에 의하여 좌우된다. 천하를 가지지 않고서는 천하를 공격하지 못하며, 천하를 가지고서야 천하를 지킬 수 있다. 어떤 사람이 《좌전》을 거론하면서 '서로 죽이고 죽는 책'이라고 했는데, 《자치통감》 속에 나오는 전쟁에 비한다면 《좌전》의 내용은 아주 단편적인 것일 뿐이다. 《자치통감》에는 벤다는 말은 없지만 그 내용을 살펴보면 말 그대로 서로 베고 베이는 일을 기록한 위대한 책이다."

이와 같은 말을 통하여 고졸 학력의 마오쩌둥이 중화인민공화국을 건설한 비결을 엿볼 수 있다. 그는 《자치통감》을 통하여 인간의 역사를 꿰뚫어 본 것이다.

솔직히 말하자면 인간사란 서로를 짓밟으며 죽고 죽이는 일상을 헤엄쳐 가는 것이 아니겠는가. 총을 쏘고 칼을 휘둘러 사람의 목숨을 직접 끊는 전쟁은 말할 것도 없거니와 평화스러운 모습으로 위장하고 있는 우리의 현실 속에서도 무소불위의 권력을 휘두르던 권력자나 돈을 물 쓰듯 써 재끼던 재벌들이 하루아침에 나락으로 떨어지는 경우가 비일비재하다. 패잔병의 신세가 되어 버리는 것이다. 아이들은 경쟁의 소용돌이 속으로 내던져지고, 젊은이들은 일할 곳을 찾아 부초처럼 떠돈다. 이것이 서로를 베고 베이는 시대가 아니고 무엇이며, 《자치통감》 속에서 반복되는 난세가 아니고 무엇이겠는가.

《자치통감》에서 끝없이 반복되고 있는 인간사의 양태를 깨닫는다면 우리는 삶의 방향을 알려주는 저마다의 나침반을 하나씩 얻을 수 있다. 목적지까지 가는 길이 아무리 멀고 험난하더라도 도중에 포기하거나 실패를 반복하는 일을 예방할 수 있는 것이다. 서로 베고 베이는 세월 속에서 살아남아 역사의 주인공이 된 세종대왕도, 쿠빌라이도, 마오쩌둥도 《자치통감》으로부터 선물 받은 자신만의 나침반을 마음 속 깊이 간직하고 있었을 것이다.

이와 같은 가치 때문에 그동안 《자치통감》에 손을 댄 사람은 무척이나 많다. 그럼에도 불구하고 대부분의 독자들이 선뜻 《자치통감》의 책장을 펼치지 못하는 것은 원본의 방대함이 거대한 태산처럼 느껴지기 때문일 것이다. 중국 역사를 기전체로 다룬 1,600권의 역사책을 294권에 정제해 놓은 것임에도 불구하고 완독에 도전하기에는 용기가 필요한 것이다.

따라서 《자치통감》을 좀 더 쉽고 간단하게 접근할 수 있도록 해 달라는 요구가 필자에게 계속 이어져 왔다. 그러던 차에 몇 년 전 모 신문사에서 매달 한 편씩 간략하게 《자치통감》에 관한 글을 써 달라는 청탁을 받게 되어 매달 《자치통감》 한 권에서 한 사건씩 골라 연재할 기회가 생겼다. 한 사건이 《자치통감》 한 권 전체를 대표하는 사건이라고 단정하기는 어렵지만, 그럼에도 불구하고 중국 역사의 흐름을 이해하는 데는 큰 도움이 되었다는 독자의 격려를 받으면서 《자치통감 294》를 펴낼 동기를 부여받게 되었다.

때마침 주한 중국 문화원에서 '《자치통감》을 통한 중국 문화의 이해'라는 주제로 10회의 강의를 할 수 있는 기회도 얻게 되었다. 이때 청강하신 분들은 대체로 우리 사회를 이끌어 가는 분들이어서 필자 또한 무거운 책임감을 느끼게 되었는데, 한편으로는 강의의 말미에 이어지는 질의응답을 통하여 《자치통감》의 내용을 간단히 다룬 입문서에 대한 필요성을 느끼게 되었다.

그리하여 이미 《자치통감》의 입문서 격으로 펴낸 바 있었던 《자치통감 산책》을 수정 보완하고, 모 신문에 연재했던 내용과 아직 게재하지 않은 부분의 원고를 만들어 《자치통감》 권1에서부터 《자치통감》 권294에 이르기까지 매 권마다 하나의 사건을 골라 아주 짧고 평이하게 기술한 《자치통감 294》를 펴내게 되었다. 짧은 이야기 속에 긴 역사의 숨결이 담겨 있는 《자치통감 294》를 통하여 독자 여러분들께서 '베고 베이는 세상'을 헤쳐 나가는 데 길잡이가 되어주는 나침반을 하나씩 거두시기를 기원한다.

2016년 12월
권 중 달 적음

오대 십국시대 五代 十國

《자치통감》은 어떤 역사책인가?

사마광이 저술한 《자치통감》은 중국 대륙에서 펼쳐진 1,362년간의 역사를 총 294권으로 나누어 편년체로 기록한 것으로, 어느 한 시대나 어느 한 위인만을 다룬 역사책과는 다르다. 1,362년 동안 이어져 내려온 중국의 역사는 시대에 따라 추구된 이상도 다르고, 그에 따른 행동 양식도 다종다양한데, 《자치통감》에서는 이와 같이 역동적인 인간사를 마치 눈으로 보는 듯하게 생생한 표현으로 담아내고 있다.

다음의 표를 보면 알 수 있듯이 《자치통감》에는 다양한 역사의 변화 과정이 있는 그대로 드러나 있다. 주 왕조의 분열과 통일 과정, 이민족의 등장과 이동, 중원의 오랜 분열의 역사와 새로운 사상의 등장, 중원의 재통일과 그 변화 과정 등을 통시적으로 다룸으로써 매우 다양한 인간 활동의 양상을 접할 수 있도록 해 주는 것이다.

드넓은 중국 대륙에서 1,362년 동안 일어난 일들을 294권에 담아 놓았으니, 《자치통감》은 오히려 부담스러운 분량이 아니

권차	왕조	기록기간	내용
1~5	주	BC 403~BC 256 (148년간)	주나라의 권위가 무너지고 제후국들이 통일을 위해 각축전을 벌인 전국시대
6~8	秦	BC 255~BC 207 (49년간)	전국시대에 진나라가 중원의 통일을 준비하고, 통일을 완성했다가 망하는 과정
9~68	한	BC 206~AD 219 (425년간)	진의 해체와 유방의 한 왕조가 중국을 재통일하는 과정, 황제 체제의 성립과 왕망의 찬탈 과정, 왕망의 몰락으로 막을 내리는 전한 시대와 유수의 후한이 중원을 재통일하는 과정, 호족들의 등장과 후한의 몰락 과정
69~78	위	220~264 (45년간)	후한의 멸망과 위·오·촉한의 삼국시대, 위나라의 촉한 정벌 과정
79~118	晉	265~419 (155년간)	위의 몰락과 진의 등장, 삼국의 통일 과정, 북방 오호의 남하와 북방의 분열, 진의 남천과 남북 대결 과정
119~134	송	420~478 (59년간)	남조의 송 왕조와 북방 민족이 중원으로 내려와 이룩한 남북조시대
135~144	제	479~501 (23년간)	남조 송의 멸망과 제의 건국, 북조와의 대결 과정
145~166	양	502~556 (55년간)	남조 제의 멸망과 양의 건국, 북조와의 대결 과정
167~176	陳	557~588 (32년간)	남조 양의 멸망과 진의 건국, 북조와의 대결 과정
177~184	수	589~617 (29년간)	수 왕조의 중국 재통일과 멸망 과정
185~265	당	618~907 (290년간)	당 왕조의 성립과 중국 고대 문화의 완성 과정, 당말 절도사의 발호와 당의 멸망 과정
266~271	후량	908~922 (15년간)	당의 멸망과 후량의 건설, 오대십국의 진행 과정
272~279	후당	923~935 (13년간)	후량의 멸망과 후당의 건설, 오대십국의 진행 과정
280~285	후진	936~946 (11년간)	후당의 멸망과 후진의 건설, 오대십국의 진행 과정
286~289	후한	947~950 (4년간)	후진의 멸망과 후한의 건설, 오대십국의 진행 과정
290~294	후주	951~959 (9년간)	후한의 멸망과 송 태조 조광윤의 등장, 오대십국의 진행 과정

총 294권 총 1,362년간

라 너무 잘 다듬어 놓은 역사의 정수라고 할 수 있다. 294권을 오늘날의 책으로 환산한다면 대략 30권 정도의 분량이 될 것이다. 방대한 중국의 오랜 역사를 30권 분량으로 훑을 수 있다면, 이것은 결코 많은 양이 아니지 않은가.

이는 소설로 각색된 《삼국지》나 《열국지》 등의 분량과 비교해 보아도 자명한 일이다. 《자치통감》에서 삼국지에 해당하는 부분은 10권 정도의 분량인데, 요즘 책으로 환산하면 삼국지가 한 권 정도의 분량으로 다루어지고 있는 것이다.

시중에는 《자치통감》의 내용을 줄인 절요판도 나오는데, 이러한 종류의 책들은 역사적 사건의 흐름을 아무런 설명 없이 자의대로 끊어버리거나 생략하는 경우가 많아서 전체적인 내용을 아는 사람의 설명이나 해설이 추가되지 않으면 이해하기 어렵다는 하소연을 많이 듣게 된다. 인간의 삶은 역사의 파동 속에서 형성되는 것이므로, 거대한 역사의 물결을 바라보지 않은 채 개별적인 인간의 삶만 평가하는 것은 아무런 의미가 없다. 그런 점에서 《자치통감》은 시대와 인간을 보다 정확하게 바라볼 수 있는 통찰력을 제시해 준다. 《자치통감》은 편년체로 서술되어 있기 때문에 시대의 흐름과 그 속에서 벌어지는 사건을 조망할 수 있다.

따라서 이 책은 역사책이면서도 인간들 사이에 벌어지는 사건과 사건이 연속되어 마치 소설을 읽는 것 같은 착각마저 들게 한다. 절제된 문장은 문학적인 감각을 일깨우며, 시대에 따라 변화하는 인간들의 모습은 마치 철학사를 보는 듯한 느낌을 안겨 준다. 즉 《자치통감》을 통하여 중국의 역사와 문학, 철학을 함께 접할 수 있는 것이다.

　우리가 역사를 공부하는 이유는 지나간 과거의 옛날이야기를 즐기기 위함이 아니다. 더구나 우리처럼 어쩔 수 없이 중국과 이웃하며 살아가야 되는 운명을 가졌다면 우리가 살아갈 앞날을 설계하기 위하여 역사를 바라보아야 하는 것이다.

　역사는 되돌아보는 것이 아니라 우리의 앞으로 불러내어 미래의 눈으로 바라보는 것이다. 여기에 가장 적합한 역사책이 바로 《자치통감》이다.

당시대

자치통감 권185~자치통감 권265
618년~907년 (290년간)

唐時代

당시대

《자치통감》권185부터 권265까지의 여든한 권은 당나라의 역사를 다룬 '당기(唐紀)'이다. 618년부터 907년까지 290년 동안 이어진 당 왕조는 고조 이연이 수로부터 선양을 받아 왕조를 개창하였고, 20대 황제인 애제 이축이 주전충에게 선양하면서 막을 내린다.

당나라의 역사는 초기, 중기, 말기로 구분할 수 있다. 초기는 고조 이연에서부터 태종 이세민, 중종 이현을 지나 무측천에 이르기까지 당 왕조를 건설하는 시기를 뜻한다. 태종의 후궁이자 고종의 황후인 측천무후는 자신의 친아들들을 황제로 내세웠다가 갈아치우며 정권을 유린하다가 690년 스스로 황제가 되어 나라 이름을 대주(大周)로 바꾸었다. 704년 무측천이 병들어 태상황으로 물러나면서 중종 이현이 복위하였고, 당 왕조의 부활이 이루어졌다.

이후 6대 황제로 즉위한 현종 이륭기는 44년간 재위하면서 당 왕조의 중기를 이끌었다. 755년 안사의 난이 일어나면서 당 왕조는 절도사의 시대가 되었고, 이들을 통제하기 위하여 환관에게 군권이 부여되면서 당나라는 내리막길로 치닫게 된다.

당 고종~예종 시기

　《자치통감》권199부터 권210까지의 열두 권에는 태종 이세민의 마지막 2년과 고종 이치, 무측천 무조, 중종 이현, 예종 이단을 거쳐 현종 이륭기가 등장할 때까지의 역사가 기록되어 있다. 648년부터 713년까지 66년 동안 이어진 이 시기에 있었던 국제적 사건으로는 고종 이치가 신라와 연합하여 고구려와 백제를 멸망시킨 일을 꼽을 수 있다.

　하지만 당나라 내부에서는 고종이 태종의 후궁이었던 무조를 후궁으로 맞아들여 황후까지 만들었고, 무조가 전횡을 거듭하다 고종이 죽은 뒤 스스로 황제가 되어 국호를 바꾸는 엄청난 정치적 소용돌이가 일었다.

　고종이 죽은 후 측천무후는 자신의 아들인 이현이 황제가 되었지만, 그녀는 아들이 자기의 말을 듣지 않는다는 이유로 폐위시키고 이현의 동생 이단을 황제로 세웠다. 하지만 실제로는 측천무후가 정치를 장악하고, 급기야는 황제의 지위에 올라 대주를 세우며 21년 동안 나라의 권력을 쥐고 흔들었다.

　그 후 중종이 황제로 복위하였으나 황후 위씨와 딸 안락 공주에게 독살되었고, 무측천에게 폐위당했던 예종의 아들 이륭기가 쿠데타를 일으켜 황위에 오르면서 아버지를 다시 복위시키는 정치적 소용돌이가 계속되었다. 여기에는 현종 이륭기의 쿠데타까지 기록되어 있다.

199
측천무후의 등장을 예고한 징조

당시대 15 (648년~655년)

당나라 때 가장 큰 정치적 사건으로 무측천(武則天)의 등장을 꼽을 수 있다. 그녀의 이름은 무조인데, 태종 때 궁녀로 들어와 재인이 되었다. 태종이 죽자 무조는 감업사의 비구니가 되었다가 고종 이치의 부름을 받고 다시 궁궐로 돌아와 마침내 황후가 되었다. 고종이 죽은 후에는 자신의 아들 둘을 황제에 올렸다가 내쫓고 스스로 황제가 되었으며, 중국 최초의 여제로 등극하여 나라 이름을 주(周)로 바꿨다.

그녀에 관해서는 많은 이야기가 난무하지만 《자치통감》에는 그녀의 등장을 알리는 징조에 대한 기록이 있다.

"좌무위장군이자 무련현공인 무안사람 이군선이 현무문에서 당직을 맡고 있었는데, 그때 태백성이 여러 번 대낮에 보였다. 이와 관련된 사람을 설명하는 말 가운데 유독 모두 '무(武)'라는 글자가 들어가 있었다."

태백성은 금성의 다른 이름이다. 태백성의 등장을 보고 점을 친 태사가 "여자 주군이 창성하리라."는 말을 했다는 것이다.

이것은 '무(武)'라는 글자와 여자 주군이 묘하게 연결되면서 측천무후의 등장이 하늘의 점지인 것으로 설명하는 대목이기도 하다. 이때 백성들 사이에서는 《비기(秘記)》가 전해지고 있었는데, 거기에는 또한 이런 내용이 나와 있다고 한다.

"당(唐)에는 3세(世) 이후에 여자 주군인 무왕(武王)이 대신 천하를 가질 것이다."

당시 황제였던 태종이 이를 좋아할 리 없었다. 태종이 궁중에서 무신들과 연회를 베푸는데, 태백성을 본 이군선의 어릴 적 이름이 '오랑(五娘)'이라는 여자 이름이었다는 것이 밝혀지면서 다시 '무(武)' 자와 여자가 연결되었다. 태종은 이군선이 '무(武)' 자와 관련되는 것을 싫어하여 그를 화주자사로 보내기도 했다.

이후 이군선은 요사스러운 사람과 왕래하며 불궤한 짓을 한다는 이유로 주살되었고 그 집안도 적몰되어 쑥대밭이 되었다. 태종이 여자 황제가 나타난다는 《비기》 때문에 얼마나 신경을 썼는지를 표현한 대목이라고 볼 수 있다.

"당나라에 여자 군주가 나타나 천하를 갖는다."

태종은 《비기》에 실린 이 말이 계속 거슬려 비밀리에 태사령 이순풍에게 물었다.

"《비기》에서 말한 것은 믿을 만하오?"

"그 여자는 이미 궁궐 안에 있는데, 30년이 지나지 않아 마땅히 왕천하(王天下)하게 될 것이고, 당의 자손을 죽여 거의 없앨 것이며, 그 징조는 이미 이루어지고 있사옵니다."

이순풍의 답을 들은 태종이 다시 물었다.

"그렇다면 비슷하다고 의심되는 사람을 모두 다 죽이면 어떠하오?"

이순풍이 답했다.

"하늘이 명령하는 바를 사람이 어길 수 없습니다. 왕이 될 자는 죽지 않으며 다만 죄 없는 사람을 많이 죽일 뿐입니다. 지금으로부터 30년이 지나가면 그 사람은 이미 늙었을 것이니, 자비심을 가지신다면 화가 되는 일이 옅어질 것입니다."

이순풍은 태종에게 여자 황제가 될 것이라 의심되는 사람을 죽이더라도 정작 그 당사자는 죽지 않을 것이고, 오히려 애꿎은 다른 사람만 죽게 될 것이니 자비심을 베풀어 그런 일을 하지 말라고 권하고 있다. 하늘의 뜻에 순응하라는 것이다.

태종은 마음을 고쳐 그냥 넘어가기로 했고, 이후 측천무후가 황위에 올라 국호를 주(周)로 고쳤으니, 어쨌든 《비기》의 예언은 들어맞은 셈이 되었다.

하지만 정말로 《비기》의 예언이 맞은 것인지, 아니면 권력을 잡은 무측천이 자신의 정당성을 증명하기 위해 이런 말을 적당히 각색해 낸 것인지는 아무도 모른다.

200
부하들을 서로 잡아먹게 만든 정인태

당시대 16 (655년~662년)

당나라 3대 황제인 고종은 백제를 멸망시키고 고구려를 침략하는 한편, 서역으로도 군사를 진출시켜 세력을 넓히고자 했다. 지금의 몽골 지역에 있던 사결 부족은 당나라의 지배 아래 있었는데, 군사 지휘관인 도만이 군사를 일으켜 당나라에 대항했다. 도만은 지금의 신강성 지역을 차지하고 있었던 소륵·주구파·알반타 세 나라를 끌어들이고 우전을 격파했다.

당나라에서는 정인태에게 이 문제를 해결하게 했다. 그는 태종이 현무문에서 자기 형제를 죽이는 쿠데타를 일으켰을 때 선봉에 섰던 사람 중 하나였다. 후에 그는 우무위대장군에 이르렀고, 전쟁에 나가 공을 세웠다.

천산을 지키던 사결과 다람갈 부락 사람들은 정인태가 곧 도착한다는 소식을 듣고 모두 밖으로 나와 그를 영접하며 항복했다. 명장으로 이름난 정인태에게 맞서다 지게 되면 큰 피해를 입게 될 것이라 생각하고 미리 투항한 것이다. 정인태의 군대는 싸우지도 않고 목적을 달성했다.

그럼에도 불구하고 정인태는 무자비했다. 그들 부족이 순순히 항복했음에도 불구하고 군사를 풀어 그들을 쳐부수고 집을 약탈하여 자기 군사에게 상으로 내주었다.

항복을 하면 피해를 줄일 수 있을 것이라고 예상했던 사람들은 정인태의 만행을 보고 멀리 도망하여 숨어 버렸다. 그들의 뒤를 쫓아갔던 척후병이 돌아와 정인태에게 보고했다.

"오랑캐의 치중(輜重)이 가까운 곳에 있으니 가서 빼앗을 수 있습니다."

치중이란 군대가 이동하면서 가지고 다니는 무거운 물건을 말하는데, 여기에는 많은 재물이 포함되어 있었다. 탐욕스러운 정인태는 그들을 빨리 따라가 약탈하기 위하여 기병들의 무장을 가볍게 하라고 명령했다.

정인태는 경무장한 기병 1만 4천 명을 거느리고 빠른 속도로 그들을 뒤쫓아 갔다. 그렇게 대사막을 넘어 몽골의 선악하에 도착했지만 사결 부족의 종적을 찾을 수가 없었다.

경무장한 기병들이 싸 가지고 간 양식은 금방 떨어졌고, 엎친 데 덮친 격으로 눈까지 내리자 정인태가 데리고 갔던 사졸들은 굶주리고 추위에 떨어야 했다. 하는 수 없이 그들은 무기와 갑옷을 버리고 말을 잡아먹었다. 말이 떨어지자 병사들끼리 서로 잡아먹었다.

그리하여 정인태가 본진으로 돌아왔을 때 남은 병사는 겨우

800명에 불과했다. 1만 4천 명의 병사가 거의 다 죽은 것인데, 그 중에는 동료들을 살해하여 잡아먹은 사람도 있었다.

사결 부족을 평정하라는 책임을 맡고 간 정인태는 그들이 평화적으로 투항했음에도 불구하고 살육과 약탈을 서슴지 않았다. 그 결과 사결 부족에게도 치명타를 입혔지만, 자기 군사들이 서로 잡아먹는 비참한 지경을 야기했다. 지휘관 한 사람의 잘못으로 양쪽 모두 치명적인 피해를 입은 것이다.

당나라 조정에서는 정인태의 죄를 물었다.

"이미 항복한 사람들을 주살하여 오랑캐로 하여금 도망쳐 흩어지게 했고, 물자와 양식을 계산하지 않아 해골이 들을 덮게 만들었으며, 갑옷을 버려 도적들의 물자가 되게 했다.

성스러운 당나라 조정이 개창된 이후 오늘과 같이 죽고 실패한 사람은 없었다."

정인태의 죄는 결코 용서받을 수 없는 것이었지만, 당나라 조정에서는 그가 전에 세운 공로를 감안하여 직위를 해제하는 데 그쳤다. 하지만 1500년이 지난 지금 그는 자기 부하를 서로 잡아먹게 만든 지휘관으로 사람들의 입에 오르내리고 있으니 이 것이야말로 그의 이름에 내려진 영원한 형벌이 아니겠는가.

201
친정의 후사를 끊은 무측천

측천무후의 아버지인 무사확은 첫째 부인인 상리씨를 맞이하여 무원경과 무원상 아들 둘을 낳았다. 그 후 다시 양씨를 맞아들였는데 이번에는 딸만 셋을 낳았다. 무사확과 양씨 사이에서 낳은 첫째 딸은 월왕부의 법조 하란월석에게 출가했고, 둘째 딸은 태종 때 궁궐에 재인으로 들어갔다가 고종의 황후가 되는 측천무후 무조이며, 셋째 딸은 곽효신에게 출가했다.

무사확이 죽자 무원경과 무원상, 무사확의 조카인 무유량과 무회운은 모두 양씨 부인에게 예의를 차리지 않았다. 양씨는 무씨 집안 남자들과 전실 자식들이 자신을 제대로 대우하지 않는 것을 원망하면서 이를 악물었다. 이런 상황에서 첫째 딸은 딸하나를 둔 뒤 과부가 되었고, 셋째 딸 부부는 모두 죽었다.

이처럼 고단한 가정에서 자란 무조는 태종 때 궁궐에 들어와 고종의 총애를 받으면서 황후의 지위까지 뛰어올랐으니 그야말로 벼락출세가 따로 없었다. 딸의 지위가 높아짐에 따라 어머니 양씨 부인과 과부 언니도 정1품의 지위를 누리게 되었다. 이후부터 양씨 부인은 영국(榮國) 부인으로 불렸고, 언니는 한국(韓國) 부인으로 불렸다.

또한 무조의 이복 사촌 오빠인 무유량과 무회운도 파격적으로 직급이 올라갔고, 이복 오빠인 무원경과 무원상도 여러 번 승진했다. 누가 보더라도 황후인 무측천의 힘이라고 볼 수밖에 없는 혜택이었다.

상황이 이렇게 변하고 보니 영국 부인 양씨는 의기양양해졌다. 그녀는 술자리를 마련한 뒤 무유량 등을 불러 의도적으로 과거의 일을 상기하게 했다.

"자네들은 옛날의 일을 기억하는가? 그럼 오늘의 영광과 존귀함은 어떠한가?"

과거에 자기를 홀대했던 일과, 지금 와서 자기의 딸인 무측천 덕택에 파격적으로 출세하게 된 감상이 어떠냐고 물은 것이다.

영국 부인은 그들로부터 과거에 대한 사과와 현재에 대한 감사를 기대했을 것이다. 하지만 무유량의 대답은 영국 부인이 기대했던 것과 전혀 방향이 달랐다.

"저희들은 공신의 자제로서 일찍이 관직에 올랐지만 분수와 재주를 헤아려 귀하게 되기를 원치 않았습니다. 그러니 어찌 황후로 인하여 조정의 은혜가 굽혀지기를 바라겠습니까? 밤낮으로 근심하고 걱정하니 전혀 영광되지 않습니다."

무측천 덕분에 순서를 뛰어넘어 출세한 것을 오히려 근심하고 걱정한다는 대답이었다. 정상적인 논법으로 본다면 무유량의 대답은 옳은 것이다. 황후의 오빠라 하여 벼락출세를 시키는 것은 정당하지 않기 때문이다.

딸의 권력을 이용하여 공치사를 받고 싶었던 영국 부인은 이 대답이 기쁘지 않았다.

이후 무측천은 친정 식구들을 겸손하게 대해야 한다는 명분을 강조하며 무유량 등을 변방에 있는 주의 자사로 삼게 함으로써 고종의 총애를 받았다. 무측천은 여기에 그치지 않고, 이들을 죄로 옭아매거나 모함하여 모두 죽게 함으로써 무씨 집안의 후사를 끊어 버렸다.

전쟁의 승리를 위한 필수 조건

668년 당나라는 신라와 연합한 후 설인귀에게 50만 명의 군사를 주어 평양성을 치게 했다. 이렇게 해서 고구려를 멸망시킨 당나라는 서역으로 눈을 돌렸다. 이때 유인궤는 서역을 칠 장수로 이경현을 추천했는데, 그 이유가 특이했다. 이경현이 유능했기 때문이 아니라 무능한 장수이기 때문에 추천한 것이다.

그동안 이경현은 조정에 있으면서 유인궤의 주청에 반대하여 그의 뜻을 좌절시켰다. 유인궤는 이에 대한 복수를 위해 이경현을 추천했다. 그가 장군으로 출정하면 서역 정벌에 실패할 것이 뻔했기 때문이다.

출정 명령을 받은 이경현은 자기가 가면 안 되는 이유를 여러 가지 들었다. 스스로 자신의 능력을 알고 있었던 것이다.

고종이 말했다.

"유인궤 장군이 출정하라고 한다면 황제인 나라도 마땅히 갈 것이오. 그런데 그대는 왜 안 가겠다고 하는가?"

이경현은 더 이상 핑계 댈 말이 없었다.

이경현은 18만 명의 군사를 이끌고 나갔지만 별로 싸워 보지도 못하고 실패를 거듭했다. 다행히 백제에서 온 흑치상지가 결사대를 이끌고 용감하게 싸우는 바람에 이경현은 겨우 목숨을 건지고 군대를 수습하여 당나라로 돌아왔다.

이러한 원정 과정에서 이경현의 선봉군을 이끌던 유심례가 토번에게 포로로 잡혀간 후 병들어 죽었다. 유심례의 아들인 유이종은 아버지의 시체를 찾고자 토번으로 달려가 밤낮으로 울었다. 토번에서는 아버지의 시신을 찾고자 목숨을 내놓은 유이종에게 감동하여 유심례의 시체를 내주었다. 유이종은 아버지의 시신를 짊어지고 울면서 맨발로 걸어 돌아왔다.

무고한 사람은 이렇게 참담한 전쟁의 슬픔을 겪는데, 조정의 중신들은 개인적인 이해관계로 이 일을 대했다. 토번 공격이 실패로 돌아간 후 토번과 화의하자는 사람이 있는가 하면, 국력을 길러 다음에 치자는 사람이 있었고, 당장 토번을 쳐야 한다는 사람으로 갈리며 의견이 분분해졌다. 모두가 국가를 위하는 마음으로 합당한 정책을 낸 것이 아니라 오직 개인적인 입장에 유리한 정책을 냈을 뿐이다.

이때 태학생 위충원이 고종에게 글을 올렸다.

"지금 사람을 뽑는 기준이 잘못되어 있습니다. 능력보다 문벌을 보고, 공로를 세운 사람과 잘못을 저지른 사람에 대한 정책이 겉으로만 시행되며 백성을 속이고 있습니다.

군대를 강한 군대와 약한 군대로 나눌 수는 없습니다. 다만 그것을 지휘하는 장수가 교묘하고 탁월한 전술을 쓰는지, 아둔하고 바보 같은 전술을 쓰는지만 나눌 수 있을 뿐입니다.

우직한 용기를 가진 사람은 병졸이 되기에 적당하지, 장군이 되기에는 적당하지 않습니다. 군사에는 강약의 구분이 없지만 장수에는 영리한 사람과 바보의 구분이 있기 때문입니다."

전쟁에서 승리를 하는 데 중요한 요건은 군사의 강약이 아니라 능력 있는 장수의 유무에 달려 있다. 그러므로 황제나 조정의 중신들은 이러한 인재를 알아보는 안목을 가져야 한다.

그럼에도 불구하고 유인궤는 중요한 전쟁을 앞두고 개인적인 복수를 위해 분명 장수의 재목이 아닌 이경현을 장수로 추천했고, 이러한 유인궤의 속내를 꿰뚫어 보지 못한 아둔한 황제 고종의 처사로 인해서 유이종과 같은 백성들의 참담함이 야기되었다.

이와 같은 일을 경계하기 위하여 역대의 제왕들은 자신의 후계자에게 제왕학을 공부시켰고, 그 교재로써 《자치통감》을 선택했다.

무측천의 공포 정치

무측천 무조는 중국 역사상 유일한 여자 황제다. 당 태종 때 재인으로 궁궐에 들어간 무조는 고종의 총애를 받아 황후가 되었고, 고종이 죽으면서 황태후가 되었다.

무측천은 황태후가 되었다고 해서 결코 뒷방으로 물러날 사람이 아니었다. 스스로 황제가 되려는 거대한 야심을 가진 여인이었기 때문이다.

무측천은 고종의 뒤를 이어 자기 아들 이현을 황제로 세웠지만 바로 쫓아내고, 이현의 동생인 이단을 황제로 세웠다. 중종 이현은 자기 마음대로 조종하기가 쉽지 않았던 반면, 예종 이단은 어머니인 무측천의 성품을 잘 아는지라 정치에는 얼씬도 하지 않았기 때문이다.

무측천이 황권을 휘두르기 시작하자 이에 대한 반발이 일어났다. 강남 지역에서 서경업이 측천무후의 죄를 고발하며 군사를 일으킨 것이다. 서경업의 난을 평정한 무측천은 자기에게 반대하는 사람을 밀고하게 만드는 정책을 만들었다.

무측천은 밀고의 내용이 진실인지 아닌지에 대해서는 크게 관심을 두지 않았다. 다만 밀고를 통하여 자기를 비판하는 사람을 걸러내는 데 목적을 둔 것이다. 밀고가 들어오면 그 내용을 조사하게 했지만, 이는 공정하게 진실을 알고자 함이 아니었다. 그 밀고에 많은 사람을 연루시킴으로써 정적을 제거하는 수단으로 사용하는 공포 정치를 시작한 것이다.

사람들은 이제 밀고를 통하여 개인적인 원한을 갚으려고 혈안이 되었다. 무측천은 흉노 출신인 색원례에게 유격장군의 벼슬을 주고 밀고와 송사를 담당하게 했다. 성품이 잔인한 색원례는 한 사람을 추국하면 반드시 수십 명에서 수백 명까지 죄를 연루시켜 잡아내었는데 무측천이 자주 불러 상을 내림으로써 그의 권력을 신장시켜 주었다.

색원례가 사용한 고문 방법은 가혹하기 짝이 없었다. 잡혀온 사람의 손과 발을 서까래에 묶어 꼼짝 못하게 한 후 앞으로 잡아당기는 '봉황쇄시(鳳皇曬翅)', 물건을 허리에 묶은 후 칼이 달린 형틀을 끌고 앞으로 나가게 하는 '여구발궤(驢駒拔撅)', 깨진 기왓장 위에 무릎을 꿇게 한 후 칼이 달린 형틀을 들어 올리게 하고 그 위에 벽돌을 포개어 올려놓는 '선인헌과(仙人獻果)', 높은 사다리에 오르게 한 후 목에 밧줄을 묶어 등 쪽으로 잡아당기는 '옥녀등제(玉女登梯)' 등 잔혹한 형벌에 미려한 이름을 붙임으로써 간악함을 더했다.

색원례가 형틀을 먼저 보여 주면 잡혀 온 사람들은 늘어선 형틀을 보는 것만으로도 식은땀을 흘리며 전율했다. 이런 상황에서는 그 누구라도 스스로 거짓말을 하게 되는 것이다.

보다 못한 진자앙이 상소문을 올렸다.

"수나라는 엄형으로 망했으니, 속히 이를 중지하시옵소서. 당장은 엄형으로 사람들이 조용해지지만, 이 일이 쌓이면 결국 불만이 폭발하여 걷잡을 수 없게 됩니다.

역사에서 이를 가르치고 있으니, 옛날의 일을 잊지 않는 것이 미래에 대한 스승이 되는 법입니다."

진자앙이 간절하게 아뢰었지만 무측천은 듣지 않았다.

무측천은 당나라를 주(周)나라로 바꾸고 스스로 황위에 올랐지만, 주나라의 무 왕조는 계속되지 못했다. 또한 그가 망친 당나라도 기울어졌으니, 한 사람의 헛된 욕심이 만들어 낸 참담한 결과였다.

204

자신을 지키기 위해
천하를 비극으로 몰고 간 무측천

당시대 20 (687년~691년)

무측천은 한 번도 전쟁을 치른 적 없이 오직 당나라 조정의 권력을 장악하는 방법으로 주나라를 세웠다. 이는 전한 말년에 외척의 세력으로 한나라를 멸망시키고 신나라를 세운 왕망의 수법과 비슷하다.

이들은 비록 왕조는 바꿨지만 분명한 공로를 세웠다는 명분이 없었으므로 사람들로부터 호응을 받기가 어려웠다. 따라서 언제든 일어날 수 있는 반란이나 쿠데타를 두려워하며 서로를 감시하며 고발하게 하고 엄한 법으로 이를 처벌하는 공포 정치를 실시했다.

떡장수 후사지는 무측천 시절에 고발로 출세한 사람 가운데 하나다. 그는 유격장군 고원례의 노복이었는데, 평소에 속이기를 좋아하는 무뢰배였다. 무측천이 즉위하면서 후사지는 자신의 능력을 발휘할 기회를 포착했다. 항주자사 배정의 휘하에 있는 하급 관원 하나가 매를 맞는 장형을 받게 되자 후사지에게 자사를 고발하라고 꼬드긴 것이다.

당시는 무측천이 당 왕조의 종실 사람들을 꼬투리 잡아 죽이려 할 때였으므로, 후사지는 항주자사 배정이 당 고조 이연의 아들인 서왕 이원명과 더불어 모반을 꾀했다고 고발했다. 이로써 이원명은 유배되고, 배정은 족멸되었으며, 고발자인 후사지는 유격장군이 되었다.

당시의 밀고자들은 대체로 5품 정도의 관직을 얻었는데, 후사지는 무측천에게 이보다 훨씬 높은 어사직을 달라고 요구했다.

"경은 글자도 모르는데 어찌 어사라는 직책을 감당할 수 있겠는가?"

무측천이 묻자 후사지가 대답했다.

"해치(獬豸)가 어찌 글자를 알겠습니까? 다만 사악한 것을 느낄 따름입니다."

해치는 도리에 어긋난 사람을 보면 불을 뿜는다고 알려진 신화적 동물로, 보통 어사의 별칭으로 불렸다. 무측천은 후사지를 기특하게 여겨 시어사로 삼았다.

이와 같은 혜택을 받은 밀고자는 후사지 한 사람만이 아니었다. 그리하여 고발은 넘쳐 났고, 이를 조사하는 관리는 사실을 밝히기보다는 엄형을 가하여 죄를 옭아매는 데 심혈을 기울였다. 이 과정에서 수많은 고문 방법이 생겨 났고, 경우에 따라서는 죄인을 그냥 죽인 후 나중에 서류를 꾸미는 일도 허다했다.

고발자를 심문하고 고문하는 일을 하는 혹리 왕홍의는 오이

밭을 지나다 주인에게 오이를 달라고 요구했다. 주인이 거절하자 왕홍의는 오이밭 주인을 고발하며 밭에 자신의 흰 토끼가 있으니 잡아 줄 것을 요구했다. 황홍의의 고발을 받은 관에서는 있지도 않은 흰 토끼를 잡고자 사람을 풀어 오이밭을 뒤지게 하니 밭이 다 망가져 버렸다.

이 일이 있은 후에도 왕홍의는 어느 마을에서 동네 제사를 지내느라 사람들이 모여 있는 것을 보고 그들이 모반을 꾀한다고 고발했다. 이 때문에 마을 사람 200명이 반역죄로 죽임을 당했다. 분수에 맞지 않는 황제의 자리에 오른 무측천이 자신을 지키기 위해 천하를 비극의 시대로 몰아간 것이다.

205
속임수로 사람들을 농락한 승려 화의

무측천은 독실한 불교 신자였다. 그녀는 불교의 가르침을 스스로 실천해 보이기 위해 사냥이나 물고기를 잡는 일을 금지시키고, 승려를 아주 우대했다.

무측천은 그가 좋아하는 승려 화의를 위해 천당(天堂)을 짓고 불상을 조성하게 했는데, 천당 안에 안치하려는 불상은 새끼손가락 안에 수십 명이 들어갈 수 있을 정도로 거대한 것이었다. 이를 만드는 데는 엄청난 인원과 비용이 들어갔다. 하루에 1만 명이 동원되고, 수년 동안 남쪽의 장강과 그 너머 영남 지방에서 목재를 채집해 오는 데 든 비용이 만 억이었다.

천당을 짓고 불상을 조성하느라 관부 창고가 다 말라 버릴 정도였는데, 공사를 책임진 화의는 마치 먼지가 휘날리는 것처럼 재물을 썼다. 그럼에도 불구하고 무측천은 이런 상황에 대하여 한 번도 묻지 않았다.

무측천의 신임을 등에 업은 화의는 무차회(無遮會)도 수시로 열었다. 무차회란 관대하신 부처님께 어려운 일이 없게 해 달라고 비는 모임을 말한다. 이러한 무차회를 한 번 열 때마다 1만 민을 소비했다. 또 열 개의 수레에 가득 실린 돈을 땅에 뿌려 사람들로 하여금 줍게 했는데, 사람들이 구름같이 모여들어 돈을 주우려는 바람에 깔려 죽거나 밟혀 죽는 사람이 생겼다.

화의는 장안에 있는 백마사에 거주하면서 힘깨나 쓰는 장사들을 모아 들여 제도한다는 구실로 모두 승려를 만들었는데, 그 수가 1천 명에 이르렀다. 제도란 미혹한 세계에서 생사를 되풀이하는 중생을 건져 내어 생사 없는 열반의 언덕에 이르게 한다는 불교의 용어다. 화의는 이들에게 수행을 권하고 부처님의 자비를 가르쳐 제도로 이끈 것이 아니라 이들로 하여금 자신을 호위하게 하면서 공사간의 전담을 승려의 몫으로 만들어 나갔다.

시어사 주구가 화의를 조사하게 해 달라고 간청하자 무측천은 화의를 숙정대로 나오게 했다. 숙정대는 죄인을 조사하는 기관의 이름인데, 원래는 어사대였던 것을 무측천이 숙정대로 이름을 바꾼 것이다.

화의가 숙정대로 조사를 받으러 나왔고, 주구 역시 화의를 조사하기 위해 숙정대에 도착했다. 그런데 말을 타고 온 화의는 숙정대의 계단에서 내리더니 침상에 배를 깔고 엎드리는 이상한 행동을 했다. 주구가 담당 관리에게 그를 조사하라고 명하는데, 화의는 갑자기 말을 타고 떠나 버렸다. 조사도 안 받고 가 버린 것이다.

주구가 이 상황을 무측천에게 보고했는데, 그녀는 화의의 그런 행동이 당연한 것이라며 오히려 주구를 설득했다.

"이 도인의 병은 바람 같은 것이니 꾸짖을 거리가 아니오. 화의는 제도된 승려이니 그리 알고 경이 조치하시오."

하지만 화의는 제도된 승려가 아니라 한낱 사기꾼에 불과했다. 그는 땅에 구덩이를 깊이 파고 불상을 묻었다가 무차회에서 이 불상을 파내어 부처님이 땅에서 솟아났다고 대중들을 속였다. 또 소 여러 마리에서 피를 뽑아 200척이 넘는 불상의 머리를 그린 후, 자신의 피로 그렸다고 사기를 치기도 했다.

무측천과 대중들은 이러한 화의의 말에 속으며 그를 고승으로 받들었다. 나중에 화의는 이 모든 사기 행각이 밝혀지면서 죄를 받아 죽었다.

중국의 팽창을 경고한
적인걸과 왕부지

무측천이 주나라의 황제가 된 지 10여 년이 지난 시점에 유주도독 적인걸은 재상이 되었다. 그는 뛰어난 안목을 가진 사람으로 이름나 있었는데, 특히 유주자사를 지내면서 고구려 지역에 대한 남다른 안목을 갖고 있었다. 당시는 당나라가 백제와 고구려를 멸망시킨 지 30여 년이 지난 시점이기도 했다.

재상이 된 적인걸은 무측천에게 상소문을 올렸다.

"하늘이 사이(四夷)를 낳아 모두 선왕의 영토 밖에 있게 했으니 동쪽은 큰 바다가, 서쪽과 북쪽은 넓은 사막이, 남쪽은 높은 산줄기가 가로막고 있습니다. 이는 하늘이 이적(夷狄)을 제한하며 안팎을 갈라놓은 것입니다.

이러한 경계선을 깨고자 했던 진 시황과 한 무제는 삼황오제가 하려고 했던 일과 다릅니다. 진 시황은 병사를 동원하고 끝까지 무력을 사용하여 넓은 땅을 구했지만 이러한 일 때문에 죽은 사람이 마치 삼(麻)과 같아서 천하가 무너지고 반란이 일어나게 된 것입니다.

또한 한 무제가 사이(四夷)를 정벌하면서 곤궁해진 백성들은 도적떼처럼 일어났습니다. 한 무제가 말년에 뉘우치고 깨우쳐 병사를 쉬게 하고 노역을 그치게 하니, 비로소 하늘의 도움을 받을 수 있었습니다."

적인걸은 사람이 사는 세상에는 자연적인 경계가 있으므로, 인위적으로 이것을 깨뜨리지 말아야 한다고 간언하고 있다. 진시황과 한 무제는 하늘이 서로 다른 종족이 구분하여 살도록 정해 놓은 자연의 경계를 넘어 이적의 땅을 정복했지만 그로 말미암아 피폐해진 백성들로부터 외면을 받았다고 지적하고, 이는 백성을 위한 정치를 펼쳤던 삼황오제의 선정과는 다른 것이라고 평가했다.

"폐하께서는 당나라가 멸망시킨 북쪽으로 아사나곡슬라를 가한으로 세워 북방의 방어를 맡기고, 당나라가 멸망시킨 고구려를 이어서 그들로 하여금 안동을 지키도록 하시옵소서."

적인걸은 당나라가 멸망시킨 돌궐과 고구려를 회복시켜야 주나라에 이익이 있다는 주장을 하고 있다. 이웃 나라를 힘으로 병탄하고 나면, 그에 대한 관리가 힘들어지기 때문에 그들을 회복시킴으로써 나라의 안정과 이익을 도모하라는 것이다.

역사에는 강한 나라들이 무리한 욕심으로 다른 나라를 정복했다가 다른 사람도 어렵게 만들고 자기도 어려움에 빠지게 되는 경우가 자주 등장한다. 만주족이 세운 청나라가 명나라를 멸망시키고 남하하자 왕부지는 그들에게 다시 고향으로 돌아갈 것을 요구하는 글을 썼다. 적인걸과 유사한 주장을 한 것이다.

왕부지는 《자치통감》과 《주역》을 깊이 연구한 사람으로, 서로 다른 종족이 합쳐지는 것을 마치 말과 당나귀가 교접하는 상황과 같다고 보았다. 말과 당나귀가 교접하여 낳은 새끼를 노새라 하는데, 노새는 생산 능력이 없기 때문에 대가 끊기게 된다. 말이나 당나귀 모두 종족을 유지하는 데 불리하게 되는 것이다. 따라서 왕부지는 만주족에게 그들의 근거지로 돌아가 자국의 번영과 민족의 지속을 도모하라고 충고한 것이다.

하지만 만주족은 왕부지의 말을 듣지 않고 남쪽으로의 진출을 계속 이어 나갔다. 그 결과 한때 중원을 넓게 차지하던 거대한 만주족은 지금 거의 사라진 것이나 다름없는 상황이 되었다. 무분별한 중국의 팽창을 경계했던 적인걸이나 왕부지의 혜안은 지금도 유효한 것이다.

207

무측천의 면수 형제에게 아부한
재상 양재사

주나라를 세운 여황제 무측천은 남편이었던 당나라 고종을 여읜 과부 황제였다. 무측천과 고종 사이에서 태어난 태평 공주는 미소년 장창종을 궁에 들여 어머니의 외로움을 달래게 했다. 무측천이 장창종을 매우 총애하니, 장창종은 자신의 형인 장역지도 궁으로 불러 들여 형제가 무측천의 시중을 들게 되었다. 후대의 학자들은 장역지와 장창종 형제를 무측천의 면수(面首)로 규정하는데, 면수란 남자 첩을 가리키는 말이다.

침소에서 무측천을 모시어 받드는 이들 형제의 권력은 하늘 높은 줄 모르고 치솟았으니, 궁궐 안에 있는 사람들이나 조정의 고관 중에 감히 그들의 비위를 건드리는 사람을 찾아볼 수 없었다. 반면 그들에게 아부하기 위해 주변을 어슬렁거리는 사람은 흔히 볼 수 있었다. 당시 사람들은 장창종과 장역지를 이름으로 부르지 않고 '오랑(五郞)', '육랑(六郞)'으로 불렀다. 장역지는 형제 가운데 다섯째였으므로 '다섯째 도련님'이라 부르고, 여섯째였던 장창종은 '여섯째 도련님'이라고 부른 것이다.

이때 무측천은 신도부유수로 있던 양재사를 발탁하여 재상인 내사로 삼았다. 양재사는 최고위 관리직인 내사에 올랐지만 무측천의 면수인 장창종 형제를 무시할 수 없었다.

양재사가 재상이 된 지 얼마 지나지 않아 사례소경 장동휴가 조정의 신하들을 불러모아 잔치를 벌였다. 장동휴는 무측천의 면수인 장역지의 형이다. 잔치가 한창 진행된 후 술이 거나하게 취한 장동휴가 양재사를 희롱하며 말했다.

"양 내사는 얼굴이 고려인 같소."

당나라 사람들은 고구려를 아주 얕잡아보고 있었기 때문에, 재상인 양재사에게 고구려 사람 같다고 한 것은 아주 치욕적인 모욕에 해당했다. 아무리 무측천의 면수의 형이고, 술에 취했다 하더라도 감히 재상에게 할 수 있는 농담이 아니었던 것이다.

하지만 이 말을 들은 양재사는 화를 내기는커녕 오히려 기뻐하며 곧바로 첩지(帖紙)를 잘라 두건으로 접어 쓰고, 자색 도포를 뒤집어 입더니 고구려 사람들이 추는 춤을 추었다. 고급 관원이 자신의 도포를 뒤집어쓰고 종이로 접은 두건을 쓴 채로 그들이 얕잡아보는 고구려인의 춤을 춘 것이다. 그 모습을 보고 사람들이 모두 크게 웃으며 즐거워하니 양재사는 자신의 아부가 성공했다고 생각하며 마음이 흡족했다.

무측천에게 특별한 사랑을 받았던 장창종은 얼굴이 아주 예뻤던 모양이다. 한 사람이 그의 미모를 칭찬하며 말했다.

"육랑의 얼굴은 연꽃을 닮았습니다."

그 자리에 있던 모든 사람이 이 말에 동의했는데, 재상인 양재사가 홀로 고개를 저었다.

"그렇지 않소."

이 말을 들은 장창종이 까닭을 묻자, 양재사는 천연덕스럽게 대답했다.

"단지 연꽃이 육랑을 닮았을 뿐입니다."

재상이 여황제의 면수에게 최고의 아부를 한 것이다.

이처럼 무측천을 등에 업고 재상으로부터 최고의 아부를 받으며 권력을 누리던 장창종은 중종이 복위하면서 참수당하고 시신이 거리에 버려지는 기시를 당했다.

하지만 양재사는 그 이후에도 재상을 지냈으니 그의 아첨 능력은 시대와 환경을 초월한 것이었던 듯하다.

무위로 돌아간 중종의 면십사 철권

전통 시대에는 공을 많이 세운 신하에게 쇠로 만든 문서인 철권(鐵券)을 주는 경우가 있었다.

철권에는 죽을죄를 사면한다는 내용을 써 두는데, 죽을죄를 한 번 사면해 주는 것을 면일사(免一死)라 한다. 경우에 따라서는 황제가 잊을 수 없는 공로를 세운 사람에게 면이사(免二死), 면삼사(免三死)의 철권을 내리기도 했다.

무측천이 즉위한 지 16년이 지나 82세의 나이로 병이 들게 되자 경휘·환언범·장간지·원서기·최현위 등이 쿠데타를 일으켰다. 그들은 무측천에게 주나라를 당나라로 되돌릴 것과 황위를 아들에게 넘길 것을 요구했다. 이로써 주나라는 다시 당나라가 되고, 예전에 무측천에게 황위를 빼앗겼던 중종이 다시 황제로 복위했다.

중종으로서는 이들 다섯 명에게 큰 은혜를 입었던지라 이들을 포함한 16명에게 면십사(免十死)의 파격적인 철권을 내렸다. 또한 쿠데타를 주도했던 다섯 명에게는 왕의 작위를 주었으니,

사람들은 이들을 오왕(五王)이라 불렀다.

그 후 중종이 주변 사람들에게 휘둘리면서 나라가 어지러워
지고, 무씨가 다시 권력을 쥐게 되었다. 특히 무삼사는 중종의
황후인 위씨와 음행을 저지르면서 권력을 장악하고 무측천 시
절 쿠데타를 일으킨 오왕을 모함했다.

무삼사는 이들에게 죄를 뒤집어씌운 후 측근으로 하여금 이
들을 사형에 처해야 한다는 상소문을 계속 올리게 했다. 며느리
인 안락 공주를 시켜 궁궐 안에서 이들을 헐뜯게 했고, 밖으로
는 시어사 정음으로 하여금 끊임없이 이들을 참수해야 한다는
주청을 올리게 했다.

오왕에게 이미 철권을 내린 바 있는 중종은 이들을 사형에 처
하지 않고 먼 곳으로 귀양 보내는 선에서 일을 마무리 지었다.
철권의 약속을 지킨 것이다.

중서사 최식이 무삼사에게 말했다.

"세월이 바뀌면 귀양 간 오왕이 돌아와 권력을 잡을지도 모릅
니다. 그러면 공에게 재앙이 닥칠 수 있으니, 황제의 칙서를 고
쳐서라도 이들을 죽여야 합니다."

이 말을 들은 무삼사가 방법을 묻자 최식은 주리용을 천거했
다. 주리용은 오왕이 권력을 쥐고 있을 때 좌천을 당하면서 이
들에게 원한을 갖고 있었다.

무삼사는 주리용을 섭우대시어사로 삼아 오왕이 귀양 간 곳

으로 보냈다. 황제인 중종도 모르게 오왕에 대한 암살 작전이 시행된 것이다.

주리용이 오왕의 귀양지인 영외에 가 보니, 나이 많은 장간지와 최현위는 이미 죽은 뒤였다. 귀주에서 환언범을 찾아낸 주리용은 환언범을 묶게 한 후 베어낸 대나무 가지 위에서 질질 끌게 하여 살이 헤어지고 뼈가 드러나게 한 다음 몽둥이로 때려 죽였다.

또한 경휘는 잡아 비틀어 살해했고, 원서기에게는 독초인 야갈의 즙을 먹였다. 원서기는 바로 죽지 못하고 독이 차오르는 고통 때문에 땅을 긁어 손톱이 빠질 지경이 되었을 때 비로소 매를 맞아 죽었다.

당나라의 황제인 중종은 자기를 위하여 공을 세운 사람에게 죽을죄를 지어도 열 번이나 목숨을 구할 수 있는 면십사 철권을 주었지만, 이러한 황제의 면십사 철권은 아무런 가치가 없었다. 혼란한 정치적 상황에서 이 철권은 부도 수표나 다름이 아니었던 것이다.

209

위 황후와 안락 공주 모녀에게
독살된 중종

당시대 25 (708년~710년)

당나라의 4대 황제였던 중종 이현은 어머니 무측천에 의해서 폐위되었다가 장간지 등의 쿠데타에 의해서 다시 복벽(復辟)된 황제다. 복벽이란 물러났던 임금이 다시 왕위에 오르는 것을 뜻하는 말이다.

무측천이 집권했던 20여 년의 세월 동안 이현은 목숨을 부지하기 위해 전전긍긍하며 살았다. 이러한 태도가 몸에 익은 탓이었는지, 중종은 황위에 다시 오른 뒤에도 주도적으로 정치를 이끌어 나가지 못했다. 자기를 황제로 다시 올린 장간지 같은 사람이 개혁 정치를 하고자 했지만 이를 적극적으로 밀어 주지 못했을 뿐더러, 어려운 시절에 같이 고생했던 황후 위씨에게 휘둘리고 말았다.

중종이 황위에 오르고 나서 정작 신이 난 것은 위 황후였다. 그녀는 자기 딸 안락 공주의 시아버지인 무삼사와 통정했을 뿐만 아니라 사사로운 일에 권력을 남용했다. 위 황후는 무측천과 무씨 세력을 축출한 장간지 등을 조정에서 몰아내어 죽이고, 이들에게 쫓겨났던 사람을 다시 등용하면서 무소불위의 권력을 휘둘렀다.

하지만 중종은 이런 상황을 그저 내버려 두었다. 위 황후가 무삼사와 통정했다는 보고를 받았을 때도 오히려 그 보고를 올린 사람에게 화를 냈을 뿐이었다. 또한 위 황후나 안락 공주 모녀의 불법적인 행태도 모른 척했으며, 자기 앞에서 관리들이 서로 험담하며 싸우더라도 옳고 그름을 판단하려 들지 않고 그저 화해만 시키려 했을 뿐이다. 이처럼 되는 일도 없고 안 되는 일도 없었던 중종에게 사람들은 '화사(和事)천자'라는 별명을 붙이기도 했다.

황제가 이러하니, 황제의 권력은 위 황후와 안락 공주에게로 넘어간 상황이 되었다. 권력을 부여받은 사람이 권력을 행사하지 않고, 권력을 부여받지 않은 사람이 권력을 행사하다 보면 다음 순서로 권력을 행사하는 사람이 권력을 부여받는 자가 되고 싶어 한다. 위 황후와 안락 공주는 중종을 죽이고 스스로 황위에 오르려는 욕망을 갖게 되었다.

위 황후는 남편인 중종을 죽이고 자신이 무측천의 뒤를 이어 여황제가 되고 싶어 했다. 안락 공주 역시 아버지 중종을 죽이고 어머니인 위 황후를 황제로 올린 후 자신은 황태녀가 되어 어머니의 뒤를 잇고자 했다.

이 모녀는 의원과 주방의 요리사를 불러 중종을 모살할 계획을 세웠다. 결국 중종은 독이 든 떡을 먹고 죽었다.

위 황후와 안락 공주는 중종을 죽이는 데는 성공했지만 자신들이 계획했던 목표는 이루지 못했다. 중종이 위 황후 모녀에 의해 독살되었다는 것을 알게 된 이륭기가 쿠데타를 일으켰기 때문이다.

이륭기는 중종의 조카이자 예전에 중종의 뒤를 이어 황제를 지냈던 예종 이단의 아들이다. 이륭기는 위 황후와 안락 공주를 무삼사와 함께 주살했고, 아버지 이단을 다시 황제로 복벽시켰다. 이륭기는 나중에 예종의 뒤를 이어 황제가 되었으니, 이 사람이 바로 당 현종이다.

210
태평성대의 갈림길인
천자의 천하 통일 욕망

당시대 26 (710년~713년)

당나라의 6대 황제인 현종 이륭기는 고종과 무측천의 손자이며 예종의 아들이다. 그는 큰아버지 중종이 위 황후에게 독살되자 쿠데타를 일으켜 위 황후 세력을 척살하고 아버지 예종을 황위에 복벽시켰다. 이후 이륭기는 황태자가 되었다.

당시의 권력자였던 예종의 누이이자 이륭기의 고모인 태평 공주는 황태자가 똑똑하기 때문에 자기의 권력이 오래 가지 못할 것이라고 생각했다. 이륭기는 역으로 태평 공주가 자신을 독살하려는 것을 알게 되어 반 쿠데타를 일으켜 태평 공주를 축출하여 죽이고 황위에 오른다. 당 현종 이륭기는 두 번에 걸친 쿠데타로 황제가 된 것이다.

황위에 오른 현종은 무측천 이후 문란해진 권력의 질서를 바로잡는 데 심혈을 기울였다. 역사에서 이러한 그의 치세를 '개원지치(開元之治)'라는 말로 칭송한다. 태종 이후로 당나라에 다시금 정치 질서가 바로잡혔다는 의미다.

현종이 개원지치를 하게 된 데에는 현위 양상여의 충고가 있었다. 양상여는 당시의 정세를 분석하여 현종에게 간언했다. 그는 먼저 지나간 역사에서 실패한 사람으로는 수 양제를, 성공한 사람으로는 당 태종을 거론하면서 이러한 실패와 성공의 기준은 욕심을 어떻게 사용하느냐에 달려 있다고 설명했다.

수 양제는 608년에 대운하를 개착하여 강남 지역과 황하 지역을 수로로 연결했으니, 이 운하로 인하여 남북의 물자를 원활하게 교류하는 위대한 업적을 이룬 인물이다.

그렇다면 양상여는 왜 수 양제를 실패한 사람으로 본 것일까? 수 양제는 강력한 힘으로 500년 동안 이어진 중국 대륙의 분열을 통일하여 통일 제국을 이루고, 대운하를 완성했다. 이러한 과정을 통하여 무엇이든 강하게 밀고 나가면 성공한다는 확신을 얻게 된 것이 수 양제의 패착이었다.

수나라가 멸망하게 된 결정적 원인은 113만 대군을 동원한 고구려 침략이다. 중국 대륙을 통일한 데 이어 주변국까지 모두 흡수하고 말겠다는 수 양제의 과욕이 부른 재앙이었다.

이에 비하면 당 태종은 욕심은 있었으되, 이를 적당한 선에서 억눌렀다는 것이 성공의 요인이라고 양상여는 판단했다. 당 태종 역시 수 양제처럼 고구려를 침략했지만, 그것이 불가능한 일임을 깨달았을 때 바로 퇴군한 것이 주효했다는 것이다.

하지만 당 태종 역시 과욕을 갖고 있었다고 말하지 않을 수 없다. 강한 힘을 가지고 고구려를 침범했고, 자기의 능력을 자만한 나머지 직접 군사를 지휘함으로써 휘하의 장군들이 능력을 발휘할 기회를 박탈했기 때문이다.

황제에게 일원화된 지휘 체계로는 전쟁에서 승리할 수 없으므로 결국 퇴각할 수밖에 없었다. 양상여가 당 왕조 치하에서 선대의 위대한 군주를 평가하는 데 차마 이런 점까지 고려할 수는 없었을 것이다.

그럼에도 불구하고 지나친 욕심이 실패의 지름길이라는 양상여의 충고는 옳다. 중국 역사에서는 천자라 불리던 제왕이 천하를 자기의 통치 아래 두고자 하는 지나친 욕심을 부리는 경우가 많았다. 아무리 관료 조직을 잘 만들었다 하더라도 천자 한 사람이 천하를 지배한다는 것은 생각 자체만으로도 과욕이다.

드넓은 중국 대륙은 통일 왕조가 이루어지기도 어렵고, 유지되기도 어려운 것이 냉정한 현실이다. 대부분의 사람들이 통일 시대라고 생각하는 한나라 시대나, 당나라 시대에서조차 왕조의 과반이 넘는 기간은 황제의 명령이 전국 방방곡곡에 미치지 않았고, 오히려 분열과 전쟁으로 얼룩진 역사가 기록되어 있다.

천자가 천하를 다스려야 한다는 천하 통일의 과욕 때문에 오히려 백성들의 삶은 서로를 잡아먹어야 하는 사건이 헤아릴 수 없이 많이 일어날 만큼 피폐해지는 것이 역사이다.

당 현종·숙종시기

《자치통감》 권211부터 권222까지의 열두 권에는 현종 이륭기와 숙종 이형 시대의 역사가 기록되어 있다. 714년부터 763년까지 50년 동안에 이르는 이 기간은 당 왕조가 무너져 가는 분수령이 되었다고 보는 개원(開元) 연간과 그 뒤를 잇는 천보(天寶) 연간으로 구분된다.

개원은 현종이 쿠데타에 성공하고 황제가 되어 처음 사용한 연호이며, 742년 당나라의 연호는 천보로 개정되었다. 개원 말년에서 천보 초기로 이어지는 시점에 양 귀비가 등장하고, 절도사들이 군벌로 변하여 난을 일으키기 시작했다. 755년에는 절도사 안록산이 난을 일으켜 현종은 사천으로 피난하였고, 태자 이형은 난을 진압하기 위하여 황제로 등극하였다.

이처럼 당나라에는 황제가 둘인 상황이 되었고, 안록산의 반란 세력은 이들을 제거하기 위하여 일어난 무장 세력에 의하여 토벌되었다. 이를 계기로 도처에서 무장 세력들이 나타났고, 이들은 절도사라는 관직을 가지며 군벌을 형성하고 독자적 행동을 일삼는 절도사의 시대를 형성하였다.

211
명재상의 겉과 속

당시대 27 (714년~717년)

역사에서는 당나라 현종의 새로운 정치를 일컬어 '개원(開元) 시대의 치세(治世)'라고 한다. 이것은 황제인 현종도 훌륭해야 하는 일이지만, 좋은 정책을 건의하고 이것이 실천되도록 돕는 사람이 있어야 가능한 일이다. 현종 시대에 이런 일을 했던 사람 중 하나가 요숭이다.

요숭이 현종 시대에 처리한 일은 헤아릴 수 없이 많다. 무측천 시대에 성행했던 엄형을 금지하고, 일부러 전쟁을 일으켜 공로를 세우려는 풍조도 타파했다. 또한 황실 사람들과 일반 백성을 같은 잣대로 심판하여 법을 집행했으며, 환관이 정치에 간여하지 못하도록 했다.

그뿐만 아니라 잡다한 세금을 줄였고, 황족과 외척이 좋은 관직을 맡지 못하게 했으며, 외척이 정치에 참여하는 것도 제한했다. 궁실이나 도관, 불교 사찰도 더 이상 건축하지 못하게 했다. 이러한 일들은 당시의 잘못된 정치를 바로잡는 일이었다. 현종은 요숭을 깊이 신뢰했다.

한번은 요숭이 아들의 상을 당하여 열흘 동안 휴가를 청했는데, 이 기간 동안 그와 같이 일하는 재상 노회신이 일을 결정하지 못하여 처리할 일이 쌓여 있었다. 노회신은 현종에게 늦은 업무에 대하여 사과했는데, 이에 대하여 현종은 이렇게 말했다.

　"짐은 천하의 일을 요숭에게 맡겼으니, 경은 앉아서 고상한 풍속을 지키시오."

　현종은 모든 일을 깔끔하게 잘 처리하는 요숭과 실무 능력은 떨어지지만 모든 사람에게 덕스러움을 보이는 노회신을 재상으로 두고 정치를 한 것이다.

　요숭에게는 두 아들이 있었는데 문제가 생겼다. 요숭이 소리였을 때부터 이끌어 주었던 위지고가 섭이부상서·지동도선사로 임명받았는데, 이는 낙양에서 업무를 처리하는 직책이었다. 그런데 요숭의 두 아들이 아버지의 권력을 이용하여 위지고에게 청탁하자, 위지고는 이를 봐주지 않고 현종에게 보고했다.

　현종은 조용히 요숭을 불러 물었다.

　"경의 아들은 재주와 성격이 어떠하오? 지금 어떤 관직에 있소?"

　요숭은 현종이 왜 이런 말을 묻는지 짐작했다.

　"신에게는 세 아들이 있는데 둘은 동도에 있습니다. 이 아이들은 욕심이 많고 경거망동하니 자신의 일로 위지고에게 간여했을 것입니다. 신은 아직 그것에 대해 물어 보지 못했습니다."

요숭이 자기 아들들의 잘못을 감추어 답할 것이라 생각했던 현종은 요숭이 사실대로 솔직히 말하자 매우 기뻐했다.

"경은 어떻게 그것을 알았는가?"

현종이 묻자 요숭이 대답했다.

"위지고가 미천했을 때 신은 그를 도왔습니다. 우매한 신의 아들은 위지고가 신에게 덕을 베풀 것이라 믿고 자신의 잘못을 받아 줄 것이라 생각하여 그에게 청탁했을 것입니다."

이 말을 들은 현종은 위지고를 내쫓으려 했다. 그러나 요숭이 이에 반대하며 말했다.

"신의 아들이 폐하의 법을 어지럽혔는데 폐하께서 그 죄를 용서하시니 다행이오나, 신으로 인하여 위지고를 물리치시면 천하 사람들이 폐하께서 신에게 사사롭게 한다고 생각할 것이니 성스런 정치에 누가 될 것이 두렵습니다."

현종은 요숭의 말을 받아들였지만 요숭의 아들들은 권세를 이용하여 뇌물 받는 일을 계속했다.

요숭은 총애하는 부하 조회가 뇌물을 받은 일이 드러나 사형 판결을 받게 되자 현종에게 구해 주기를 청했다. 이러한 일로 현종은 요숭에 대한 믿음을 거두게 되었다. 겉으로 보이는 명재상 요숭의 청렴함 뒤에는 주변 사람들의 뇌물 수수라는 이중성이 어른거렸기 때문이다.

212
혼례에 초대받은 꼬장꼬장한 재상

당시대 28 (718년~725년)

왕무중은 당나라 현종 이륭기가 총애하던 사람 가운데 하나인데, 그는 원래 고구려 사람이었다. 현종이 아직 황제가 되기 전인 임치왕 시절에 왕무중은 이륭기의 집에서 노비로 살았는데, 이륭기가 쿠데타에 성공하여 황태자가 되자 동궁에서 마구간을 관리하는 책임을 맡았다.

왕무중은 이륭기가 황제가 된 이후에도 어려운 고비마다 공을 세워 현종의 신임을 받았다. 이 때문에 많은 사람들이 왕모중에게 기대어 보고자 벌떼같이 그에게 줄을 대려 했다.

왕모중이 딸을 출가시키게 되자 많은 사람들이 하객으로 몰려 갈 준비를 했다. 어떻게든 그와 관계를 맺어야 하는 상황에서 혼사만큼 좋은 기회는 없었던 것이다. 현종도 왕모중을 불러 딸의 혼사에 도와줄 것이 없는지 물었다.

"모든 일은 이미 준비되었으나, 단지 아직 손님을 얻지 못하고 있습니다."

왕모중은 전혀 의외의 대답을 했다. 모든 사람이 그의 혼사에 참여하고자 기회를 벼르고 있는데 정작 당사자는 손님이 준비되지 않았다는 것이다. 현종이 다시 물었다.

"장열이나 원건요 같은 사람들은 어찌하여 부를 수 없는가?"

장열과 원건요 같은 사람은 나가서는 장수가 되고 돌아와서는 재상이 된다는 출장입상(出將入上)하는 인물이었다. 문무를 모두 다 갖추고 장상의 벼슬을 모두 지내는 최고의 인물을 지칭한 것이다.

왕무중이 대답했다.

"이러한 분들이야 얻을 수 있겠지요."

최고의 벼슬아치들도 혼인 잔치에 올 것이라는 왕모중의 말을 듣고서야 현종은 그가 무엇을 걱정하는지 알아차렸다.

"네가 오게 할 수 없는 자는 한 사람뿐임을 내가 알고 있는데, 필시 송경일 것이다."

송경의 집안은 북위 시절부터 명문가로 이어져 내려온 집안이었다. 송경은 현종 시절에 두 번이나 재상에 올랐는데, 민생 위주의 정치 개혁을 이끌었다. 백성들의 집 지붕을 기와로 바꿔 화재를 감소시켰고 재목이 아닌 사람은 등용하지 않는 인재 등용의 원칙도 세웠다. 또한 황제 곁에 항상 간관과 사관이 머무르게 하여 황제가 잘못하는 것을 간하거나 기록하는 체제를 만들었다. 한마디로 꼬장꼬장한 원칙주의자였던 것이다.

이런 사람이었으므로 황제의 총애를 받는 왕무중의 혼인 잔치에 올 리가 만무했던 것인데, 왕무중은 수많은 아첨꾼보다 청렴하고 꼬장꼬장하여 사람들의 존경을 받는 사람을 축하 손님으로 받고 싶어 고민에 빠진 것이었다. 이런 왕모중의 마음을 알아차린 현종은 재상들에게 특별히 부탁했다.

"짐의 노비인 왕모중의 집에 혼사가 있으니, 경들은 의당 여러 달관들과 함께 모두 그 집으로 가도록 하라."

현종은 특별히 왕모중을 노비라고까지 지칭해 가면서 높은 관직에 있는 달관까지 혼인 잔치에 참석할 것을 독려했다.

드디어 왕모중 집안의 혼인 잔치 날이 되었다. 왕모중은 손님 맞을 준비를 다 해 놓고 송경을 기다렸다. 많은 손님들이 왕모중의 집으로 몰려들었지만 송경은 해가 중천에 뜰 때까지 도착하지 않았다. 현종이 특별히 부탁까지 했건만 감감무소식이었던 것이다. 그 때문에 다른 손님들은 풍성한 잔칫집 음식에 감히 젓가락도 갖다 대지 못하고 있었다.

송경은 늦은 시간이 되어서야 왕모중의 집에 찾아왔다. 황제가 참석을 부탁한 만큼 그로서도 안 갈 수는 없는 일이었던 것이다. 하지만 왕모중의 술잔을 받고 거기에 담긴 술을 다 비우기도 전에 배가 아프다는 핑계를 대며 돌아가 버렸다. 이처럼 강직한 사람이 있었기 때문에 현종은 당나라를 중흥시킬 수 있었던 것이다.

당시대 29 (726년~733년)

현종이 과거의 적폐를 개혁하면서 당나라는 다시 강한 나라가 되었다. 이러한 상황은 주변국에도 영향을 미치게 되는데, 옛 고구려 지역에 건국한 발해에도 그 영향이 미쳤다.

726년 현종 개원 14년에 흑수말갈이 당나라로 사신을 파견하여 현종을 알현하고 당나라의 장사를 파견해 달라고 요청했다. 장사는 최고 책임자 밑에서 모든 업무를 총괄하는 직책이다. 흑수말갈은 자국의 모든 실무를 총괄하는 자리에 당나라의 관리를 파견해 달라는 요청을 한 것이다.

이와 같이 자진해서 당나라의 관리를 파견해 달라는 요청을 받은 현종은 즉시 흑수말갈을 흑수주로 삼고 장사를 설치하여 그곳을 관리하도록 했다. 흑수말갈이 왜 이런 일을 했는지 그 이유에 대해서 정확히 기록된 것은 없다. 아마도 발해에게 멸망할 것을 염려한 것이 아닌지 추측될 뿐이다. 흑수말갈의 이러한 처신 때문에 곤란해진 것은 발해였다.

흑수말갈은 지금의 흑룡강에 해당하는 곳이므로 당나라에서 파견한 장사가 흑수말갈로 가려면 반드시 발해 지역을 통과해야만 했다. 발해의 무왕 대무예는 말갈 발해왕으로 불렸는데, 이러한 상황을 흑수말갈이 발해의 영향력에서 떨어져 나가려 하는 의도로 파악했다.

"흑수가 당나라에 들어가려면 반드시 우리의 국경 지역을 거쳐야 한다. 이전에는 그들이 돌궐에게 토둔을 요청하면서 먼저 우리에게 알리고 우리와 함께 갔는데, 지금은 우리에게 알리지도 않고 당에게 관리를 요청하니, 이는 당과 담합하고 모의하여 우리를 앞뒤로 공격하려는 것이다."

토둔은 돌궐의 씨족장 이상의 고위직을 말한다. 흑수말갈이 토둔으로 관리를 청하러 갈 때는 발해와 논의하고 함께 갔으나 당나라에 관리를 청하러 갈 때는 발해에 알리지 않고 독단으로 가서 당나라와 야합했다는 것이다.

발해의 무왕은 친동생 대문예와 장인 임아를 파견하여 군대를 거느리고 흑수말갈을 치러 나섰다.

그런데 일찍이 당나라에서 인질로 머물렀던 대문예가 흑수말갈을 치는 데 반대했다. 당나라는 강한 나라이므로 당과 외교 관계를 맺는 흑수말갈을 쳐서는 안 된다는 것이었다.

대문예가 흑수말갈과의 경계선에 이르러서도 자기의 주장을 꺾지 않으니 무왕은 분노하여 사촌 형인 대일하를 파견하여 그를 죽이려 했다.

그러자 대문예는 무리를 버리고 샛길로 도망하여 당나라로 들어갔다. 당나라에서는 그를 좌교위장군으로 삼았으니, 당나라와 발해 사이에 국제 분쟁이 일어났다.

  발해의 무왕이 당나라에 사신을 파견하여 표문을 올리고 대문예의 죄를 설명하며 그를 죽여 달라고 요청했다. 당 현종은 비밀리에 대문예를 안서로 빼돌린 후 발해에 대문예를 영남으로 유배 보냈다는 거짓 답장을 보냈다. 당나라가 거짓으로 답한다는 것을 알아낸 발해는 계속 대문예를 죽일 것을 요구했다.

  당나라에서는 발해에 거짓말을 누설한 관리를 좌천시킨 후 다시 발해에 대문예를 영남으로 보냈다고 답장했다. 당나라에서도 발해의 요구를 듣고 그에 대한 답장을 해 주지 않으면 안 될 만큼 당시의 발해는 힘이 큰 나라였음을 의미하는 것이다.

  이 일에 대하여 사마광은 당 현종이 이웃 나라의 일을 정정당당하게 처리하지 못하고 거짓말로 일관한 것은 매우 수치스러운 일이라고 평가했다.

214
현종 시대의 빛과 그림자

개원지치로 대표되는 당나라 현종 시대의 정치는 두 부분으로 대별된다. 전반기인 개원 연간 30년 동안은 개혁의 정치가 이루어지면서 당나라를 중흥으로 이끌었지만 후반부의 천보 연간 14년 동안은 당나라를 몰락으로 밀어 넣는 구태의 정치가 이루어진 것이다. 개원에서 천보로 넘어가는 기간에 재상 이림보가 등장한다.

이림보가 재상을 맡기 전에는 장구령이 재상이었다. 장구령은 재상으로 있는 동안 현종이 하고자 하는 일에 사사건건 반대했다. 예컨대 삭방절도사 우선객이 업무를 감당하면서 비용을 절감하고, 창고를 충실하게 채웠으며, 무기도 잘 관리한다는 소식을 들은 현종이 가상하게 생각하여 상서 벼슬을 더해주려고 했지만 재상인 장구령이 이에 반대했다. 상서를 줄 만큼의 업적이 되지 못한다는 이유에서였다. 상서는 황제와 신하 사이에 오가는 문서를 관할하는 벼슬이다.

현종은 한발 물러서 직위는 주지 말고 국가의 식읍에서 생산

되는 소작물의 일부를 받을 수 있는 실봉(實封)을 주자고 제안했지만 장구령은 이 역시도 반대했다. 이를 지켜보던 이림보는 장구령이 나간 틈을 이용해서 현종의 마음에 드는 말을 했다.

"장구령은 서생인지라 일의 큰 줄거리를 파악하지 못합니다."

현종은 장구령의 반대에도 불구하고 우선객에게 실봉 300호를 덧붙여 주었다.

황제가 된 후 시간이 오래 흐르자 현종은 초심을 잃고 점차 거리낌 없이 사치하며 욕심만 부리고 정사에는 게을리했다. 장구령은 이런 현종에게 큰 일이든 작은 일이든 모두 힘써 논쟁하며 올바르게 인도하고자 했으나, 이림보는 현종의 의도를 교묘하게 엿보면서 날마다 장구령을 몰아낼 것만 생각했다.

이림보는 성정은 부드러웠지만 아첨을 잘 하고 교활한 술수가 많았다. 그는 환관이나 비빈의 집안과 깊이 결탁하여 현종의 동정을 엿보았기 때문에 현종의 뜻을 모르는 것이 없었다. 그리하여 조정에서 매번 주문을 올리고 답할 때마다 현종의 뜻에 딱 들어맞게 행하니, 현종이 이를 매우 기뻐했다.

당시에 현종은 무 혜비를 총애했는데, 그녀가 수왕 이청을 낳자 황제의 사랑이 더욱 깊어져 황태자 이영과의 사이는 벌어지게 되었다. 무 혜비는 황제의 총애를 이용하여 자기 아들을 태자로 올리려는 야심을 갖게 되었고, 현종에게 태자와 다른 아들들을 모함했다.

이림보는 기회를 놓치지 않고 재빠르게 무 혜비 편에 붙었다.

"신이 온 힘을 다하여 수왕을 보호하겠나이다."

이림보는 수왕의 지원군을 자청함으로써 무 혜비의 지원을 받았다.

마침내 현종이 황태자 이영을 폐위시키려 하자, 장구령은 역사에서 태자를 바꿨다가 나라를 망친 많은 예를 거론하면서 극렬히 반대했다. 장구령의 말이 옳기는 했으나 현종은 자기가 하고자 하는 일에 사사건건 반대하는 재상 장구령 때문에 기분이 상했다.

이런 상황에서 입을 꾹 다물고 있었던 이림보는 퇴궐 후 현종의 총애를 받고 있는 환관에게 말했다.

"이 일은 폐하의 집안 일인데, 어찌 밖에 있는 사람에게 물어봐야 합니까?"

즉 황태자를 갈아치우는 것은 황실의 집안일이므로 재상에게 물을 필요 없이 일을 처리하면 된다는 뜻이다. 이림보는 환관에게 이 말을 하면, 환관이 다시 현종에게 이 말을 전할 것이라 생각했다. 현종이 자기 마음대로 황태자를 바꿀 수 있는 방법을 알려준 것이다.

이러한 과정을 거쳐 현종의 신임을 얻은 이림보는 재상의 자리에 올랐다. 재상이 된 그가 처음 한 일은 조정의 신하들에게 현종이 듣기 싫어하는 소리를 하지 못하게 하는 것이었다. 황제의 눈과 귀를 가린 후 자신이 권력을 전용하려는 전략이었다. 이림보는 간관들을 불러 말했다.

"지금 밝은 주군이 윗자리에 있으니 여러 신하들은 그를 따르기에도 겨를이 없다. 그러니 어찌 많은 말이 필요하겠는가?"

현종이 훌륭한 임금이므로 신하들은 그저 그가 시키는 대로만 하면 된다는 말이다.

두진이 현종에게 글을 올려 이 일에 대해 간언하자, 다음날 쫓겨나가 북쪽 변방의 하규현령이 되었다. 이후로는 아무도 현종에게 간언하는 사람이 없었다. 초기에 성공한 황제에게 드리운 어두운 그림자였다.

215
당나라 현종과 양 귀비의 사랑

당 현종과 양 귀비의 사랑 이야기는 많은 사람들의 입에 오르내린다. 현종은 무 혜비가 죽은 후 그녀를 잊지 못하고 식음을 전폐했다. 사람들은 현종의 마음을 달랠 수 있는 여인을 물색하다가 양옥환을 찾아냈는데, 그녀는 무 혜비의 아들인 수왕 이청의 비였으니, 현종에게는 며느리가 된다.

양옥환을 본 현종은 첫눈에 반해 아들인 수왕 이청에게는 다른 여인을 아내로 얻어 주고, 옥환을 자기 곁에 두었다. 이 여인이 후에 현종의 귀비가 되어 양 귀비로 불리게 되었다.

양 귀비에게 푹 빠진 현종은 그녀의 환심을 사기에 여념이 없었다. 눈치 빠른 사람들은 양 귀비에게 아부하기 위하여 열심히 선물을 보냈다. 그녀가 거처하는 귀비원에는 양 귀비가 입을 옷에 수를 놓는 사람만 700명이었고, 사람들이 앞다투어 보내온 진귀한 노리개가 차고 넘쳤다.

영남경략사 장구장과 광릉장사 왕익이 아주 정교하고 아름다운 노리개를 양 귀비에게 보내자, 현종은 장구장의 관직을 3품이나 올려 주었고, 왕익에게는 호부시랑을 제수했다. 백성들 사이에서는 이러한 세태를 풍자한 노래가 퍼졌다.

"사내아이를 낳았다고 기뻐하지 말고 계집아이를 낳았다고 슬퍼하지 마라. 그대가 지금 보고 있듯이 여인이 대문의 처마를 만든다."

양 귀비는 여지라는 과일을 좋아했는데, 여지는 지금의 리치에 해당하는 과일이다. 여지는 남부 지방에서 나는 과일이라 양 귀비가 있는 장안까지 오는 동안 시들어 버리는 것이 다반사였다. 양 귀비가 신선한 여지를 먹고 싶어 하자 현종은 여지가 생산되는 영암에 명령하여 시들기 전에 신속하게 가져오라는 명령을 내렸다.

영암에서는 장안까지 이르는 길에 있는 역참에 말을 대기해 두었다가 여지를 따자마자 사람과 말을 바꿔 가면서 죽자사자 달려 장안으로 수송했다. 이로써 양 귀비는 색과 맛이 변하지 않은 신선한 여지를 받아먹는 데 성공했다.

이렇게 현종의 총애를 한 몸에 받는 양 귀비는 한편으로 질투의 화신이었다. 현종이 다른 여인을 가까이 하려는 꼴을 못 보고 사납게 질투하며 성깔을 부렸다. 화가 난 현종이 양 귀비에게 친정 오빠인 양섬의 집으로 돌아가라고 명을 했을 정도였다.

하지만 이 일로 못 견디게 된 사람은 양 귀비가 아니라 현종이었다. 현종은 양 귀비가 없는 허전함을 감당하지 못하여 식음을 전폐했다. 해가 중천에 떠도 밥을 먹지 않았으며, 옆에서 시중 드는 사람이 조금만 움직여도 트집을 잡아 매질을 했다. 공연히 다른 사람에게 분풀이를 한 것이다.

이러한 현종의 마음을 가장 잘 꿰뚫어 본 사람은 환관 고력사였다. 고력사는 양 귀비에게 보낼 온갖 선물을 미리 준비한 후 현종에게 넌지시 이를 보내도 되는지 물었다. 그는 현종이 양 귀비를 궁궐로 다시 데려오고 싶어 한다는 것을 잘 알고 있었던 것이다.

현종은 고력사가 준비한 선물을 양 귀비에게 보내는 것을 허락하고, 자신의 음식도 나누어 그녀에게 보내라고 명했다. 결국 양 귀비는 친정으로 쫓겨간 지 하루 만에 현종의 열렬한 환영을 받으며 궁궐로 돌아왔다.

보통 황제는 한 여인에게 마음을 두지 않는다. 황제에게 여인이란 소모품일 수도 있는 것이 왕조 시대의 특징이다. 그럼에도 불구하고 현종에게 양 귀비는 특별한 존재였던 듯하다. 흔한 황제와 귀비 사이가 아니라 서로 없으면 안 되는 연인 관계를 유지했으므로 이 두 사람의 사랑을 칭송하는 이야기들이 많다.

현종과 양 귀비의 사랑은 안록산의 난으로 인하여 비극적으로 끝난다. 반란을 일으킨 안록산이 양 귀비를 당나라가 혼란해지는 원인으로 지명하고, 현종에게 그녀를 죽일 것을 요구했기 때문이다.

현종은 양 귀비의 오빠인 양국충을 등용하여 권력을 맡겼는데, 그가 전횡을 하며 당나라의 정치를 망가뜨리는 데도 아무도 이를 바로잡지 못했다. 이에 대한 책임을 양 귀비가 져야 했던 것이다.

안록산의 기병으로 서쪽으로 피난하던 현종은 마외역에서 양 귀비를 죽이라는 군인들의 압력에 하는 수 없이 양 귀비에게 목을 매어 죽게 한다. 뜨겁고 열렬했던 사랑의 차갑고 허무한 결말이었다.

216
한없이 즐기기나 하자

당시대 32 (747년~753년)

당나라는 현종 재위 후반부인 천보 연간에 기울기 시작했다. 그렇지만 당이 쉽게 망할 왕조는 아니었다. 이 시기에 장안에서 부터 시작하여 서역에 이르는 당나라의 경계 지역을 묘사한 내용을 보면 가히 장관이 아닐 수 없다.

"이때에 중국은 강성하여 장안성의 서쪽 문인 안원문에서부터 당의 서쪽 끝 변경까지의 거리가 1만 2천 리였다. 여염집들이 서로 바라보고 뽕나무와 삼이 들판을 덮었으므로 천하에서 부유하고 풍요롭다고 일컬어진 곳으로 농우만한 곳이 없었다. 그곳의 절도사가 사신을 파견하여 들어가 주문을 올릴 때마다 항상 하얀 낙타에 태워 보냈는데, 하루에 500리를 달렸다."

현종은 때때로 국가의 창고인 좌장에 들어가서 수많은 재물을 관리들에게 나눠 주었다.

현종을 곁에서 모셨던 환관 고력사는 보수사를 지은 후 종을 만들었다. 고력사는 보수사에서 재를 지낼 때 그 종을 치는 사람들에게 한번에 100민씩 시주하게 했다. 고력사에게 아첨하고

자 하는 사람은 보통 종을 20번 쳤고, 그렇지 않은 사람이라 하더라도 종을 10번 아래로 치지는 않았다. 종을 치는 데 아낌없이 돈을 바칠 만큼 당나라의 부유함이 넘쳐났던 것이다.

이러한 상황에서 19년 동안 재상 자리에 있던 이림보가 죽었다. 그 뒤를 이어 양 귀비의 사촌 오빠인 양국충이 재상이 되었는데, 양 귀비의 세 자매를 포함한 양씨의 다섯 집은 사치가 이루 말할 수 없는 지경이었다.

양 귀비의 자매인 한국(韓國) 부인, 괵국(虢國) 부인, 진국(秦國) 부인이 현종을 따라 피서지인 화청궁으로 가서 양국충의 집에 모였는데, 그들이 타고 온 수레와 말이 마당에 차고 넘치고 그들이 데리고 온 노복들이 여러 방에 차고 넘쳤다. 그들이 사용하는 비단에 수를 놓은 것이나 옥으로 된 구슬은 눈이 튀어나올 정도로 곱고 화려했다.

양국충이 손님들에게 말했다.

"나는 본래 가난했는데, 하루아침에 초방과의 인연으로 여기까지 이르렀으니 쉬어야 할 곳을 알지 못합니다. 생각건대 나는 끝내 좋은 평판을 받지는 못할 것 같으나 이는 가장 기쁜 즐거움을 누리는 것만 못합니다."

초방이란 황후를 가리키는 말로, 여기서는 양 귀비를 지칭한다. 양국충은 자신이 가난하고 자질도 부족했지만 양 귀비와의 인연으로 재상까지 올랐으니 몸 둘 바를 모르겠으며, 끝내 좋은 평을 듣지는 못할 것 같으니 그저 지금 실컷 즐길 뿐이라고 말하고 있는 것이다.

양국충의 원래 이름은 양소인데, 배우지도 못하고 품행도 좋지 않아 양씨 집안에서도 천하게 여겼다. 양국충은 서쪽에 있는 촉 지역에서 군대를 따라다니며 임기를 마쳤는데, 집이 가난하여 돌아갈 수 없었다. 그는 자신에게 늘 물자를 공급해 준 선우중통에게 보답하기 위해서 양씨라는 성을 내세워 양 귀비에게 접근했고, 선우중통의 돈으로 뇌물을 바치면서 장안에서 활동하게 되었다.

양국충은 뛰어난 노름 실력으로 사람들의 눈에 띄었고, 나중에는 당나라의 재상 자리까지 올랐으니 신의 한 수를 받는 데는 일가견이 있었던 듯하다.

하지만 역사가들이 그의 이름을 드높이게 하지는 못했으니, 신에게 받은 한 수는 인간에게서 피어나지 못한 채 헛되이 사라져 버린 셈이 되었다.

명필 안진경의 대활약

현종의 통치 기간이 40여 년에 이르렀을 때 산동 지역에서 군사를 일으킨 안록산이 당나라의 도읍인 장안을 향하여 파죽지세로 진격하고 있었다. 태평성대를 구가했다는 안일함에 빠져 있던 현종은 당황하여 이를 막을 방도를 마련하지 못한 채 우왕좌왕하고 있었다.

이때 평원태수 안진경은 안록산의 난을 예상하고 미리 대비를 해 두었다. 성의 해자를 준설하고, 전투에 동원할 수 있는 장정들을 미리 파악해 두었으며, 식량도 창고에 가득 채워 두었던 것이다. 이런 사실을 알지 못했던 안록산은 서생인 안진경을 쉽게 처리할 수 있다고 생각했다.

산동 지역의 24개 군은 안록산 군대에 무너졌다. 하지만 안진경은 안록산이 군사를 일으켰다는 소식을 재빨리 장안으로 전했다. 또한 안록산 도적의 무리를 사들이겠다는 현상금을 내걸어 많은 호응을 얻었다. 당나라의 명장 봉상청도 안록산의 군대를 감당하지 못했는데, 서생인 안진경은 꿋꿋하게 버텼다.

안진경이 열흘 동안 모은 1만여 명의 용사들에게 안록산을 토벌하자고 눈물로 호소하자 이들의 사기가 충천해졌다. 안록산이 당나라 장수 이징, 노혁, 장청 세 사람의 머리를 벤 후 단자광으로 하여금 이를 산동 지역의 여러 군에 돌리게 하자 안진경은 단자광을 잡아 허리를 벤 뒤 여러 지역에 돌렸다.

안진경은 사촌 안고경으로 하여금 안록산에게 거짓으로 항복하게 하고, 그로 하여금 길목을 막아 안록산의 장안 진입을 늦추게 만들었다. 이 일로 안록산은 큰 타격을 입었고, 결국 안고경은 안록산에게 잡혀 죽었다. 당 왕조로서는 생각지도 못했던 사람이 안록산의 서진을 저지했던 것이다.

황하 북쪽에 있는 하북 지역의 여러 군에서는 안진경의 활약을 보고 함께하기로 결의했다. 17개의 군이 당나라 조정으로 돌아왔고, 20여만 명의 병사들이 안록산에게 대항하기 위해 결집했다. 이제 안록산에게 붙어 있는 세력은 범양·노룡·밀운·어양·급·업의 여섯 개 군뿐이었다.

안진경은 청하에서 온 스무 살 남짓한 이악의 계책을 듣고 그에게 병사 6천 명을 주었다. 이악은 안록산이 스스로 궤멸할 수 있는 방법을 제시했으므로 이를 실행할 수 있게 해 준 것이다. 안진경은 변경까지 이악을 배웅한 후 손을 잡고 이별하며 무운을 빌었다.

또한 북해태수 하란진명이 병사를 일으키자 안진경은 편지로 그를 불러 힘을 합하고 지휘권의 상당 부분을 하란진명에게 위임했다. 자신이 공로를 세우는 데는 큰 비중을 두지 않은 것이다. 후에 하란진명은 조정에 표문을 올려 자기의 공로를 많이 쓰고 안진경의 공로를 적게 썼는데 이를 본 조정에서는 하란진명에게 하북초토사의 직책을 덧붙여 주었다.

이외에도 안진경은 평로 유혁사 유객노와 선봉사 동진, 안동 장군 왕현지에게 식량과 의복을 보내어 그들을 지원했다.

당나라의 안위를 뒤흔든 안록산의 난은 안진경 한 사람이 평정한 것이 아니다. 안진경은 글만 읽어 세상일에 서투른 서생이었으므로, 힘으로는 안록산을 물리칠 수 없었다. 하지만 직접 나아가 싸울 실력이 없다 하여 난을 평정하는 데 기여할 수 없는 것은 아니었다. 안록산의 난을 평정한 진정한 실력은 나라를 위하는 한줌의 붉은 마음에서 비롯되는 것이었기 때문이다.

218
장안 함락 전야의 양국충

당시대 34 (756년)

산동 지방에서 군사를 일으킨 안록산은 서부로 진출하여 낙양을 함락시켰다. 당나라의 황제 현종은 막강한 군사력을 가진 가서한을 등용하여 안록산의 장안 진출을 막게 했다. 가서한은 투르크족 투르기시 가서 부족 사람으로, 나이가 많았지만 명성이 높은 유능한 장수였다.

장안을 방어하는 데 전략적으로 가장 중요한 지점은 동관이었다. 동관이 안록산에게 무너지면 장안은 바로 함락되는 것이다. 가서한은 모든 군사를 동원하여 동관으로 간 후 수비에 만전을 기해야 했다.

하지만 당나라의 권력을 잡고 있는 재상 양국충의 생각은 조금 달랐다. 그는 가서한과 사이가 좋지 않았는데, 가서한이 군사를 이끌고 장안 가까이에 오면 그 기회를 이용하여 자신을 잡아 죽일 것이라는 불안에 떨게 되었다. 이런 이유로 양국충은 가서한이 동관을 전적으로 수비하는 작전에 반대했다.

양국충은 장안에서도 군사를 마련하여 만약 가서한이 동관에서 실패하면 그 다음을 대비할 수 있도록 하자는 안을 내놓았다. 듣기에 따라 그럴 듯해 보이는 이 작전은 가서한의 입장에서 볼 때 기분 나쁜 것이었다. 당나라가 자신을 견제하는 조치로 해석되었기 때문이다.

이 때문에 안록산을 막아야 하는 양대 산맥인 재상 양국충과 장군 가서한 사이는 점점 틈이 벌어졌다. 적군의 침략보다 더 나쁜 것이 아군의 전방을 책임진 장군과 이를 지원하는 중앙 재상의 갈등인데, 당나라에서 그 일이 벌어지고 있었던 것이다.

가서한은 동관의 성문을 굳게 닫고 방비를 튼튼히 했다. 적군은 산동으로부터 먼 길을 걸어 이곳으로 온 안록산의 현군이기 때문에 속전속결을 전략으로 삼고 있었다.

반면 이를 방어하는 가서한은 지구전을 펼쳤다. 피로와 보급난에 시달리는 안록산의 현군은 지구전을 이기지 못하고 제풀에 물러갈 수밖에 없을 것이기 때문이었다. 가서한은 병법의 정석대로 동관을 수비하는 전략을 취한 것이다.

문제는 양국충이었다. 재상의 입장을 생각하면 동관을 잘 지켜야 하지만, 안록산의 무리를 동관에서 저지하는 것이 성공하는 날에는 가서한의 명성이 높아지면서 자기의 정치적 위상이 약해질 것을 두려워한 것이다.

양국충은 가서한에게 성을 나와 안록산의 군사를 치라고 재촉했다. 가서한은 이에 대해 부당하다는 의견을 보냈다. 장군인 곽자의와 이광필도 동관은 굳게 지키고, 일부의 군사를 보내 안록산의 본거지인 범양을 공격해야 한다는 전략을 내놓았다. 그러나 양국충은 가서한이 동관에서 나와 안록산의 군대를 쳐야 한다고 계속 현종을 꼬드겼다.

현종의 명이 내려지자 하는 수 없이 가서한은 동관에서 나와 안록산의 군대를 맞아 싸워야 했다. 안록산의 휘하에 있는 장군 최건우는 일부러 몇 천 명의 약한 군대를 내보냄으로써 양국충이 오판하게 만들었다. 최건우의 이 작전은 성공하여 가서한이 나가 싸워야 한다는 양국충의 주장에 힘을 실어 주었다.

드디어 가서한의 군사가 동관을 나왔다. 최건우는 군사들로 하여금 싸우는 척 도망가게 하면서 가서한의 군대를 좁은 길로 유인했다. 그리고는 그곳에 숨겨 두었던 군사들을 앞뒤로 일으켜 공격을 감행하니, 가서한의 군대는 몰살을 당하고 말았다. 동관의 수비가 실패로 돌아간 것이다.

포로가 된 가서한은 안록산을 황제 폐하로 부르며 항복했고, 이 소식은 곧바로 장안으로 전해졌다. 동관 수비가 실패하면 장안을 지켜야 한다며 양국충이 만든 군대는 가서한의 실패 소식을 듣는 것만으로도 스스로 무너졌다.

이제 더 이상 장안을 지킬 군사는 없었다. 현종이 조회를 소집하자 조정에 나온 관리는 열에 한두 명도 되지 않았다. 현종은 장안을 버리고 서쪽으로 도망쳤는데, 가는 도중에 현종을 호위하던 군사들의 태반이 도망쳤다.

현종은 먹을 것이 없어 민간에서 사온 호떡을 먹어야 했다. 이들이 마외역에 이르자 군사들은 양국충을 죽이고 현종이 사랑해 마지않던 양 귀비의 목을 매달라고 압박했다. 일신의 권력을 지키고자 가서한을 궁지에 몰아넣었던 양국충은 권력은커녕 자신의 목숨도 보전하지 못했다.

219
아들에게 죽은 안록산

당시대 35 (756년~757년)

안록산은 낙양과 장안을 수중에 넣은 뒤 스스로 황제가 되었음을 선포했다. 하지만 군사를 일으킨 지 2년이 되는 시점에 시력이 점점 나빠지더니 결국 사물을 제대로 보기 어려운 지경에 이르렀다.

엎친 데 덮친 격으로 안록산은 등창까지 생겨 성질이 급하고 포악해졌다. 그는 주위에 두고 부리는 사람이라 할지라도 조금만 마음에 들지 않거나 자기의 뜻에 어긋나게 굴면 채찍으로 심한 매질을 했는데, 죽는 사람이 생길 정도였다.

황제가 된 후 안록산은 궁궐 깊은 곳에 파묻혀 상군들을 직접 만나는 일이 드물었다. 대부분의 일은 엄장을 통해서만 지시하고 보고를 받았다.

하지만 이처럼 신임을 받는 엄장조차도 경우에 따라서는 매질을 당했으니, 안록산을 모시는 환관들의 고충은 이루 말할 수가 없었다. 환관 이저아가 특히 안록산에게 심한 매질을 당했는데, 아무도 그를 말릴 수 없었다.

이런 와중에 후사 문제가 대두되었다. 장남인 안경서 외에도 안록산은 아끼는 단씨에게서 아들 안경은을 얻었으므로 후계를 둘러싼 갈등은 이미 예정되어 있던 일이었다. 단씨가 자기의 소생인 안경은을 안록산의 후사로 밀어올리려 하고 있었기 때문에 안경서는 자신의 자리가 위태로워지는 것을 감지했다.

이때 엄장이 안경서를 유혹했다.

"모든 일에는 부득이한 것이 있으니, 결코 때를 놓쳐서는 안 됩니다."

이 말은 결국 안경서가 아버지인 안록산을 죽여야 한다는 뜻이었다. 안경서는 한술 더 떠서 엄장을 형으로 부르며 안록산을 죽이는 일을 떠맡겼다.

"형님이 하시는 일이라면 어찌 감히 제가 공경하여 따르지 않겠습니까?"

안경서와 엄장은 안록산에게 허구헌날 매질을 당하는 이저아도 끌어들였다.

"네가 당한 매질을 어찌 헤아릴 수 있겠는가? 큰일을 행하지 않으면 죽는 것은 며칠도 남지 않았다."

아들이 아버지를 죽이려는 마당에 핍박 받는 환관이 마다할 이유가 없었다.

밤이 되자 이들은 안록산의 거처로 들어갔다. 엄장과 안경서는 무기를 가지고 장막 밖에 섰으며, 이저아가 칼을 들고 휘장안으로 들어가 안록산의 배를 찔렀다. 안록산을 수행하던 사람들은 겁에 질려 감히 움직이지 못했다.

안록산은 잠들기 전 항상 베개 곁에 칼을 두었는데, 이 칼조차 잡지 못했다. 그는 장막을 버티고 있는 장대를 흔들며 말했다.

"이것은 반드시 집안의 역적이 한 일일 것이다."

안록산도 집안사람에게 죽게 될 것임을 짐작하고 있었던 것이다. 그 말을 하는 사이 안록산의 창자가 밖으로 흘러나와 몇 말이 되었고, 그렇게 그는 참혹하게 죽었다.

안경서 일행은 안록산의 침상을 들어내고 바닥을 몇 척 판 후 담요로 안록산의 시체를 말아 그곳에 묻었다. 그리고 다시 침상을 제자리에 올려놓은 후 이 일이 절대로 궁중에 누설되지 않도록 단단히 입막음을 시켰다.

다음날 아침이 되자 엄장은 안록산의 병이 위중하다고 발표했다. 그리고 진왕 안경서를 태자로 세우고, 얼마 지나지 않아 황제로 올렸다. 이미 죽은 안록산은 태상황이 되었다. 그들은 안록산을 죽여 침상 밑에 묻어 놓고서 마치 그가 살아 있으면서 안경서에게 황위를 선양한 것처럼 꾸민 것이다.

이 일이 무사히 다 끝나자 엄장은 비로소 안록산이 죽었다고 발표했다. 글자도 모르던 호족 출신 안록산의 파란만장한 생애는 이렇게 막을 내렸다.

전쟁 중에 군자로 빛난 안진경 집안

당시대 36 (757년~758년)

당나라 현종 때의 사람인 안진경은 명필로 평가되는 '안진경
체'의 서체로 대변되는 문인으로 알려져 있다. 문인은 약하다고
생각되는 것이 보통이지만, 안진경은 사촌인 안고경과 함께 안
록산의 난을 막는 데 큰 기여를 했다. 글만 쓰는 서생이 안록산
의 군대에 최초로 승리를 거두었던 것이다.

하지만 이들의 충성만으로 안록산의 군대를 막을 수는 없었
다. 안록산에게 쫓긴 현종은 서쪽으로 달아나다가 총애하는 양
귀비를 죽여야 했고, 현종의 아들인 이형은 아버지가 살아 있음
에도 황위에 올라 전쟁을 지휘해야 했다. 이런 우여곡절을 겪으
며 겨우 장안과 낙양을 수복한 당나라 조정에서는 그동안 공을
세운 사람들을 가려 상을 주게 되었다.

안록산의 난 때 안고경은 이를 막다가 죽었는데, 조정에서는
그에게 품계와 벼슬을 추증하려 했었다. 그러나 당시의 재상이
었던 양국충은 장통유의 헐뜯는 말을 듣고 이를 묵살해 버렸다.
안진경이 숙종 이형에게 이 일에 대하여 울며 호소하자, 숙종은

장통유를 조정에서 내보내어 태수로 삼았다가 마침내 죽였다. 간신들이 마구 어질러 놓은 나라의 질서가 이제 어느 정도 잡혀 나가기 시작한 것이다.

숙종과 현종이 장안으로 돌아오자 안록산 무리의 우두머리였던 사사명이 당나라에 귀순했다. 그 바람에 사사명에게 포로로 잡혀 있었던 안고경의 아들 안천명이 돌아오고, 안고경의 시체도 찾을 수 있었다.

하지만 전란 중에 안천명의 고모, 자신의 누이와 여동생, 아들과 딸이 모두 뿔뿔이 흩어져 하북 지역을 유랑했으므로 그들의 종적을 알 수 없게 되어 버렸다. 당시 포주자사로 있던 안진경은 안천명에게 안씨 집안 식구를 찾게 했다.

안천명이 울면서 곳곳을 뒤지며 이들을 찾으니, 길 가는 사람들이 감동하여 함께 울었다. 덕분에 시간이 한참 지나 안천명은 가족들을 찾을 수 있었다.

이렇게 가족은 찾았지만 안씨 가문이 해결해야 할 문제는 또 남아 있었다. 전란 중에 이들이 노비로 팔려 가 버린 상황이었던 것이다. 이들을 데리고 오려면 돈을 마련하여 몸값을 치러야 했는데, 수중에 돈이 없었던 안천명은 친구들을 찾아다니며 구걸하듯 돈을 빌려야 했다.

겨우 돈을 마련한 안천명은 난감한 지경에 빠졌다. 가족들을 한꺼번에 데려올 수가 없었던 것이다. 가족을 찾는 것도 문제였지만 겨우 마련한 돈도 부족한 상황이었다. 그러니 누구를 먼저 데려와야 할 것인지 결정해야 하는 상황이 되었다. 안천명은 고모와 누이, 여동생을 먼저 구하고, 아들과 딸을 남겨 두었다.

그리고 남아 있는 200민으로 딸의 몸값을 치르려 했을 때, 딸과 함께 있는 고모의 딸을 보게 되었다. 그는 옆에서 슬퍼하는 고모를 보고 자기 딸의 몸값은 뒤로 미루고 고모의 딸을 먼저 데려왔다. 안천명이 다시 돈을 구하여 찾으러 갔을 때 딸은 이미 그곳에서 떠나 버린 뒤였다.

안천명은 자기의 가족을 찾으러 다니는 동안 여러 사촌과 자매들, 그리고 아버지 안고경 밑에서 일하던 원리겸의 처자와 같은 사람들을 만나게 되면 그들을 모두 구하여 함께 돌아왔다. 안천명이 유랑하는 이들을 구하여 집으로 데리고 온 것은 50여 집의 300여 명에 이르는 사람들이었다. 이들에게는 물자와 양식이 넉넉하지 않았으니, 안천명은 자기가 쓸 것을 줄여 이 사람들에게 고루 나누어 주었다. 안진경은 이들이 자신이 있는 포주에 도착하자 물자를 넉넉하게 나누어 주며 돌보았다.

안고경의 부하였던 원리겸의 처는 죽은 남편의 시체와 안고경의 시체가 함께 있는 것을 발견했다. 남편의 시체를 찾아 준 것만 해도 고마운 일이건만, 이 여인은 혹시라도 자기 남편의 염습이 안고경보다 소홀했을까 봐 관을 열고 살펴보았다. 원리겸의 염습은 안고경의 염습과 다를 것이 없었으므로, 이 여인은

자신의 행동을 부끄러워하면서 한편으로는 안씨 집안의 군자
됨에 감동했다.

이처럼 군자는 어려운 시대일수록 빛을 발하는 것이다.

권력을 행사하는 환관 이보국

당시대 37 (759년~760년)

안록산으로부터 장안을 회복한 숙종은 촉으로 피난 가 있었던 아버지 현종을 모셔 왔다. 숙종이 황위에 오른 후 상황으로 물러난 현종은 자기가 좋아하는 흥경궁에 거주하면서 가까운 사람들과 즐겁게 지내고자 했다. 때로는 음식을 차려 놓고 지나가는 사람들에게 먹게 하면서 소일했기 때문에 숙종도 되도록 아버지가 즐겁게 지낼 수 있도록 최선을 다해 배려했다.

이때 당나라의 권력은 환관 이보국에게 넘어가 있는 상황이었다. 그는 원래 마구간에서 일하던 사람이었는데 현종 때 권력을 누렸던 환관 고력사의 심부름을 하기도 했다. 그러던 차에 현종이 안록산의 군대에 쫓겨 도망하여 마외역에 이르렀을 때 당시 태자였던 이형에게 양국충을 죽이라고 간언했다.

이 일을 계기로 이보국은 이형을 따라 영무로 가게 되었는데, 그곳에서 이보국은 이형을 황위에 오르게 했다. 이처럼 이형이 황제가 되는 데 큰 공을 세웠으므로 숙종 이형이 장안에 귀환했을 때 권력을 잡게 된 것이다.

이보국은 비록 권력은 잡았지만 원래 출신이 미천했던지라 좌우에서 그를 얕잡아보는 것을 잘 알고 있었다. 이를 만회하고자 상황인 현종을 유폐시킴으로써 숙종에게 큰 공을 세우려 했다. 이보국이 숙종에게 말했다.

"상황께서 흥경궁에 머물며 바깥 사람들과 접촉하는 것은 불안을 야기하는 일입니다. 하오니 상황을 궁궐 안에만 머물게 하시고 밖의 사람과 만나지 못하게 하소서."

하지만 숙종은 이보국의 말을 들을 수 없었다. 아들의 입장에서 아버지에게 좋아하는 흥경궁을 떠나 구중궁궐로 들어오라는 말을 차마 할 수 없었던 것이다. 이로써 이보국의 계획은 무산되는 듯했다.

그런데 때마침 숙종이 병이 났다. 이보국은 이 틈을 이용하여 현종을 궁궐로 유인하고, 자기가 거느리는 금군을 동원하여 현종이 다시 흥경궁으로 나가지 못하게 막았다. 그리고 이것은 숙종의 명이라고 거짓으로 둘러댔다. 당시 현종이 사는 흥경궁에는 말이 300필 있었는데, 이보국은 이런 저런 이유를 대며 말 10필만 남기고 모두 빼냈다.

이때까지 현종을 모시고 있던 고력사가 화를 내며 이보국을 나무라자, 그는 잠시 물러나는 척했다. 하지만 이보국이 군사력을 쥐고 있었으므로, 노련한 정치가인 현종은 더 이상 물러날 곳이 없다는 것을 깨달았다. 이보국이 금군을 쥐고 있는 이상 상황인 자신도, 황제인 숙종도 아무런 힘을 쓸 수 없는 것이었다. 현종은 고력사에게 에둘러 말했다.

"흥경궁은 내가 황제였을 때 살았던 곳이다. 하여 나는 자주 황제에게 흥경궁을 나가겠다고 양보했지만, 황제가 지극한 효심으로 이를 받아들이지 않았다. 오늘 내가 흥경궁을 나온 것은 온전히 나의 뜻이다."

무측천에게 쿠데타를 일으키고 당나라를 되찾았던 현종 이륭기가 한낱 환관 앞에서 자신의 뜻을 굽힌 것이다.

형부상서 안진경은 백관을 거느리고 숙종에게 표문을 올려 상황을 문안하게 해 달라고 요청했지만 받아들여지지 않았다. 안진경은 봉주장사로 쫓겨 내려가고, 현종을 보필하던 고력사도 쫓겨났다. 이 모든 결정은 숙종의 뒤에 숨은 실세 이보국의 뜻으로 이루어진 일이었다.

222
당을 원조하러 온 회흘 군대

당시대 38 (761년~763년)

당나라의 현종과 숙종은 불과 보름 사이로 죽었다. 숙종의 맏 아들 이예가 당나라의 황위를 이었는데, 주변 국가들은 이 기회 를 노려 자신들의 세력을 넓히고자 했다. 그 중에서도 연나라와 회흘 세력의 확장세가 돋보였다.

당나라에서 반란을 일으키고 연(燕)나라를 세운 안록산은 당 시에 이미 죽고 없었다. 그 뒤를 이은 안경서와 사사명 역시 죽 었고, 사사명의 아들인 사조의가 연나라의 황제로 있었다.

당나라의 새로운 황제가 된 대종은 한시라도 빨리 회흘 세력 을 끌어들이려 했다. 대종은 중사 유청담을 회흘로 보내 우호 관계를 맺게 한 후 군사를 불러들여 사조의를 토벌하게 했다.

하지만 사조의는 이보다 빨리 회흘에 사람을 보내어 가한을 설득하고 있었다.

"가한께 나를 도와 달라는 것이 아닙니다. 당나라의 현종과 숙 종이 한꺼번에 죽었으니, 지금 중원은 주인이 없는 것이나 마찬 가지입니다. 그러니 주인 없는 곳에 들어가 그곳에 가득찬 창고를 거두십시오."

사조의는 당나라와 회흘이 재물을 두고 서로 반목하도록 자극하면서 그 사이 연나라의 형세가 좋아지길 기대한 것이다.

이런 사정에 직면한 유청담은 진심으로 간절하게 말했다.

"당나라에 새롭게 등극하신 황제는 예전에 회흘의 친왕이었던 엽호와 함께 두 도읍을 수복하셨던 분입니다. 원래 당나라와 회흘은 친분이 아주 깊었지요."

이 말을 들은 회흘의 가한은 당나라를 돕겠다고 약속하고, 군사를 발동했다. 그런데 회흘의 군대가 향한 곳은 사조의를 토벌하는 데 유리한 곳이 아니라 당나라의 물자가 많이 쌓여 있는 태창이 있는 지역이었다.

대종은 전중감 약자앙을 파견하여 흔주의 남쪽에 와 있는 회흘 군대를 위로하게 하고, 아들인 옹왕 이괄로 하여금 하북 지역에 주둔하고 있는 회흘의 가한을 만나게 했다.

회흘의 가한은 옹왕 이괄이 자기에게 절하며 춤추지 않는다고 시비를 걸었다.

"나는 당나라 황제와 형제의 의를 맺었으므로, 옹왕에게는 숙부가 된다. 그러니 응당 절하고 춤을 춰야 하지 않는가?"

높은 사람을 만나 춤추는 형식을 보이는 것은 기쁘다는 표현의 예법이었다. 회흘의 가한이 옹왕 이괄에게 어른으로 대접할 것을 요구하며 이렇게 말하자, 약자앙이 나서서 설득했다.

"옹왕께서는 당나라의 원수이고 황제를 이어받으실 분입니다. 지금 현종과 숙종의 상중인데 어찌 춤을 추겠습니까? 가한께서 양해하소서."

약자앙의 말에 틀린 것이 없었으므로, 회흘의 가한은 괜히 애꿎은 사람에게 화풀이를 했다. 그러자 회흘 가한 옆에서 의례를 주관하던 장군 거비가 다짜고짜 당나라 중신들을 끌어다 채찍질을 하기 시작했다. 거비는 약자앙과 위거, 위소화, 이진에게 각각 채찍 100대씩 때리고, 이괄만은 나이가 어리다는 이유로 행영으로 돌려보냈다. 당나라를 돕는다는 위세를 내세워 있을 수 없는 일을 한 것이다. 거비에게 매를 맞은 위거와 위소화는 장독이 올라 하룻밤 만에 죽었다.

이후 당나라군과 회흘군은 낙양에 있던 사조의의 군대를 물리쳤다. 회흘은 동경에 들어가 방자한 짓을 하며 약탈을 일삼으니, 죽은 사람이 1만 명을 헤아렸고 불길은 수십 일이 지나도 꺼지지 않았다.

낙양에 즐비하게 늘어섰던 집들은 모두 타 버렸고, 선비와 백성들은 종이로 옷을 해 입어야 할 만큼 처참한 지경이 되었다. 하지만 회흘은 약탈한 재물을 하양에 두고 안각을 두어 이를 지키게 했다. 당나라는 늑대를 쫓기 위해 호랑이를 불러들였던 셈이 되었다.

당 대종~순종 시기

　763년부터 805년까지의 43년 역사는 《자치통감》 권223부터 권236까지의 열네 권에 기록되어 있다. 대종 이예, 덕종 이괄, 순종 이송이 재위하던 시기로 762년에 숙종을 이어 즉위한 대종이 779년까지 18년 동안 재위하였고, 그 뒤를 이어 즉위한 덕종이 805년까지 26년 동안 재위하였지만, 덕종의 뒤를 이은 순종은 등극한 해에 죽었다.

　안록산의 뒤를 이어 사사명이 반란을 일으키면서 나라가 혼란에 빠진 당나라에서는 안진경과 육지 같은 충신들이 안사의 난을 거울삼아 나라를 안정시키려 노력하였던 반면, 개인의 치부에 열중하며 참소를 난무하던 간신들이 비일비재했다.

　이와 같은 분위기 속에 도처에서 반란이 줄지어 일어났고, 반전의 기회마저 제대로 활용하지 못한 대종과 덕종 시기를 거치며 백성들은 수탈에 시달렸고, 조정의 재정은 더욱 어려워지는 악순환이 지속되었다.

223
복고회은의 비극

당시대 39 (763년~765년)

복고회은은 현종 때 당나라에 귀부한 철륵의 복골부 족속의 후예다. 안록산과 사사명이 일으킨 안사의 난이 일어났을 때 복고회은은 명장 곽자의를 따라 작전에 참여했는데, 용감하게 싸워 여러 번 공을 세웠다.

그뿐만 아니라 복고회은은 회흘의 군대를 안사의 난에 투입하는 데도 큰 공을 세웠다. 그는 자신의 두 딸을 회흘의 가한에게 시집보내어 당나라가 회흘과 화친하는 데 크게 기여했고, 안사의 난을 진압할 때도 그의 가족 46명이 싸우다 순국하였으니, 당나라에 무시할 수 없는 공을 세운 사람이었다. 안사의 난이 끝난 후에도 회흘의 군대를 막북으로 호송하는 임무를 맡아 끝까지 잘 처리했다.

그런데 하동절도사 신운경은 회흘과 가까운 복고회은을 의심하여 그가 회흘군을 돌려보낼 때 하동을 지나며 자기를 공격할 수 있다고 생각했다. 신운경은 복고회은이 지나갈 때 성문을 굳게 걸어 잠근 채 나와 보지 않음으로써 큰 죄를 지었다.

신운경은 살아남기 위하여 태원을 찾은 중사 낙봉선을 후하게 대접하고, 복고회은과 회흘이 연합하여 반란을 모의하고 있다고 말했다. 낙봉선은 장안으로 돌아가는 길에 복고회은이 있는 곳을 지나게 되었는데, 복고회은 모자와 같이 술을 마시게 되었다. 복고회은의 어머니가 낙봉선을 나무라며 말했다.

　"너는 나의 아이와 형제가 되기로 약속했는데, 지금은 신운경과 가까이 하고 있으니 어찌하여 두 얼굴을 갖는 것이냐?"

　이때 술에 취한 복고회은이 일어나 춤을 추자 낙봉선은 그에게 춤값을 주었다. 복고회은은 미안한 나머지 낙봉선을 더 대접하고자 했다.

　"내일은 단오날이니 음악을 연주하고 술을 마시며 하루를 지냅시다."

　하지만 낙봉선은 장안으로 돌아가야 한다고 고집을 부렸다. 복고회은은 그를 붙잡기 위해 말을 감추어 버렸다. 낙봉선은 이러한 복고회은의 행동을 오해했다.

　"아침에는 나를 책망하고 밤이 되어 말을 감추었으니 이것은 나를 죽이려는 것이다."

　낙봉선은 밤중에 담장을 뛰어넘어 달아났다. 복고회은이 놀라 급하게 뒤쫓아가 그의 말을 돌려 주었지만, 한 번의 오해로 생긴 갈등은 쉽게 봉합되지 않았다. 장안으로 돌아간 낙봉선은 복고회은이 회흘과 연합하여 당을 침략할 것이라고 보고했다.

복고회은은 대종에게 편지를 올려 자신이 당나라에 충성했던 여섯 가지 사례를 들면서 다시금 당나라에 충성을 맹세했다. 대종은 복고회은에게 염려하지 말라고 하면서 장안에 들어와 자신을 만나라고 했다. 하지만 복고회은은 낙봉선과의 오해가 풀리지 않았으므로 장안에 들어올 수 없었다.

당나라 조정으로부터 반역 세력으로 몰린 복고회은은 살 길을 찾아야만 했으므로 회흘과 토번의 군대를 끌어들여 당나라를 공격했다.

안사의 난이 평정된 지 얼마 되지도 않아 또 다시 위기를 맞은 당나라 조정에서는 우왕좌왕했다. 권력을 쥐고 있는 환관 정원진은 황제를 모시고 도망갈 생각부터 했고, 반란이 또 일어났다는 소식에 장안은 어수선해졌다.

이 난은 복고회은이 중간에 병이 나서 죽고, 당나라의 명장 곽자의가 나서서 회흘군의 침략을 물리치면서 잘 마무리되었다. 하지만 당나라의 충신이었던 복고회은은 반역자가 되어 역사에 불행한 이름으로 남겨지게 되었다.

224
재상 원재의 꼼수

당시대 40 (765년~773년)

안사의 난이 끝난 후 당나라 조정을 쥐고 흔든 두 명의 환관이 있었다. 먼저 전권을 휘두른 사람은 이보국이었는데, 그의 전횡을 보다 못한 대종은 또 다른 환관인 어조은으로 하여금 이보국을 제거하게 했다. 이로써 권력을 쥔 어조은이 다시 전횡을 저지르자 대종은 원재로 하여금 어조은을 제거하게 했다.

그리하여 권력은 원재의 손으로 넘어왔다. 원재가 재상이 되어 권력을 잡고 보니 지금까지 자기가 해왔던 것 때문에 걱정이 생겼다. 사사롭게 하는 일이 들추어져 황제에게 보고될 것이 염려되었던 것이다.

그것은 자신이 어조은을 쫓아 낼 때 쓴 방법이었다. 어조은의 잘못을 들춰내어 황제에게 밀고함으로써 그를 밀어냈기 때문에 원재는 누군가 똑같은 방법으로 자신을 몰아낼 수 있다고 생각한 것이다. 그는 이 일을 방지할 수 있는 방법을 모색하여, 대종에게 말했다.

"백관들이 모든 일을 논의할 때는 먼저 장관에게 보고하고, 장

관이 다시 재상에게 아뢰며, 그런 다음에 주문을 올려 폐하께
보고하도록 해 주십시오."

즉 황제가 백관들로부터 직접 보고를 받지 말라는 것이었다.
대종에게 이 내용을 건의한 후 원재는 이것이 마치 대종의 뜻인
것처럼 백관들에게 말했다.

"요즘 여러 관사에서 주문을 올리는 일이 번거로워졌으며 그
내용이 대부분 서로 헐뜯어 참소하는 것이니 앞으로는 장관과
재상에게 맡겨 그것의 가부(可否)를 먼저 정하도록 하라."

원재의 말대로 된다면 황제는 재상에 의해 걸러진 정보만 받
게 된다. 자신의 잘못이 들추어지는 것을 막기 위해서 황제의
눈과 귀를 가리겠다는 심산이었다.

원재의 꼼수를 꿰뚫어본 형부상서 안진경이 황제에게 간했다.

"새로 내린 정책은 폐하께서 스스로 눈과 귀를 가리게 되는
일입니다. 참소의 말이 걱정되신다면 그 말의 허실을 조사하게
하여 허일 때 처벌하면 될 일입니다.

태종께서는 《문사식(門司式)》을 지어 궁궐을 드나들 수 있는
문적이 없는 사람들의 의견까지 듣고자 하셨습니다. 반대로 현
종 대에는 권력을 잡은 이림보가 사람들의 말을 싫어하므로 길
에서 만나는 사람들이 말을 하지 않고 눈으로만 인사를 나누었
습니다. 이처럼 상명이 하달되지 않고, 하의가 상달되지 않으니
안사의 난이 일어나게 된 것입니다.

만약 원재의 의견대로 모든 정보를 재상이 총괄한 다음 황제에게 보고된다면 천하의 선비들은 입을 다물 것이고, 세상이 곪아가는 데도 황제는 태평성대인 줄 알게 되어 이림보 같은 자가 다시 나타나게 될 것입니다. 이처럼 잘못된 다음에 깨달으면 때는 이미 늦었기 때문에 어찌할 수 없습니다."

안진경은 대종에게 언로를 막는 조치를 풀어야 한다고 간곡하게 말했지만, 원재는 그가 자신을 비방하는 것이라고 항변했다. 결국 안진경은 협주별가로 좌천되었다.

이때 대종이 안진경의 말을 들었더라면 당 왕조는 다시 안정을 찾을 수 있었을 것이다. 하지만 그에게는 그런 능력이 없었다. 무능한 사람이 황제로 있었으니 아무리 좋은 정책이 있다 한들 무슨 소용이겠는가. 나라를 구할 방법이 없는 것이 아니라 그 방법을 쓰지 못했을 뿐이다.

225

백성보다 자기 출세가 중요한 관리들

당시대 41 (774년~779년)

황제가 정치를 제대로 하려면 무엇보다도 현장에서 올라오는 생생한 정보가 생명이다. 하지만 대부분의 관리들은 견책을 두려워하여 모든 일이 잘 되는 것으로 보고했다. 안사의 난을 진압하고 당 왕조를 추슬러야 할 대종의 경우도 마찬가지였다.

가을에 장마가 졌다. 오랜 동안 비가 내리면 제일 걱정되는 것이 염전의 파괴였다. 생활 필수품인 소금이 제대로 공급되지 않으면 물가가 오른다. 중국 역사에서 반란을 일으킨 인물 가운데 소금 판매업자가 많았던 것도 다 이런 이유 때문이다.

장마로 하중부의 염전이 대부분 무너졌으니, 염호들로부터 많은 세금을 걷기가 어려워졌다. 재정을 담당하는 관리의 입장에서는 곤란한 일이 아닐 수 없었다. 전국의 재정을 총괄하는 호부시랑 판탁지 한황은 염호들이 세금을 줄여 달라고 할까 봐 고민하던 끝에 사실과 다른 주문을 황제에게 올렸다.

"비록 비가 많이 내렸다고는 하나, 염전에는 전혀 해가 되지 않았습니다. 이곳에는 상서로운 소금이 있으니 전혀 걱정하실 바가 아닙니다."

대종은 한황의 보고를 믿을 수 없었다. 비가 그렇게 많이 왔는데 소금의 생산에 차질이 없다는 것은 상식에 어긋나는 일이었다. 대종은 간의대부 장진을 염전이 있는 곳에 파견하여 직접 살펴 보고하도록 명했다. 현장 관리들이 올리는 보고서만 믿지 않고 구체적인 상황을 직접 파악하고자 했으니 잘한 일이었다.

장마가 지난 다음, 경조윤 여간은 농작물의 상황에 관한 주문을 올렸다.

"가을장마로 농작물이 줄었습니다."

이것은 염전에 대한 한황의 주문과 반대되는 보고서인 셈이었다. 이를 알게 된 한황은 여간의 주문을 비판했다.

"여간이 말한 것은 사실이 아닙니다."

서로 상반되는 주문을 받은 대종은 어사에게 명하여 현장을 조사하여 살피도록 했다. 어사가 돌아와 보고했다.

"3만여 경(頃)이 줄어들었습니다."

이로써 한황이 허위 보고를 했음이 밝혀졌다. 그러나 위남현령 유조는 탁지라는 큰 권력을 가진 한황에게 붙어 그의 뜻대로 주문을 올렸다.

"위남현의 경계 안에 있는 벼들은 줄어들지 않았습니다."

대종이 어사로 보낸 조계 또한 이에 대하여 같은 말로 아뢰었다. 한황의 세력이 어사를 좌지우지할 만큼 큰 것이었다. 대종의 입장에서는 아무래도 이 말이 믿기지 않았다.

"장맛비가 두루 넓게 내렸는데, 어찌 위남만 홀로 그런 일이 없는가!"

대종은 주오를 어사로 임명하며 다시 살펴보도록 했다. 그가 돌아와 아뢰었다.

"실제로 농지 가운데 줄어든 것이 3천여 경입니다."

이 말을 들은 대종이 한탄했다.

"백성들을 위하는 관리라면 농경지나 염전이 줄어들지 않았어도 오히려 줄어들었다고 해야 할 것이다. 그래야만 백성들에게 부과되는 조세가 줄어들지 않겠는가. 그런데도 아무런 피해가 없다고 하니, 저들은 백성은 생각하지 않고 자기 잇속만 채우려는 자들이 아닌가."

대종은 유조와 조계의 벼슬을 깎았지만 허위 보고의 주역이라 할 수 있는 한황은 그대로 두었다. 염전을 조사하라고 보냈던 장진이 돌아와 한 말 때문이었다.

"상서로운 소금은 실제로 한황이 말한 바와 같습니다."

장마에도 무사한 상서로운 소금밭이 있다는 말이었다. 장진은 소금밭이 이렇게 무사한 것은 하늘이 도운 것이라 하면서 '보응령응지(寶應靈應池)'라는 이름을 붙이게 했다. 보배롭고 영험한 감응이 있었던 소금밭이라는 뜻이다. 이것이 거짓임을 알고 있는 백성들만 기가 찰 뿐이었다.

226
시기 받는 시의적절한 경제정책

당나라는 현종 때 안사의 난을 치르면서 몇 년 동안 천하의 호구(戶口)가 열에 여덟아홉이 없어졌다. 그뿐만 아니라 반란을 진압하기 위해 변방뿐만 아니라 중원 지역에도 군사·재정·행정권을 다 가지고 있는 절도사를 두었는데, 이들 절도사들은 자기가 맡은 지역에 속한 주와 현을 직접 관할하며 조세와 공물을 받았다. 이런 이유로 중앙 정부는 관찰사의 관할 지역을 제외한 나머지 지역에서만 세금을 받든가 공물을 받아야 했으므로 항상 쓸 것이 모자랐다.

정부의 창고인 부고가 텅 비어 있으니 당나라는 약해질 수밖에 없었다. 이를 알게 된 북방 민족들이 호시탐탐 침범을 일삼으니, 조정에서는 이를 막기 위한 전비도 계속 지출해야 했다.

이를 해결하는 방법은 절도사들의 세력을 약화시키고 그들이 관할하는 지역을 조정에서 직접 관할하는 것이었지만, 군사력을 가진 절도사들에게서 비용을 거두는 일은 사실상 불가능했다. 당 왕조는 안사의 난을 끝냈다고는 하나 경제적으로 지탱하기 어려운 처지가 된 것이다.

이러한 시기에 유안은 당나라의 전반적인 경제 문제를 처리해야 하는 전운사의 임무를 맡게 되었다. 그는 애초에 동부 지역의 물자를 운반하는 책임을 맡았는데, 이 일을 잘 처리했으므로 그 공을 인정받아 당나라 전국의 물자 유통을 처리하는 전운을 맡게 된 것이다.

유안은 열정을 가지고 다양한 기지를 발휘하여 있고 없는 것을 변통하고 굽혀가며 맡은 바 임무를 수행해 나가기 시작했다. 우선은 경제 물동의 동향을 재빨리 파악하기 위해 각지의 물동량을 조사하게 될 관리들을 후하게 대우하면서 사방으로 파견했다. 후한 대우를 받게 된 이들은 각 지역의 상황을 신속하게 보고해 올렸다. 이러한 현장 자료를 바탕으로 유안은 적절하게 물건을 내거나 걷어 들임으로써 물가의 급등과 급락을 막았다. 덕분에 백성들의 생활은 안정되었고, 정부도 많은 수익을 올릴 수 있었다. 유안은 각 지역의 흉년과 풍년을 미리 예측하여 이에 대한 대비도 철저히 마련했다.

유안은 명예를 중시하는 선비들에게 장부를 관장하는 일을 맡겼다. 일반적인 관리들은 명예보다는 돈을 더 중요하게 여기기 때문에 매번 문제가 발생했던 것을 개선하는 정책이었다. 선비는 돈이 많은 것보다 청렴한 것으로 이름나는 것을 선호하기 때문에 장부의 관리를 깨끗하게 할 것이라고 생각한 것이다.

이와 같은 유안의 정책은 주효했다. 백성들이 먹고 살 만한 세상이 되면서 세금을 낼 수 있는 호구수가 늘어나고, 국가의 수익이 증가했다. 유안은 모든 정책의 최우선 과제를 세금을 걷는 데 두지 않고 먹고 살 만한 사람의 숫자를 늘리는 데 둠으로써 성공적인 결과를 얻은 것이다.

또한 물자를 운반하는 제도를 바꾸고, 이 일을 담당하는 사람을 잘 대우했으므로 결과적으로 물자 운반에 따른 소비가 줄어들었다. 때로는 물자의 운반을 담당하는 이들을 너무 잘 대해 준다는 비판도 받았지만, 이들을 우대함으로써 그렇지 않았을 때 새어 나가는 물자의 양을 획기적으로 줄일 수 있다는 것을 보여준 것이다. 물자의 유통을 담당하는 사람의 이익이 낮으면, 그들은 부족한 금액을 보충하기 위해 자신이 담당하는 물자를 빼돌리게 되며, 이는 결과적으로 모든 사람들의 손해를 유발하는 결과를 가져 오게 된다. 유안은 이 일을 미연에 방지하기 위해 그들의 대우를 높인 것이다.

유안의 업적은 역사에 기록된 통계가 보여 준다. 그가 처음 전운사가 되었을 때 전국의 호구는 2백만에 불과했지만 그의 말년에는 3백여만으로 늘어났으며, 애초에 재부로 매년 들어오는 것이 4백만 민에 불과했으나 말년에는 1천만 민으로 증가했다. 유안의 경제 정책이 추진될 때 호구와 재부가 늘어났고 이로써 조정의 경제를 감당할 수 있었던 것이다.

문제는 이처럼 성공적으로 맡은 바 임무를 수행하는 사람에게는 항상 참소가 따른다는 것이다. 성공적인 경제 정책의 이면에는 특권을 통한 개인의 치부가 어려워지는 탐욕스러운 사람들이 있기 때문이다.

결국 유안은 참소를 받아 죽게 되고, 그가 죽은 후 당나라의 조정은 더 이상 재정적으로 지탱될 수 없어 멸망의 길을 걷게 된다.

나라를 그르친 시기하는 성격

당시대 43 (781년~782년)

대종이 죽자 그의 장남인 이적이 새로운 당나라의 황제가 되었다. 덕종 이적은 안사의 난으로 유발된 여러 가지 문제를 하나씩 해결해 나가려고 노력했다. 그는 양염을 등용하여 전란으로 헝클어진 부세의 체계를 정비하고 모든 세목을 단일화하는 양세법을 시행했다. 이로써 백성들의 고통이 많이 줄어들었다.

그동안 당나라에서는 황제의 생일을 비롯하여 정월 초하루나 동지, 단오 등의 명절에는 황제에게 선물을 진상하는 관행이 있었다. 간악한 무리나 장수들은 황제에게 진상한다는 명분으로 백성들을 수탈하여 자신의 재산을 축적했다.

덕종이 등극하고 나서 맞은 첫 번째 생일날, 예전과 마찬가지로 사방에서 공물이 올라왔다. 하지만 덕종은 자신에게 올라온 공물을 받지 않았다. 황제가 공물을 받고 즐거워하면 백성들은 자신이 받은 공물의 몇 배에 해당하는 양을 관리들에게 수탈당한다는 사실을 알고 있었기 때문이다.

하지만 덕종으로서도 돌려보낼 수 없는 공물이 있었으니, 막강한 군사력을 지닌 이정기와 전열이 진상한 공물이었다. 덕종은 이들이 보낸 비단 3만 필을 재정을 담당하는 관청으로 보내 그들의 관장하는 지역에서 납부하는 세금으로 처리하게 했다.

덕종은 회흘과의 전쟁을 치르느라 고생하고 있는 군사들에게 지급할 의복이 없다는 사실을 알게 되자 황제의 식비인 어선을 줄이게 하여 그 비용을 군사들에게 의복비로 주었다.

이러한 덕종 곁에는 재상 최우보가 있었으니, 그는 황제의 뜻을 받드는 데 최선을 다했다. 이처럼 덕종의 집권 초기는 태종이 다스리던 정관의 풍조가 있었던 것으로 평가되며, 이런 이유로 이 시대를 당 왕조의 중흥기라고 부르기도 한다.

그런데 재상 최우보가 죽고 노기가 재상으로 등용되면서부터 당나라의 분위기는 달라지기 시작했다. 노기는 어사중승 노혁의 아들로, 모습이 추하고 얼굴색이 검푸르니 사람들이 마주하기조차 싫어했다. 하지만 말솜씨가 너무 좋아 덕종의 총애를 받았으며, 재상의 자리에까지 오르게 되었다.

노기는 기회가 있을 때마다 옥사를 일으켜 경쟁자를 제거했다. 그는 양세법을 창안하여 재상의 자리에 오른 양염을 제거하고자 어사대부 엄영과 모의했고, 양염을 죽인 후에는 다시 자기와 함께 일을 꾸몄던 엄영을 제거하려 했다.

이때 아주 사소한 사건이 발생했다. 채정욱의 관직을 깎았는데, 이에 관한 서류를 전달하는 일을 하는 전중시어사 정첨이 서류를 잘못 전달하는 사고가 생겼다. 서쪽에 있는 임지로 발령받아 가는 채정욱에게 잘못된 문서를 전달함으로써 동쪽으로 다시 돌아오게 한 것이다. 채정욱은 이것이 자기를 죽이려는 것으로 오해하고 황하에서 스스로 목숨을 끊어 버렸다.

노기는 이 사건을 빌미로 정첨을 조사해야 한다고 덕종에게 주청했다. 물론 업무를 잘못 처리한 정첨이 조사를 받는 것은 당연하다. 그러면서 노기는 어사대부 엄영도 함께 조사를 해야 한다고 주장했다. 엄영 역시 그 일에 대한 관리의 책임이 있었으므로 여기까지는 누가 보아도 당연한 일이었다.

그런데 노기는 제대로 조사가 이루어지기도 전에 정첨을 장형으로 죽게 했다. 그리고는 이에 대한 책임을 엄영에게 지움으로써 그의 관직을 깎는 데 성공했다. 엄영은 한 지방의 자사로 갔다가 죽었다.

덕종은 즉위 초기에 선정을 펼치며 당나라를 재건하고자 했지만 노기를 재상으로 등용시키면서부터는 그에게 휘둘렸다. 노기는 덕종이 의심이 많은 성격인 것을 간파하고, 이간질을 부려 여러 신하들과의 사이를 떼어 놓는 데 성공했다. 또한 덕종으로 하여금 엄하고 각박한 방법으로 아랫사람을 부리도록 유인함으로써 당나라는 안팎으로 희망을 잃게 되었다. 고금을 막론하고 재주보다는 덕스러움이 더 중요하다.

228
토벌군이 반란군이 되는 시대

당시대 44 (783년)

덕종의 집권 후반기에는 각 지역에서 독자적인 세력들이 독립을 선언하는 혼란이 양산되었다. 그러한 독자 세력 중 하나인 이희열이 양성을 점령하자, 덕종은 코앞에 이른 반란군을 격침할 반격 준비를 시작했다.

덕종은 경원의 여러 도에 병사들을 발동하여 양성을 구원하라는 명령을 내렸다. 경원절도사 요령언은 군사 5천 명을 거느리고 경사에 도착했는데, 보통 때였다면 이 정도의 규모로 양성의 반란군을 충분히 진압할 수 있었다. 하지만 때는 겨울이었고 비까지 내려 병사들은 극심한 추위에 떨고 있었다.

그래도 토벌군이 된 병사들은 기대하는 것이 있었다. 목숨을 걸고 황제를 지키러 왔으니 황제로부터 후한 하사품이 나올 것이라고 생각했던 것이다. 토벌군을 이루는 병사들은 전쟁에 참여하여 먹을 것을 얻고자 하는 가난한 사람들이 대부분이었다. 그들은 하사품을 받고 집으로 보내기 위해 운반 자재까지 끌고 온 상황이었다.

이들의 예상과는 달리 황제는 아무런 하사품도 내리지 않았다. 이런 상태에서 토벌군은 반란군과의 전투를 위해 산수로 이동했다.

보통 한 지역에서 다른 지역으로 군사가 옮겨갈 때는 군사를 맞이하는 지역의 책임자가 먹을 것을 대접하도록 되어 있었다. 덕종은 경조윤 왕굉에게 조서를 내려 이들을 잘 대접하라고 명했는데, 산수의 관리는 이들에게 오직 현미와 채소만 먹였다. 황제는 책임을 미루고 관리는 무성의하게 일을 처리한 것이다.

화가 난 토벌군의 병사들은 산수에서 내어 준 음식을 발로 차서 엎어 버리고 큰 소리로 외치며 말했다.

"우리는 장차 적에게 죽을 목숨인데, 그 전에 배조차 불릴 수 없으니 어찌 작은 명령으로 칼날을 막겠는가! 들건대 경림과 대영의 두 창고에는 황금과 비단이 차고 넘친다는데, 반란군과 싸우느라 목숨을 잃는 것보다 그것을 빼앗는 것이 더 낫지 않겠는가!"

반란군을 토벌하러 온 병사들은 경사의 창고를 털자는 말에 동의하며 함성을 질렀다. 제대로 대우 받지 못한 토벌군이 새로운 반란군으로 반전된 것이다. 일사불란하게 갑옷을 두른 그들은 깃발을 펴고 북소리에 맞춰 함성을 지르며 돌아서서 경성으로 향했다.

이 소식을 들은 장안에서는 놀랄 수밖에 없었다. 급하게 나선 관리들이 이들을 설득해 보려 했지만 때는 이미 늦은 뒤였다.

성난 병사들을 막는 방법은 그들을 제대로 대우하는 것밖에 없다고 판단한 덕종은 황급히 한 사람당 비단 두 필을 하사품으로 내릴 것을 명했다. 하지만 병사들은 진정되지 않았다. 덕종은 다시 황금과 비단 스무 수레를 그들에게 하사하겠다고 했지만, 그것으로도 진정되지 않았다.

장안에는 황제가 있는 궁궐과 도읍지를 수비하는 금군이 있었다. 금군은 나라에서 가장 강한 정예병들이 모인 군대이므로 이 정도의 반란군은 금방 진압할 수 있어야 정상이다.

하지만 당시의 금군 책임자였던 백지정은 부패할 대로 부패한 관리였다. 그는 사망자를 보고하지도 않았고 그로 인한 빈 자리도 보충하지 않았다. 조정으로부터 나오는 죽은 사람들의 녹봉과 보급품을 받아 챙기는 재미에 푹 빠져 있었기 때문이다. 돈맛에 빠진 그는 시전에서 부업으로 장사를 하느라 금군의 상태가 어떻게 돌아가고 있는지 전혀 관심이 없었다.

반란군이 빗장을 부수고 궁궐로 쳐들어오자 다급해진 덕종은 왕 귀비와 위 숙비, 태자와 여러 왕들, 당안 공주 등과 더불어 궁 후원의 북문으로 도망쳤다. 왕 귀비는 옥새인 전국보를 옷 안에 동여매고 황제의 뒤를 쫓았다. 후궁에 있던 여러 왕과 공주 가운데 이들의 피난 행렬에 따라붙지 못한 사람은 열에 일고여덟이었다. 황제를 모시던 환관이 급하게 100여 명 정도를 모아 뒤

따르게 했을 뿐, 황제를 호위하는 군사는 전혀 없었다. 궁궐의 동산에서 사냥놀이를 하던 400여 명의 사람들은 황제가 급하게 도망치는 것을 보고 그 뒤로 따라붙었다.

덕종은 자기 권력을 지키는 데 급급했던 재상 노기의 말만 믿고 나라를 방치했다. 그런 조정에 대하여 백성들이 얼마나 극심한 반감을 가졌는지를 전혀 모른 것이다. 스스로 눈을 감고 귀를 막은 탓에 덕종은 다시 피난길에 올라야 했고, 반란 세력은 더욱 기승을 부리게 된다.

"나의 형세가 어려워지면 같은 배를 타고 있는 사람들조차 적이 된다."

역사가 남겨 둔 이 말을 되새겨 보지 않은 불쌍한 덕종, 불행한 당나라였다.

229
혼란의 원인 아홉 가지

당시대 45 (783년~784년)

안사의 난이 평정된 이후 당나라는 각지에서 발호하는 군사 세력들을 제압하지 못했다. 황제인 덕종이 세상을 크게 보지 못한 채 좁은 시야로 사람을 채용하고 국사를 처리한 데서 비롯된 일이었다. 창고에 물건을 가득 쌓아 두었으면서도 반란을 토벌하는 군사들에게 이를 나누어 주지 않음으로써 토벌군을 반란군으로 만들었고, 이들에게 쫓겨 장안에서 도망치는 신세가 되었던 것이다.

이처럼 참담한 일을 겪은 후 덕종은 많은 사람들의 이야기를 들었다. 하지만 대부분의 신하들이 줏대 없이 다른 사람의 의견에 따라 부화뇌동했을 뿐 정작 군주에게 약이 될 만한 간언을 하는 사람이 드물었다. 또 모처럼 간언을 올린 사람이라 하더라도 그에 대한 질문을 받으면 제대로 된 대답을 하지 못했다. 덕종은 제대로 된 신하가 없는 이러한 상황을 한탄했다.

육지는 당 왕조가 혼란에 빠지게 된 아홉 가지 이유를 덕종에게 간했다. 그 중 여섯 가지는 황제에게 원인이 있고, 세 가지는 아랫사람들에게 원인이 있다고 지적했다.

"나라를 혼란에 빠뜨리는 군주는 첫째 남을 이기기 좋아하고, 둘째 허물이 있다는 말을 듣는 것을 부끄러워하며, 셋째 말재주를 피우고, 넷째 총명하다는 말에 현혹되며, 다섯째 위엄을 보이려 힘쓰고, 여섯째 방자하고 강퍅합니다.

또한 나라를 혼란에 빠뜨리는 아랫사람은 첫째 아첨을 잘 하고, 둘째 손해를 입을까 눈치를 보며, 셋째 윗사람을 두려워하여 권력자 앞에서만 약한 태도를 보입니다."

나라를 다스리는 최고의 통치자는 다른 사람과 경쟁하는 자리가 아니다. 오히려 자기보다 낮은 곳에 있는 사람의 말을 경청해야 하는 위치에 있는 것이다.

그런데 권위를 내세우며 자신의 단점 듣기를 싫어하고 번드르르한 말로서 정치에 임해 훌륭한 임금이라는 소리를 듣고자 한다면 결코 좋은 임금이 될 수 없다. 임금이 돋보이기를 바란다면 누구나 선뜻 그 곁으로 다가갈 수 없으므로 결국 아첨꾼들만 남게 된다.

반면 아랫사람들은 윗사람이 잘못했을 때 목숨을 걸고서라도 바른말을 해야 한다. 하지만 대부분의 사람들은 손해를 입거나 불이익을 받을 것을 두려워하면서 권력자에게 아첨하는 태도를 보이게 된다. 이러한 요인이 나라를 혼란스럽게 만드는 것이다.

한 나라가 혼란으로 빠지는 것은 어느 한 사람만의 책임이 아니다. 통치자가 잘못한다면 아랫사람이 이를 지적하여 고칠 수 있어야 한다. 여기에는 분명 한계가 있으므로 결국 나라를 올바르게 운영하는 통치의 책임은 군주에게 더 많이 부과된다.

황제가 아무리 똑똑하다 하더라도 국가의 모든 일을 홀로 잘 해 낼 수는 없다. 그러므로 자신이 모르는 것, 잘못하고 있다는 지적을 겸허하게 받아들이는 능력이 있어야 한다. 똑똑한 황제보다 덕스러운 황제가 나라를 더 잘 다스리는 것은 이런 이유에서이다. 재승덕(才勝德)은 황제에게도 예외가 아닌 것이다.

육지는 똑똑하다고 자처하는 덕종에게 신하들의 간언을 겸허하게 받아들일 것을 충언했다. 간언을 받아들이는 황제가 있어야 간언하는 신하가 나오는 것이기 때문이다.

230

똑똑한 덕종,
상생할 수 있는 기회를 놓치다

당시대 46 (784년)

783년, 덕종 재위 3년이 되던 해에 경사에서 주차가 난을 일으켰다. 덕종은 산남 지역에 있는 봉천으로 피난했는데, 이곳에서 장녀인 당안 공주가 죽었다. 황제의 딸로 태어나 귀하고 편하게 살아야 했으나 아버지를 따라 피난 생활을 하며 꽃다운 23세의 나이로 죽었으니 덕종은 마음이 아프기 그지없었다.

자식을 잃은 애통한 마음을 달래기 위해 덕종은 당안 공주의 극락왕생을 비는 탑을 세우려 했다. 피난 중이기는 하나 공주의 영면을 위한 탑 하나 정도 세우는 일은 아무런 문제도 되지 않을 것이라고 생각한 것이다.

그런데 간의대부이면서 재상이었던 강공보가 이를 반대하고 나섰다. 그는 두 가지 이유를 댔는데, 첫째는 지금은 피난 중이니 언젠가는 도읍지 장안으로 돌아가 격식에 맞게 다시 장례를 치러야 한다는 것이었다. 두 번째 이유는 지금은 반란 세력을 진압해야 하는 비상 국면이므로 모든 경제력을 군사 비용에 보태야 한다는 것이었다.

그러므로 당안 공주의 장례를 검소하게 치러야 하며 별도의 비용이 들어가는 탑도 세워서는 안 된다는 주장이었다.

이 말을 들은 덕종은 몹시 화가 났다. 탑 하나 세우는 비용이 얼마나 든다고 감히 반대를 한단 말인가. 더욱이 재상인 강공보는 황실의 사사로운 일에 관여할 자격이 없는 데도 이러쿵 저러쿵 반대하는 것이 못마땅했다. 덕종은 강공보가 왜 그런 간언을 했는지 곰곰이 생각해 보았다.

"이것은 나를 위한 것이 아니라, 자기의 명성을 높이기 위함이다. 강공보를 어찌해야 하겠는가?"

덕종이 육지에게 물었다.

"폐하께서는 어떤 일을 판단하실 때 그 일의 옳고 그름을 기준으로 삼지 않으시고, 사소한 일인지 중대한 일인지 경중을 기준으로 삼고 계십니다.

하오니 아무리 작은 일이라 할지라도 먼저 그 일이 옳은지 그른지를 먼저 살피소서. 강공보가 사소한 일을 비판했다 하더라도 그것이 옳다면 받아들이셔야 합니다. 작은 일에서 원칙이 없어지면 큰일에서도 원칙이 없어지는 법이옵니다.

또한 강공보가 명예를 얻고자 간언했다는 폐하의 말씀은 부당하옵니다. 설사 그가 명예를 얻고자 하더라도 그것은 폐하와 무관한 일이며, 오히려 신하가 명성을 얻으려 할 때 이를 받아주는 황제는 너그러운 사람이 되어 더 높은 명성을 얻을 수 있는 것입니다."

육지는 강공보의 명성도 높아지고 덕종의 명예도 높아질 수
있는 방안을 제시했지만 덕종은 이 말을 받아들이지 않았다. 강
공보가 명성을 얻는 것이 싫었던 것이다. 결국 덕종은 강공보를
재상에서 파면하고 좌서자로 삼았다.

231
애국자 안진경의 죽음

당시대 47 (784년~785년)

안록산의 난이 일어났을 때 그의 진로를 막으며 혁혁한 공을 세웠던 안진경은 대종의 부름을 받고 당나라 조정으로 들어와 형부상서가 되었다. 그리고 덕종이 등극하고 노기가 재상이 되었을 때 안진경은 태자사자로 있었다.

재상 노기는 바른말을 하는 안진경을 미워하여 쫓아내려 했다. 안진경이 그런 노기에게 말했다.

"안사의 난 때 내가 죽은 그대 아버지의 피를 핥으며 원통해 했던 일을 잊으셨소?"

이 말을 들은 노기는 안진경을 쫓아내려던 일을 그만두었지만 그를 더욱 미워하게 되었다.

그때 당나라에 반대하는 이희열의 활동이 거세어졌으므로 조정에서는 이에 대한 대책을 세우느라 분주했다. 마음이 급해진 덕종은 노기에게 방안을 물었다. 노기는 이 기회를 이용하여 안진경을 죽여야겠다고 생각했다.

"안진경은 충직하고 굳세며 결단력이 있는 사람이라 나라 안에 그의 명성이 높습니다. 백성들이 믿고 복종하니, 안진경을 이희열에게 보내어 설득하게 하소서. 그의 명성이 높으니 이희열도 감복하여 무기를 버리고 조정으로 돌아올 것입니다."

노기의 말에 넘어간 덕종은 안진경에게 가서 이희열을 설득하라는 명령을 내렸다.

안진경이 이희열에게 가면 죽을 것이라는 사실은 덕종 빼고는 다 알았다. 사람들은 안진경에게 덕종의 명령이 다시 내려올 때까지 버티며 기다릴 것을 권하며, 안진경이 이희열에게 가면 죽게 된다는 상소문을 올렸다.

하지만 교활한 재상과 상황 파악을 못한 황제는 명령을 거두어들이지 않았다. 결국 안진경은 이희열의 근거지인 허주를 향해 떠났다.

안진경이 도착하자 이희열은 그를 모욕하며 죽이겠다고 위협했다. 하지만 안진경이 변함없는 안색으로 반란을 나무라자 차마 그를 죽이지 못하고 가두었다. 당나라의 명망 높은 원로인 안진경을 함부로 죽일 수 없었던 것이다.

이희열은 안진경을 가둔 상태에서 대초(大楚)를 세우고 황제를 칭했다. 이희열은 안진경에게 어떤 의례를 치러야 하는지 물었지만 안진경은 가르쳐 주지 않았다. 또한 재상을 시켜 주겠다는 제안을 했지만 안진경은 고개를 가로저었다.

"내 나이 여든이니 절개를 지키다 죽는 것을 알 따름이라."

이희열의 입장에서는 안진경이 자기편에만 서 준다면 나라를 안정시키고 세력을 확장하는 데 큰 도움이 될 터였다. 하지만 그 목적을 이루기는 힘들겠다는 생각이 들었다. 그렇다고 해서 안진경을 곧장 죽일 수도 없었다. 그가 워낙 천하 사람들의 존경을 받는 사람이었기 때문이다.

그런데 동생 이희천이 당나라 조정에 의해 주살되자 이희열은 안진경을 죽이기로 결정하고, 환관인 중사를 안진경에게 보냈다. 중사가 안진경에게 말했다.

"여기 황제의 칙서가 내려왔는데, 그대에게 죽음을 하사하시었소."

안진경은 그 사람이 덕종의 중사라고 생각했다.

"맡은 바 일을 제대로 처리하지 못했으니 신은 죽어도 마땅하옵니다."

안진경은 일어나 두 번 절한 뒤 중사에게 물었다.

"장안에서 언제 출발했는가?"

안진경은 중사가 이희열에게서 온 사람임을 알고 대노했다.

"도적놈이 무슨 칙서를 말하는가!"

결국 안진경은 목이 졸려 죽었다.

다음해에 당 조정에서는 안진경을 사도로 증직하고, 문충의 시호를 내렸다. 어리석은 당 조정이 위대한 인물을 죽이고 사후 약방문을 쓴 것이다.

아버지와 황제 사이에 낀
이최의 선택

당시대 48 (785년~787년)

경사에서 난을 일으킨 주차가 장안을 점령하자 덕종은 산남 지역의 봉천으로 도망쳤다. 주차가 뒤쫓아와 봉천을 포위하니 덕종은 곤란한 입장이 되었다. 이때 이회광이 주차를 공격하여 봉천의 포위를 풀었다. 덕종은 이회광의 아들 이최를 감찰어사로 삼아 총애함으로써 이회광에게 진 신세를 갚았다.

이럴 때마다 단골로 끼어드는 인물이 재상 노기다. 노기는 주차의 난에서 공로를 세운 이회광이 조정에 들어오면 자기가 밀려나게 될 것을 걱정하여 그가 조정에 들어오지 못하도록 했다. 이회광이 서운해 할 것을 염려한 덕종은 그에게 태위 벼슬을 내리고 철권도 주었다. 철권은 향후 죄를 짓더라도 이를 용서하고 죽이지 않는다는 내용을 쇠에 새긴 사면장이다.

황제가 철권을 내린다는 것은 공로를 인정하여 우대한다는 의미인데, 철권을 받는 사람의 입장은 보통 두 가지로 나뉜다. 황제의 총애를 받았으니 기뻐하는 사람도 있고, 또 황제가 자신의 반란을 의심하기 때문에 이를 회유하기 위해 철권을 내렸다고 생각하며 몸을 사리는 사람도 있었다.

이회광은 함양에 주둔하면서 두문불출했다. 조정을 위해 반란군을 공격해야 했지만 움직이지 않음으로써 조정의 명령을 거부한 것이다. 이것은 곧 이회광이 반란할 수도 있다는 징조이기도 했다.

상황이 급박하게 흐르자, 이최는 여차하면 반란으로 치달을 아버지와 자신을 아껴주는 덕종 사이에서 이러지도 저러지도 못하는 곤란한 입장이 되어 버렸다. 아버지를 따르면 반역자의 아들이 되고, 덕종을 따르면 불효가 되는 상황이었다.

이최가 덕종에게 말했다.

"신의 부친은 반드시 폐하를 저버리게 될 것이오니 바라건대 이 일에 대하여 미리 대비하소서."

이최는 아버지가 반란을 일으킬 것이니 이에 대비하라는 말로 덕종을 선택했다. 당시 상황에서 덕종은 군사를 갖고 있지 않았고 이회광은 군사를 가지고 있었으므로 만약 이회광이 반란을 일으키는 날엔 또다시 덕종이 위험해지게 될 것이었다.

덕종은 아버지의 편을 들지 않은 이최를 의아해하며 그러는 이유를 물었다.

"부친이 신을 사랑하지 않는 것도 아니고, 신이 부친과 종족들을 사랑하지 않는 것도 아니옵니다. 다만 할 일을 다 했으니 돌이킬 수 없을 뿐입니다."

"네 아비가 반란을 일으키면 너 또한 죽을 것인데 그때는 어찌할 것이냐?"

"신은 지금 아비를 고변하여 이 한 목숨을 구걸하는 것이 아니옵니다."

덕종은 이최를 함양으로 보내 이회광을 설득하게 했다. 하지만 아들의 말을 들은 이회광은 오히려 화를 냈다.

"어린 녀석이 무엇을 안다고 이러는 것이냐! 주상은 신용이 없고, 나는 부귀를 탐하는 것이 아니다. 다만 죽음이 두려울 뿐이다. 그런데 네가 어찌 나를 함정에 빠뜨려 사지로 이끌려 하느냐!"

이회광이 이러는 데는 이유가 있었다. 봉천에서 주차의 포위를 풀었을 때 이회광은 덕종을 협박하여 양주로 도망치게 했다. 이 일 때문에 이회광은 당나라의 조정으로 들어갈 수 없었던 것이다. 황제를 협박했다는 일이 알려지면 조정에서 받아 줄 리도 없고, 행여 받아들여진다 하더라도 손가락질을 감수해야 했을 것이었다. 결국 이회광이 살기 위해서 할 수 있는 일은 반란밖에 없었다.

이회광의 반란은 혼감과 마수에 의해서 진압되었다. 이회광은 스스로 목숨을 끊었고, 이최는 두 동생을 칼로 직접 벤 후 자신도 스스로 목숨을 끊었다. 누구의 잘못이라고 분명하게 잘라 말하기 어려운 비극이 이렇게 막을 내렸다.

233
살리지 못한 천재일우의 기회

덕종이 등극한 것은 안사의 난이 일어난 지 20여 년이 지난 다음이었다. 당 왕조를 부흥시켜야 하는 책임이 주어진 덕종은 전후에 발생한 여러 가지 어려움을 극복해야 했다.

덕종이 즉위한 이후 3년 동안은 농사가 제대로 되지 않다가 마침내 풍년이 들었다. 덕종은 무척 기뻐하면서도 한편으로는 풍년으로 인하여 곡식값이 너무 내리면 농민들에게 손해가 될 것이라 생각했다. 그리하여 관청에서 곡식을 사들이는 화적(和糴)의 조서를 내렸다. 농민들이 너무 싼 값에 곡식을 팔아 손해를 보는 일이 없도록 하기 위한 민생 안정의 조치였다.

자신의 정책에 흡족해진 덕종은 사냥을 나갔다가 근처에 있는 백성의 집을 방문하여 주인인 조광기에게 물어 보았다.

"백성들이 즐거운가?"

조광기는 의외의 대답을 했다.

"즐겁지 않습니다."

백성의 답이 의아했던 덕종이 다시 물었다.

"올해는 모처럼 풍년이 들었는데 어찌 즐겁지 아니한가?"

농사꾼 조광기는 자신이 생각하는 바를 있는 그대로 솔직하게 대답했다.

"폐하께서는 일 년에 세금을 두 번만 걷는 양세법을 만드셨지만, 전쟁을 치르면서 갖가지 세금이 늘어났습니다. 그런데 지금은 세금이 아니면서 걷어 가는 돈이 세금보다 더 많습니다.

관청에서는 지금 곡식을 사들이는 화적을 실시하고 있는데, 이를 핑계로 관리들이 곡식을 거의 다 빼앗아 가고 있습니다. 처음에는 곡식을 사들이는 관청까지만 곡식을 운반하라고 했으나 지금은 저희에게 직접 장안까지 곡식을 운반하라고 하니, 운반하는 데 드는 비용 때문에 재산을 탕진하는 경우가 많습니다.

폐하께서는 구중궁궐에만 계시니 이러한 물정을 전혀 모르시는 것입니다."

무지한 백성의 솔직한 대답을 들은 덕종은 할 말을 잃고 말았다. 덕종은 조광기에게 요역을 면제해 줄 것을 명한 뒤 그곳을 떠났다.

이처럼 구중궁궐에 사는 황제가 가장 밑바닥에 있는 백성들의 말을 듣기란 정말 어려운 일이다. 설혹 만났다 하더라도 조광기처럼 있는 그대로를 밝히는 솔직한 말을 듣기는 더 어렵다. 어리석고 미련한 백성들은 황제 앞에서 그대로 얼어붙어 제대로 말을 하지 못하는 경우가 대부분이기 때문이다. 그런 의미에서 덕종은 천 년에 한 번 있을까 말까 한 천재일우(千載一遇)의 기회를 만난 것이다.

민정을 제대로 알 수 있는 좋은 기회를 만났으니 덕종은 정책을 획기적으로 개혁할 수 있는 계기를 마련할 수도 있었다. 자신의 업적인 양세법이 왜 백성을 괴롭히는 법이 되었는지 심사숙고하여 본래의 의미를 훼손시킨 탐관오리들을 척결하고, 백성을 위해 만든 화적 제도가 오히려 백성을 수탈하는 도구가 되었다면 이 역시도 철저하게 개선해야 할 책임이 있었다.

하지만 덕종은 아무런 조치도 하지 않았다. 그가 겨우 한 일이라고는 민정을 솔직하게 전한 백성에게 요역을 면제시켜 준 것뿐이었다.

덕종의 터무니없는 의심

당시대 50 (792년~794년)

덕종은 26년 동안 황제의 자리에 있었는데 재위 기간 동안 조정을 효과적으로 안정시키고 전후의 질서를 바로잡으며 왕조의 기틀을 회복하는 공적을 이루었다. 이것이 가능했던 것은 육지 같은 충신이 있었기 때문이다. 그는 기회가 있을 때마다 덕종에게 나라를 다시 일으켜 세울 수 있는 정책들을 제시했다.

하루는 덕종이 육지에게 사람을 보내 은밀한 명을 내렸다.

"앞으로 중요한 일이 있으면 조경과 마주하여 자세히 의논하지 말고, 손수 상소문을 써서 밀봉하여 보고하시오."

조경은 당시에 육지와 함께 재상의 자리에 있었던 사람이었는데, 덕종은 중요한 일에서 그를 배제하겠다는 것이었다.

육지가 이를 의아하게 여겨 살펴보니, 덕종이 급사중 묘찬을 조정에서 제거하기 위해서 조경을 소외시키려 한다는 사실을 알게 되었다.

묘찬은 대종 때 재상을 지낸 묘진경의 아들이다. 묘진경은 아들들의 이름을 역사의 유명한 인물에서 따다 지었는데, 묘발은

주나라 무왕의 이름인 희발에서 따온 것이고, 묘비는 위나라의
문제 조비에서 따왔으며, 묘견은 전진의 부견에서, 묘수는 후연
의 모용수에서 따다 붙인 이름이었다.

덕종은 이것을 기분 나빠 했다. 주나라 무왕은 은나라를 정복
했다. 위나라의 조비는 촉한과 오를 멸망시켜 삼국을 통일했고,
부견은 북조를 통일했다. 모용수는 멸망한 연을 부흥시켜 후연
을 세운 사람이다. 덕종은 이러한 역사적 사실을 거론하며 묘진
경의 작명에 숨은 뜻을 의심했던 것이다. 그렇다고 해서 이것을
문제 삼거나 트집을 잡을 수는 없는 일이었다.

덕종은 자신이 신임하는 육지에게 은밀히 명을 내려 묘찬과
그 형제들을 변방으로 쫓아 다시는 경사 근처에 오지 못하게 할
방법을 찾으라고 했다. 육지가 바로 대답했다.

"묘진경 부자가 진실로 큰 죄를 지었다면 마땅히 공개적으로
논의하여 법으로 다루어야 할 것입니다. 그러나 억울하게 무고
를 당한 것이라면, 어찌 그늘진 곳에서 이리저리 옮겨 다니도록
명하시옵니까?"

육지는 덕종의 요구를 거절했는데, 그의 말 속에는 참소하는
사람의 말을 듣지 말라는 뜻이 숨어 있었다.

덕종의 터무니없는 의심은 전후에 새롭게 당나라를 부흥시킬
기회를 잃게 하는 중요한 요인이 되었다. 의심에 사로잡힌 지도
자 아래서는 아무리 좋은 기회가 오더라도 나라가 발전하기는

어렵다. 역사에서는 덕종을 이렇게 평가했다.

"덕종은 의심하고 시기하는 성품으로 신하에게 정무를 온전히 맡기지 않았다.

관직의 크고 작음에 상관없이 스스로 사람을 뽑아서 쓰니 재상도 의심하여 말을 들어 주는 일이 적었고, 때때로 여러 신하들 가운데 한 번 견책한 사람은 죽을 때까지 다시는 거두어 쓰지 않았다.

말 잘하는 사람을 좋아하여 뽑으니, 두텁고 알찬 선비는 임용되어 나아가기 어려워 쓰이지 않았다. 이로써 많은 인재들이 정체되어 묵혀 있었다."

당시대 51 (794년~800년)

임금이 충신을 내치면 가장 좋아하는 이는 간신이다. 당나라의 황제 덕종이 충신이었던 재상 육지를 파직시키자 이를 제일 반긴 것은 간신 배연령이었다. 육지는 재상으로 있을 때 덕종에게 아첨하는 말을 일삼는 배연령을 계속 내치라고 간언한 유일한 사람이었다. 황제가 총애하는 배연령을 아무도 비판하지 못했기 때문이다.

육지가 재상에서 물러나자 배연령은 자기에게 비판적이었던 사람들은 모두 육지와 한통속이라고 참소했다. 또한 육지가 권세를 잃게 되자 여러 곳을 다니면서 사람들의 마음을 흔들어 놓고 있다는 무고도 서슴지 않았다. 배연령은 육지가 사람들의 마음을 흔들어 놓는 것은 자신을 모함하여 다치게 하려는 것이라고 덕종에게 하소연했다.

덕종은 육지의 벼슬을 다시 깎아내려 충주별가로 삼았다. 재상을 지낸 사람에게 별가라는 하급 관직을 준 것이다.

이런 상황에서 덕종은 벼슬을 하지 않던 양성의 명성이 높은 것을 보고 그를 불러 간의대부로 삼았다. 사람들은 양성이 벼슬을 사양할 것이라고 생각했지만 그는 이 벼슬을 사양하지 않았다. 간의대부는 황제에게 간언을 담당하는 직책이었으므로 사람들은 그가 입조하면 배연령 같은 아첨꾼들의 모함을 그냥 보고만 있지는 않을 것이라고 생각했다.

"양성은 반드시 간신들과 다투며 황제에게 간하는 벼슬을 수행하다 죽을 것이다."

사람들은 입을 모아 이렇게 말하며 양성의 꼿꼿함을 믿었다.

이때 덕종은 간관들이 사소한 일로 간언하는 것에 짜증을 내고 있었다. 황제가 신경 쓰지 않아도 될 자질구레한 일까지 간관들이 일일이 물고 늘어지며 귀찮게 한다고 생각한 것이다.

조정에 들어간 양성은 사람들의 기대와는 달리 덕종에게 간언하지 않았다. 그가 손님들과 밤새도록 술만 마시자 사람들은 양성의 명성은 헛된 것이었다고 실망했다. 당송 8대가로 유명한 한유는 '쟁신론(爭臣論)'을 지었는데, 이는 임금과 다투는 신하의 모습을 쓴 것으로 양성을 비판하는 내용에 다름이 아니었다. 그래도 양성은 마음에 두지 않았다.

어떤 사람은 답답한 마음을 이기지 못하여 양성을 찾아가 따지려고 했다. 양성은 자신을 찾아온 손님에게 느닷없이 술을 권했다. 그러면 손님이 먼저 취하든지, 아니면 양성이 먼저 취하여 엎어졌으니 그는 사람들에게 말할 기회조차 주지 않은 것이다.

이런 와중에 육지가 죄를 받고 벼슬이 깎였다. 덕종은 육지에게 화가 나 있었으므로 아무도 육지를 위해 나서지 않았다. 그때 양성이 일어나 말했다.

"천자로 하여금 간신의 말을 믿고 따르게 하여, 죄가 없는 사람을 죽게 할 수는 없다."

양성은 간관들을 이끌고 연영문 앞에 엎드려 배연령의 간사함과 육지의 무죄를 간하는 상소문을 올렸다. 덕종이 크게 화를 내며 양성과 그를 따르는 무리에게 죄를 주고자 했는데, 태자가 나서서 감싸는 바람에 겨우 마음을 풀었다.

나이 80세가 넘은 금오장군 장만복은 양성의 소식을 듣고 연영문으로 달려가 큰 소리로 말했다.

"조정에 곧은 신하가 있으니 천하가 반드시 태평할 것이오!"

장만복은 양성과 간관들에게 두루 절한 뒤 소리를 질렀다.

"태평 만세! 태평 만세!"

하지만 정작 덕종은 양성의 간언을 받아들이지 않았으니, 양성은 쫓겨나고 당나라는 간사한 배연령의 농간에 놀아나게 되었다.

당시대 52 (801년~805년)

덕종은 25년 동안 황제로 있으면서 충신은 내치고 아첨꾼을 신임하며 나라를 어지럽혔다. 즉위 말기에는 왕비와 왕숙문 같은 사람을 신임하여 이들이 정치를 전횡하도록 만들었다.

한림대조 왕비는 글쓰기를 잘하고 산음 사람 왕숙문은 바둑을 잘 두었는데, 함께 동궁을 출입하며 태자 이송을 즐겁게 모셨다. 교활하고 간사한 왕숙문은 자신이 책을 많이 읽어 치도(治道)에 대해 잘 알고 있다고 말하면서 태자에게 백성들의 고통에 대해 이야기하곤 했다. 태자는 그와 더불어 당시에 문제가 되고 있던 궁시에 대해 논의했다.

"궁시의 폐해가 심하니 폐하께 그 일에 대하여 극진히 말려 보려고 하오."

왕숙문이 황제인 덕종에게 의심을 받을 수 있다는 이유로 반대하자, 태자는 눈물을 흘리며 고마워했다.

궁시(宮市)란 궁중에서 필요한 물건을 밖에서 사 오는 제도를 말한다. 궁에서는 환관에게 돈을 주고 필요한 물건을 밖에서 사오도록 했는데, 이를 담당하는 환관들은 시장에 나가 황제가 쓸 물건이라는 핑계로 갖은 횡포를 부렸다.

이들은 시장의 물건을 먼저 조사해 두어야 궁궐에 물건을 공급할 수 있다고 하면서, 이를 조사하는 사람들을 수백 명 거느렸다. 이 사람들이 시장에 나와 특정한 물건을 가리키며 "궁시!"라고 하면 상인들은 무조건 그 물건을 거두어 싸 주어야 했는데, 감히 물건값을 말하지 못했다. 물건값을 말하고 돈을 받으려 하면 불경죄에 걸려 혼쭐이 나기 때문이었다.

그들은 홍색과 자색으로 물들인 옛날 옷과 비단을 일정한 크기로 찢은 조각을 돈 대신 내고 물건을 가져갔다. 그뿐만 아니라 수탈한 물건을 궁궐에 보내는 유통비 명목으로 진봉문호전(進奉門戶錢)과 각가전(脚價錢)을 요구했다. 이처럼 필요한 물건을 보면 돈도 안 주고 가져간다고 해서 그들을 '백망(白望)'이라 불렀다.

백망들은 황실에 필요한 물건 외에도 자기가 모시는 환관들을 위하여 더 많은 물건들을 수탈해 갔다. 나중에는 자기들이 필요한 물건까지 마음대로 가져갔기 때문에 상인들은 물건을 한아름 싸가지고 시장에 나왔다가 빈손으로 돌아가는 사람이 많았다. 그리하여 백망이 시장에 온다는 소식을 들으면 상인들은 모두 물건과 함께 자취를 감췄다.

환관들 중에는 황제가 사냥할 때 쓰는 매와 개를 기르는 일을 담당하던 오방소아가 있었다. 이들은 백성들이 사는 마을에 들어가서 궁궐에 진상할 새를 잡는다는 핑계로 망나니짓을 했다. 대문에 새그물을 펼쳐 사람들이 드나들지 못하게 하거나, 우물을 새그물로 덮어 물을 먹을 수 없게 한 것이다.

그리고는 사람이 그 근처에 다가가면 쫓아와서 막무가내로 때리며 말했다.

"네가 지금 황제께 진상하려는 새를 놀라게 하는 불경죄를 지었다!"

그 사람은 돈이나 물건을 바치며 사죄를 한 후에야 겨우 풀려날 수 있었다.

오방소아들이 주막에서 술과 밥을 배불리 먹고 취해서 떠나려 했을 때 행여 주인이 음식값을 요구할라치면 필히 매를 맞고 욕을 먹었다. 어떤 이는 뱀을 한 주머니 가득 담아 음식값으로 저당 잡히며 이렇게 말하기도 했다.

"이 뱀은 새를 잡기 위한 미끼다. 지금부터 너에게 맡길 것이니 잘 먹여 길렀으면 좋겠구나. 절대로 굶주리거나 목마르게 하지 말라."

오방소아는 말도 안 되는 억지를 부리다 주인이 돈을 주면 그제야 뱀을 가지고 갔다. 이처럼 궁시의 폐해는 이루 말로 표현할 수가 없었다.

덕종은 이러한 궁시의 폐해를 알고 있으면서도 묵인했다. 태자는 이 일이 큰 폐해라는 것을 알고 있었지만, 갑자기 중풍이 들어 말을 하지 못하게 되었다. 태자가 그렇게 된 것을 보고 덕종이 크게 놀라 병이 들었는데, 며칠 뒤에 바로 죽었다.

조정에서는 말을 못 하는 태자를 황제로 등극시킬 것인지에 대해 논의가 분분했다. 하지만 덕종에게 아첨하며 권력을 누리던 사람들은 말 못 하는 황제를 두면 권력을 계속 누릴 수 있다는 생각으로 태자를 황위에 올렸다.

덕종의 뒤를 이은 순종 이송은 비록 말을 하지 못하여 주변의 도움을 받아야 했지만 즉위 초기에 우선적으로 궁시 제도와 오방소아를 없앴다. 또 천하에 사면령을 내리고 미납된 세금을 모두 면제시켰으며 일상적인 공납 외에 모든 진상을 철폐했다.

비록 말을 할 수 없는 황제였지만, 순종은 곧은 생각으로 선대의 잘못을 바로잡았다. 역사에서는 이와 같은 순종의 정책을 '영정혁신(永貞革新)'으로 부른다.

당 헌종~무종 시기

《자치통감》 권237부터 권248까지의 열두 권에는 헌종 이순, 목종 이항, 경종 이담, 문종 이앙, 무종 이염이 황제로 재위하던 시기를 거쳐 선종 이이의 즉위 초기까지의 역사가 기록되어 있다. 806년부터 849년에 이르기까지 44년간의 역사에서 헌종과 문종은 각각 14년과 13년을 재위하였고 나머지 목종, 경종, 무종은 3년에서 5년에 이르는 짧은 기간 동안 재위하였다.

그 가운데 중풍으로 말문이 닫힌 순종의 뒤를 이은 헌종은 환관 구문진의 압박으로 황위를 이어받은 후 절도사를 통제하고자 환관을 감군으로 임용하는 정책을 펼침으로써 환관이 득세하는 길을 여는 결과를 낳았다. 결국 헌종은 환관 진홍지에게 암살당했다.

이후 환관 양수겸에 의하여 경종이 등극했으나 그 역시도 환관 유극명에게 살해되었다. 경종의 동생인 이앙은 환관 왕수징에 의하여 황제로 옹립된 후 환관 세력을 제거하고자 감로의 변을 모의했으나 오히려 환관에게 발각되어 연금되는 처지가 되었다. 이 일로 환관들이 정치를 장악하였고, 문종의 뒤를 이은 무종은 신선술에 빠져 금단(金丹)을 먹다가 죽었다.

이 시기에 재위했던 황제들은 몇 안 되는 충신들과 함께 환관을 제거하려는 노력을 했지만 구사량을 비롯한 환관 세력을 뛰어넘지 못했다. 무종이 죽은 후 환관 마원지 등은 무종의 삼촌인 이침을 황제로 옹립했는데, 이 사람이 선종이다.

237
곤은 말을 좋아한 사람

당시대 53 (806년~809년)

중풍으로 말을 못 하면서도 황제가 된 순종은 아버지 덕종 시절에 잘못되었던 제도를 개혁해 나가던 중 즉위 1년 만에 태자에게 시해당했다. 이후 태자 이순은 환관 구문진 등에게 옹립되어 당나라의 11대 황제로 등극했으니, 이 사람이 헌종이다.

덕종을 싫어했던 헌종은 관리를 등용하는 책시에 덕종과 관련된 문제를 출제했다.

'덕종 시대의 폐해를 줄이는 당면 정책은 무엇인가?'

이 시험에 응시한 우승유, 황보식, 이종민 등은 당시의 정치적 실책과 고관들이 잘못을 거리낌 없이 써냈다. 시험관을 맡은 이부시랑 양어릉과 이부원외랑 위관지가 이들의 답안을 상등급으로 뽑으니, 헌종도 이를 가상하게 여기고 중서성에 조서를 내려 넉넉하게 조치토록 했다.

그런데 재상 이길보는 그들의 직언을 자기에 대한 비판으로 받아들이고 헌종에게 울며 하소연했다.

"한림학사 배기와 왕애가 시험을 재검토하는 임무를 주관했는데, 황보식은 왕애의 조카입니다. 왕애가 시험에 대해 아무 말도 하지 않으니 배기도 의견을 달리 말할 수 없었습니다."

이길보는 시험관들이 공정하게 업무를 처리하지 않고 끼리끼리 봐주었다는 모함을 한 것이다. 결국 배기와 왕애는 시험관으로서의 자격을 잃었고, 시험 성적을 매겼던 위관지도 좌천되었다. 따라서 상등급을 받았던 우승유, 황보식, 이종민 등도 관직을 임명받지 못했다. 황제가 가상하다고 여겼지만, 재상이 이를 뒤집어 버린 것이다.

이런 일이 계속되자 백거이가 상소문을 올렸다. 그는 후세에 시인으로 이름난 사람인데, 책시(策試)와 관련된 일 등을 거론하면서 이러한 처사가 사람들의 희망을 끊는 일이라고 지적했다.

"천하 사람들은 그들이 나아가고 물러나는 것을 보면서 시대가 좋은지 나쁜지를 점칩니다. 아무런 죄 없는 이들이 어느 날 아침에 모두 멀리 버려지니 모든 사람이 자기 입을 틀어막고, 마음이 흉흉합니다.

예전에 덕종께옵서 등극하신 초기에 직언하고 극간하는 인사를 불러다 날씨가 가문 이유에 대해 물으셨습니다. 그때 목질은 재상이 책임져야 한다고 대답했는데, 덕종께서는 이를 즉각 조치하셨습니다."

정치를 못하기로 유명한 덕종도 옳은 이야기를 받아들였는데, 덕종을 싫어하는 헌종은 그만도 못하지 않느냐는 항변이었다.

그리하여 학사에서 파직시켰던 배기가 재상으로 임명되었다. 재상이 된 배기는 가장 먼저 세금을 줄일 것을 간언했다. 지방 관들이 황제에게 올리는 진상품을 핑계대면서 물건을 거두어 착복하는 일이 많았기 때문이다. 배기의 조치 때문에 그동안 무거운 조세 부담을 짊어져야 했던 장강과 회하 지역 사람들의 숨통이 트이게 되었다.

한번은 배기의 친구가 먼 곳에서 찾아와 경조판사 자리를 부탁했다. 배기는 재상이었으니 친구의 자리 하나 만드는 것은 그리 어려운 일이 아니었다.

하지만 배기는 친구를 후하게 대접한 후 노자를 넉넉하게 주며 말했다.

"공은 이 관직에 어울리지 않고, 나는 친구의 사사로움을 위하여 조정의 공정함을 해칠 수 없다네. 다른 날에 눈먼 재상이 공을 불쌍히 여긴다면 그것을 얻는 데 방해하지는 않겠으나, 나는 이 일을 할 수 없네."

그동안 많은 재상들이 자신의 관직을 사사로운 부와 명예를 위한 자리로 생각했지만, 배기는 그 자리가 사사로움을 끊어내고 나라를 위하여 매진해야 하는 자리임을 인식하고 이를 실천한 것이다.

환관을 토벌 책임자로 삼은 당 헌종

당시대 54 (809년~812년)

헌종이 당나라의 황제가 된 이후 가장 골치 아프게 여겼던 문제는 조정의 명령을 듣지 않는 절도사들이었다. 그들은 지방의 군사력을 장악하고 절도사가 죽으면 뒤를 이어 그의 아들이 군사력을 장악하려 들었다. 반독립적인 세력이 된 것이다.

성덕절도사 왕사진이 죽자 그의 아들 왕승종이 나서서 성덕 번진을 지휘했다. 이때 동북쪽 군벌들은 이합집산을 되풀이하며 복잡하게 얽혀 있었는데, 왕승종은 덕주자사 설창조를 잡아 가두었다.

헌종이 왕승종에게 설창조를 풀어 주라 명했지만 왕승종은 듣지 않았다. 절도사가 황제의 명령을 듣지 않으니, 군사를 동원하여 그를 치는 것이 마땅한 일이다. 그런데 헌종은 왕승종을 토벌하는 총책임자로 환관 토돌승최를 임명했다.

원래 환관은 황궁에 근무하면서 황제의 심부름을 하는 사람이다. 그래서 황제는 늘 가까이에 있으며 친밀한 관계를 유지하는 환관을 신뢰하고 의지하는 경우가 많았다. 궁궐의 안과 밖을 연결해 주는 환관이 황제의 심복이 되는 것이다.

이런 이유에서 당 왕조 후기에는 절도사를 통제하기 위해 환관을 감군(監軍)으로 파견하는 경우가 많았다. 감군은 군사 지휘권을 갖고 있는 것은 아니었지만, 군 부대에 주둔하면서 거기에서 일어나는 일을 황제에게 보고하는 직책이었다.

그러므로 황제가 가장 믿을 만한 환관을 감군으로 파견하는 것은 이상한 일이 아니었다. 절도사들도 출세를 하려면 감군의 눈치를 볼 수밖에 없기 때문에, 황제는 환관을 이용하여 절도사를 지휘하고 통제했다.

그런데 헌종은 환관을 감군이 아닌 토벌군의 총지휘관으로 임명한 것이다. 한림학사 백거이가 이에 대하여 헌종에게 아뢰었다.

"국가가 정벌에 나설 때는 응당 장수에게 책임을 주어 전쟁을 승리로 이끌도록 하는 법입니다. 근년에 처음으로 환관인 중사로 하여금 감군을 삼았는데, 예로부터 지금에 이르기까지 천하의 군사를 징발하면서 중사로 하여금 전체를 통괄하게 한 적은 아직 없습니다.

장군이 해야 할 일을 환관에게 주어 환관이 군사를 지휘하게 한다면 이웃에서 비웃을 것이요, 이런 일이 폐하 때에 시작되었다고 후대에 전해진다면 얼마나 부끄러운 일이 되겠습니까? 이는 결국 왕승종을 돕는 일이 될 것입니다."

여러 사람들이 이 말에 동의하자, 헌종도 어쩔 수 없이 토돌승 최를 선위사로 직책을 깎아내렸다. 하지만 여전히 왕승종을 토 벌하는 일은 그가 담당하게 했다.

토돌승최가 신책군을 거느리고 장안을 떠나자 헌종은 사방에 있는 번진에게 군대를 전진시켜 협공으로 왕승종을 토벌하라는 명령을 내렸다. 이런 작전이 시행되려면 군대가 일사불란하게 움직여야 하지만 각 군의 지휘 체계가 서로 달랐으므로 성공할 수 없었다.

이처럼 황제가 환관에게 국가 대사를 맡기기 시작하자, 이를 염려하는 사람들이 많았다. 그들에게 황제는 이렇게 말했다.

"환관은 심부름꾼이니 언제든 내칠 수 있다. 걱정하지 말라."

하지만 헌종의 장담과는 달리 당나라의 황제들은 점점 더 환 관의 손아귀에서 놀아나는 신세가 되어 갔다. 당나라 말기가 되 면 환관이 황제를 죽이고, 죽은 황제가 유서로 남기는 유조를 직접 썼으며, 권력을 유지하기 위해 어린아이를 황제로 세우는 일들이 연이어 벌어지게 된다. 당나라가 망하는 마지막 장은 환 관들의 무대였던 것이다.

239
헌종의 딸 기양 공주의 시집살이

안사의 난을 치른 이후 당나라 황실에서는 딸들을 시집보내는 일조차 쉽지 않았다. 헌종 대에 이르면 황제의 아들들이 살도록 궁궐 옆에 지은 원성의 합문도 열지 못하는 상황이 된다. 궁궐을 유지하기에도 버거운 형편이었으므로 제왕들이 사는 곳까지 관심을 둘 여력이 없었던 것이다. 이런 이유로 황실의 딸들은 제때에 시집가기가 어려웠다.

이때 황제의 사위를 뽑는 일은 모두 환관에게 맡겨졌는데, 공주와 결혼하려는 사람들은 뇌물을 들고 환관을 찾아갔다. 따라서 공주의 혼처가 정해지는 기준은 뇌물이었고, 사람의 됨됨이는 도외시되었다. 뇌물을 주면서 공주와 결혼하고자 하는 사람들의 속셈은 뻔했다. 황제에게 기대어 돈을 벌거나 출세를 하려는 것이었다.

헌종으로서는 속이 상할 수밖에 없었다. 정정당당한 사위를 얻어 어려운 처지에 놓인 자신과 당 왕조를 일으키는 데 도움이 되기를 바랐지만, 현실의 상황은 그렇지 못했기 때문이다. 헌종은 더 이상 공주를 시집보내는 일을 환관에게 맡기지 않기로 결심하고, 중서성·문하성·종정시·이부에게 문벌 집안의 인재 가운데서 부마를 뽑아 공주를 시집보내라고 명했다.

한번은 헌종이 한림학사 독고욱을 보게 되었다. 한림학사는 공부를 많이 한 사람들이었으므로 헌종은 독고욱에게 국가의 중요한 정책에 대한 의견을 개진하게 했다. 그 결과 헌종은 독고욱이 마음에 들어 사위로 삼고 싶었다.

하지만 독고욱은 이미 결혼한 유부남이었다. 그의 장인은 권덕여였는데, 헌종은 스스로 탄식하며 말했다.

"권덕여는 독고욱을 사위로 얻었는데, 나는 그에도 미치지 못하는구나."

황제인 헌종이 똑똑한 사위를 얻은 신하 권덕여를 부러워한 것이다.

헌종은 학식이 높고 청렴한 집안에 공주를 시집보내고 싶었지만, 이런 집안에서는 모두 공주 며느리를 원치 않았다. 그런 집안에서는 권력과 재물을 행복의 지표로 보지 않기 때문이다. 그러니 공주를 며느리로 맞아 그 덕을 보는 것을 부끄러움으로 생각했다.

그런데 문필에 밝은 두우 집안의 손자인 사의랑 두종이 공주를 사양하지 않았으므로 헌종은 두종에게 기양 공주를 시집보냈다. 기양 공주가 두종의 집으로 온 첫날, 두종은 아내가 된 공주에게 다음과 같은 의논의 말을 건넸다.

"황상께서 내려 주신 노비는 궁색하게 사는 것을 좋아하지 않을 것이니, 그들을 궁으로 돌려보냅시다. 그리고 우리에게 어울릴 만한 노비를 다시 구합시다."

기양 공주는 남편 두종의 의견에 동의하고, 황실에서 데려온 노비들을 궁으로 다시 돌려보냈다. 친정에서 받은 혼수를 돌려보낸 것이다.

그 후 기양 공주는 두씨 집안의 시댁 어른들을 겸손하게 모셨다. 두씨 집안은 규모가 큰 집안이어서 모셔야 될 어른도 많았지만 기양 공주는 20여 년의 세월 동안 항상 자신을 낮추며 살았다. 공주라는 고귀한 신분을 버리고, 스스로 시집살이를 자처한 것이다. 그러니 그 어느 누구도 그녀가 교만하다고 흉보는 일이 없었다.

240
목숨값을 아는 정사량과
그를 채용한 이소

당시대 56 (817년~819년)

당나라 중기에 해당하는 헌종 시기에는 많은 절도사들이 독자적인 군사 세력으로 땅을 차지하여 세력을 굳혀 나가고 있었다. 그 가운데 회서 지역에서 오원제가 자립을 선언하자 헌종은 이를 진압하기 위해 여러 차례 토벌군을 보냈지만 번번이 실패하고 있었다.

헌종은 다시 이소를 책임자로 임명하여 회서 지역을 토벌하라 명했다. 이소가 임지인 당주에 이르러보니 병사들이 모두 싸우기를 꺼려했다. 이제까지 계속 토벌에 실패했기 때문이다. 이와 같은 상황에서 싸우는 것은 무의미하다는 것을 깨달은 이소가 병사들에게 말했다.

"폐하께서는 내가 나약할지언정 치욕스러움을 참을 수 있는 사람이라는 것을 아시고 이곳으로 보내어 너희들을 어루만져 주게 한 것이다. 전투에 나가 승리하는 일은 나의 일이 아니다."

이 말을 들은 병사들은 더 이상 전쟁에 나갈 일은 없을 것이라 믿고 안심하게 되었다.

이소가 오기 전에 반란을 책임지고 있던 원자는 은혜를 베풀어 도적들을 품어 주었는데, 이 일로 도적들은 그를 가볍게 여기고 있었다. 이소가 도착한 후에도 그런 정책은 계속 유지되었는데, 이것은 다분히 의도적인 것이었다. 온건책을 유지함으로써 반란 세력으로 하여금 마음을 놓게 한 것이다.

시간이 흐르자 이소는 정책의 방향을 바꿨다. 당나라 조정에 요청한 2천 명의 보병과 기병을 거느리고 오원제와 대치한 것이다. 이소는 하급 장교 마소량에게 10여 명의 기병을 주어 순찰을 돌게 했는데, 그들이 오원제의 수색 책임자인 착생우후 정사량을 잡아오는 공을 세웠다.

정사량은 오원제의 날랜 장수여서 항상 동쪽 변경의 걱정거리였다. 그런데 그를 붙잡았으니 병사들은 그동안 당했던 원한을 갚고 싶었다. 그들은 이소에게 정사량을 죽여 그의 심장을 도려내게 해 달라고 청했다.

이소는 별다른 생각 없이 그를 심문했는데 죽음을 앞두고도 두려워하는 기색이 없는 정사량을 보고 감탄했다.

"진짜 장부로다!"

이소는 정사량의 결박을 풀어 주고 그러는 이유를 물었다. 정사량이 대답했다.

"나는 본래 회서 사람이 아니오. 덕종 연간에 안주에 예속되어 오원제와 싸우다가 포로로 잡혔는데, 스스로 죽을 것을 각오했으나 오원제가 나를 석방하고 채용했소. 그러니 나는 오원제로 인해 다시 태어난 것이오. 따라서 나를 다시 살린 오씨 부자를 위해 그동안 힘을 다한 것뿐이오.

허나 지금은 공에게 사로잡혔으니, 또다시 죽은 목숨이 되었소. 공께서 내 목숨을 살려 주시니 청컨대 죽음을 다하여 은덕에 보답하게 하여 주시오.”

정사량이 이소의 편에서 싸우겠다고 하자 이소는 그에게 의복과 무기를 주고 특별 부대를 지휘하는 착생장으로 임명했다.

정사량은 오원제 진영의 상황을 이소에게 상세히 밝혔다. 오원제 세력 가운데 오수림은 3천의 무리를 거느리고 도적의 왼쪽 어깨에 해당하는 문성책을 점거하고 있었다. 오수림 진영에는 모주 진광흡이 있었기 때문에 관군이 감히 가까이 가지 못했다. 정사량은 진광흡을 잡아올 계책을 제시했다.

“진광흡은 용감하나 경솔하여 스스로 나와서 싸우기를 좋아합니다. 청컨대 공을 위하여 먼저 진광흡을 잡게 해 주신다면 오수림은 자연히 항복할 것입니다.”

이소가 이를 허락하자 정사량은 진광흡을 사로잡아서 돌아왔다. 진광흡을 잃은 오원제 세력은 크게 기가 꺾였고, 이로써 30년 동안 자립을 내세우며 당나라 조정의 명령을 듣지 않았던 회서 지역이 평정되었다.

자신 없어 거짓말하는 조정

당시대 57 (819년~821년)

헌종 치세에 가장 두통거리였던 회서 지역이 평정되자 당나라에는 모처럼 중흥의 기틀을 마련할 기회가 찾아오는 듯했다. 그러나 이번에는 동부 지역에서 문제가 발생했다. 연주·해주·기주·밀주 관찰사 왕수는 성품이 급하고 멀리 보는 안목이 없는 사람이었는데, 그가 새로 생긴 군부를 안정시키고자 엄한 조치를 취한 것이 문제가 되었다.

왕수는 엄격하고 혹독하게 군사를 다스렸다. 병사가 잘못을 했을 때 사용하는 곤장도 보통의 크기보다 훨씬 큰 것이었고, 병사를 나무랄 때도 '반역한 오랑캐'라 하여 모욕을 주었다. 한여름에 사졸들을 부려 부사(府舍)를 짓게 할 때도 너무 강하게 압박하며 공사를 재촉하여 장졸들이 모두 원망했다.

그러던 중 역졸 왕변의 무리 네 명이 들고 일어났다. 그들은 왕수가 연회에서 술을 마시는 기회를 이용하여 관찰사 왕수와 부사 장돈실을 죽였다. 왕변이 유후를 자칭하며 부대를 장악하자, 감군이 이 상황을 조정에 보고했다.

왕변은 조정에서 파견한 관리를 죽이고 관찰사 자리를 차지한 것이었으므로, 조정에서는 마땅히 군사를 일으켜서 왕변을 토벌해야 했다.

그런데 왕변이 장악한 산동 지역을 평정하다 보면 같은 지역에 있는 청주와 운주의 절도사 세력이 연합하여 변란을 일으킬 수도 있었다. 이 일이 두려워진 당나라 조정에서는 꾀를 쓰기로 했다. 일단 왕변에게 다른 관직을 준 후 기회를 봐서 그를 죽이자는 계획이었다.

헌종은 왕변을 개주자사로 제수하고 임명장을 하사했다. 이러한 조정의 조치를 믿은 왕변은 개주로 가기 위해 자기를 따르는 세력과 함께 기주를 떠났다.

왕변의 일행이 서주의 경계에 들어섰을 무렵 그를 따르던 무리는 거의 다 사라졌고, 왕변은 장안으로 잡혀 와서 허리가 잘려 죽었다. 왕변을 죽이기 위해 세운 모든 일이 조정에서 계획한 대로 잘 이루어진 것이다.

왕변이 죽은 후에도 조정에서는 산동 지역 사람들을 믿지 못했다. 예전에 반란했던 이사도의 무리가 아직도 남아 있다고 생각한 것이다. 헌종은 조화를 관찰사로 삼은 후, 그에게 체주의 군사를 끌고 가서 산동 지역에 남아 있는 반란 세력을 토벌하라고 명했다.

이런 사실을 알 길 없는 기주의 장사들은 새로 부임해 온 관찰사 조화를 마중나와 반갑게 영접했다. 조화도 좋은 말로 그들을 위로하며 먼저 성 안으로 들어가게 했다. 그뿐만 아니라 그를 영접하러 나오지 않은 사람들에게도 인사를 나누니 기주에 사는 사람들은 모두 조화를 의심하지 않았다.

조화는 사흘 동안 관찰사의 업무를 본 후 그곳의 장사들에게 큰 향연을 베풀었다. 그는 향연을 이용하여 이사도의 잔당이라고 볼 수 있는 운주 사람들을 죽일 계획을 세웠다. 그리고 장막 아래 갑옷을 입은 병사 1천 명을 매복시켰다.

조화는 사람들을 모아놓고 태연스럽게 말했다.

"천자께서는 운주 사람들이 기주로 오는 수고로움을 감내했으므로 특별히 우대하여 지급하라 명하셨다. 지금부터 운주 사람들은 왼쪽에 서고, 기주 사람들은 오른쪽에 서도록 하라."

사람들이 지정받은 곳으로 가서 서자, 조화는 기주 사람들을 모두 밖으로 나가게 했다. 그런 다음에 문을 잠그고 운주 사람들에게 호령했다.

"왕 상시는 천자의 명령으로 이곳의 우두머리가 되었는데, 장사들이 어찌하여 그를 해쳤는가?"

이때 매복했던 군사들이 나와 운주 사람 1,200명을 모두 다 죽였으니, 문과 병풍 사이에 붉은 안개가 한 장이나 되도록 높이 피어올라 오래 머물다가 비로소 흩어졌다.

사마광은 이 일에 대해서 한탄했다. 군주가 신의를 잃은 행동

을 함으로써 어렵게 다가온 중흥의 기회를 놓치게 되었다는 것
이다. 눈앞의 작은 일에는 성공을 거두었으나, 이로써 당 조정은
신의를 잃었다. 당나라 백성들은 이제 조정에서 어떤 말을 해도
믿지 않게 되었다.

당시대 58 (821년~822년)

목종 시기로 오면서 당 왕조의 분열은 한층 더 가속되었다. 목종의 아버지인 헌종 말년부터 이미 절도사들을 통제할 수 없게 되었는데, 특히 남부인 회서와 산동 지역의 여러 군사 세력들이 조정의 명령에 즉각 복종하지 않는 상황이었다.

마침내 조정에 불만을 품은 주극용이 군사를 일으켰고, 왕정주도 군사를 일으켜 심주를 포위하기에 이르렀다. 이 문제를 두고 당나라 조정에서는 논의가 이루어졌는데, 대부분의 신하들은 왕조의 앞날보다 개인의 이익을 앞세우는 인순고식(因循姑息)의 태도를 취했다. 인순고식이란 낡은 관습이나 폐단을 벗어나지 못하고 당장의 편안함만 취하는 것을 뜻한다. 이들은 반란군을 쳐야 한다는 의견에 반대하며 말했다.

"그까짓 반쪽짜리 종이를 아껴 무엇 하려는가?"

반쪽짜리 종이란 절도사 임명장을 뜻한다. 반란을 일으켰다 하더라도 이들을 공식적인 절도사로 임명하자는 것이었다.

결국 이들의 의견이 받아들여져 주극용과 왕정주는 검교공부상서의 임명장을 받게 되었다. 이것은 그들을 절도사를 인정하는 동시에 공부상서급의 지위를 주는 것이었다. 그러나 조정을 믿을 수 없었던 그들은 임명장 하나로 군사를 거두지 않았다. 다만 겉으로 군사를 철수하는 척했을 뿐이다.

이제 조정에서 이들에게 사자를 파견하는 일이 남았다. 왕정주는 심주를 포위했던 병력을 거두었지만 여전히 군대를 심주성 아래에 주둔시키고 있었다. 언제든 다시 심주를 포위하겠다는 심산이었던 것이다. 그런 왕정주를 조정의 휘하로 끌어들이려면 사자가 가서 정해진 절차를 수행해야 했다.

이 임무를 맡은 사람은 한유였다. 그는 올바른 눈으로 사태를 정확하게 파악하는 사람이었으므로 사람들의 존경을 받았다.

한유의 주변 사람들은 이 일이 매우 위험하다고 생각했다. 목종조차도 한유에게 걱정하는 마음이 담긴 조서를 내렸다.

"경계에 이르면 다시 한 번 일의 형세를 살펴보고 급히 들어가지 말라."

한유는 이러한 황제의 권고를 단호하게 거절했다.

"멈추게 하는 것은 임금의 어짊이고, 죽는 것은 신하의 의로움입니다."

황제는 신하를 위하여 임무를 이행하기 전 눈치를 먼저 살피라고 한 것이었지만, 한유는 신하로서 목숨이 위태로울지라도 황제를 위해 왕정주의 지역으로 안 갈 수 없다고 말한 것이다.

드디어 한유가 왕정주의 지역으로 들어갔다. 아니나 다를까 왕정주는 칼을 뽑아들고 활시위를 당기면서 그를 맞이했다. 목숨을 걸고 온 한유는 이러한 위협에 굴하지 않고 곧장 객관까지 갔다. 왕정주는 그제야 변명을 늘어놓았다.

"병사들이 일을 잘못 벌인 것이지, 결코 제가 시킨 것이 아닙니다."

한유는 바로 그 자리에서 성난 목소리로 왕정주를 나무랐다.

그러자 객사에 있던 왕정주의 갑사들이 한유에게 항의했다.

"우리는 예전에 조정을 위하여 반란 세력 주도를 쳤습니다. 그런데도 조정에서는 우리를 도둑 취급을 했습니다. 우리는 조정을 믿을 수 없습니다!"

"아무리 조정이 잘못했다고 하나, 조정에 대항하는 것은 더 큰 잘못이다. 과거의 역사를 보면 알 수 있지 않은가. 안록산과 사사명이 조정에 불만을 품고 대항하다 죽었고, 절도사로 군사를 일으켰던 이사도와 오원제도 죽었다. 하지만 조정에 귀부한 전공령은 큰 상을 받지 않았는가."

진심으로 설득하는 한유의 말에 왕정주와 그의 따르는 세력들의 성난 분위기가 누그러졌다. 이들이 반란을 일으켰던 것은 조정의 잘못 때문인데, 한유는 조정의 신하라는 이유로 자신의 목숨을 내걸고 이들을 설득함으로써 반란을 진정시키는 데 성공한 것이다.

243
은혜를 원수로 갚는 정주

당시대 59 (823년~828년)

목종 이항은 헌종의 셋째 아들로, 환관의 옹립을 받아 황제가 되었다. 놀기를 좋아하고 격구와 주악에 탐닉하면서 정치를 돌보지 않았으므로 당나라는 환관들의 세상이 되었다.

이때 정주라는 사람이 있었는데, 애꾸눈에 몸집이 작아 보잘 것 없는 사람이었다. 하지만 사람들과 말할 때면 눈을 아래로 깔아 교묘하게 사람의 마음을 읽어내면서 상대방을 조종하니 모든 사람이 그의 앞에서 마음이 풀어지게 되었다. 그는 의술을 익혀 사방을 떠돌아다니며 살았다.

정주가 서주에 이르렀을 때 하급 장교 아장을 치료하여 낫게 했다. 아장이 그를 절도사 이소에게 천거하니 그 역시도 정주의 약을 먹고 효과를 보았다. 이소는 정주를 관아의 잡무를 처리하는 아추로 삼고 총애했다. 이것을 시작으로 군정에 참여하게 된 정주는 위엄을 부리며 자기 멋대로 이권을 남발했다.

이 소식을 들은 감군 왕수징은 이소에게 정주를 내보내라고 요청했다. 이소는 오히려 왕수징에게 그를 한번 만나 볼 것을 권했다. 그러자 정주를 만난 왕수징은 그와 무릎을 맞대고 말하며 그를 일찍 만나지 못한 것을 아쉬워했다.

이처럼 사람들의 마음을 사로잡으며 권력의 맛에 길들여져 간 정주는 이소에게 아장을 모함했다. 자기를 천거해 주었던 아장이 자기의 내력을 누설할까봐 걱정이 되었던 것이다. 결국 정주는 아장을 죽게 하여 은혜를 원수로 갚았다.

이런 사실을 알지 못했던 왕수징은 황제의 명령과 궁중의 기밀을 다루는 지추밀로 출세하여 조정으로 들어가게 되었다. 그는 장안으로 돌아가면서 정주를 함께 데려가 살 집을 마련해 주고 물품도 넉넉하게 채워 주었다. 그리고는 목종에게 그를 천거했으니, 목종 역시 그를 아끼며 대우해 주었다.

목종이 중풍을 앓게 되면서 모든 국사는 왕수징이 맡게 되었다. 정주는 밤낮을 가리지 않고 황제의 권력을 위임받아 휘두르는 왕수징의 집을 드나들면서 이야기를 나누는 일이 잦아졌다.

그러자 사방에서 정주에게 줄을 대며 뇌물을 보냈는데, 정주는 아무런 흔적이 남지 않도록 모든 일을 교묘하게 처리했다. 정주가 원래 미천한 출신이어서 처음에는 하급 관리들만 청탁했지만, 나중에는 높은 벼슬에 있는 사람들까지 그에게 청탁하게 되니, 그의 대문에는 청탁하는 사람들로 줄을 잇게 되었다.

공부상서 정권도 그에게 청탁을 넣었다. 희(姬)와 첩(妾)을 많이 거느렸던 그는 공부상서의 봉록만으로 넉넉하게 살 수 없자 스스로 세금을 거둘 수 있는 절도사가 되고 싶어 했다. 정권은 왕수징에게 뇌물을 바치려 했지만 직접 그에게 닿을 수 없자 정주를 통하여 청탁을 넣었고, 그 결과 영남절도사가 되었다.

목종이 죽자 태자 이담이 황위에 올랐으니, 그가 경종이다. 경종은 소인배들을 가까이 두고 연희를 즐기며 정치에 관심을 두지 않았으므로 왕수징을 비롯한 환관들이 난을 일으켜 그를 죽였다. 왕수징은 경종의 동생인 이앙을 옹립하여 황제로 세웠는데, 이 사람이 문종이다.

문종 이앙은 황제가 된 후 바른 정치를 하려고 애썼다. 궁녀와 관료의 수를 줄이고, 부패한 환관 세력을 축출하려고 애썼는데, 이때 정주는 이훈과 함께 문종을 도와 환관을 제거할 계획을 세우고 왕수징을 죽였다. 그토록 왕수징의 총애를 받았건만 은혜를 원수로 갚는 일을 되풀이한 것이다.

그런데 이훈이 정주를 배반하고 혼자 공로를 차지하려다 환관에게 들키는 바람에 실패하고 말았다. 결국 정주는 이훈과 함께 피살당하고 문종은 연금을 당하는 신세가 되었는데 역사에서는 이 사건을 '감로(甘露)의 변고'라고 부른다.

244
황제와 조정을 얕보는 절도사들

당나라 후기에 이르면 황제의 명령은 더 이상 지방의 군권을 가진 절도사들에게 통하지 않았다. 아무리 천자라는 이름을 가졌다 하더라도 명령이 통하지 않고 벌을 줄 힘도 없으니 왕조를 유지하기가 어려워진 것이다.

문종 시대에 이르면 힘 없는 황제가 지방의 절도사에게 재상의 직함을 내리는 일이 비일비재해졌다. 절도사들이 반감을 품더라도 벌을 내릴 수 없는 지경이다 보니, 우는 아이 달래고나 보자는 심정으로 재상의 자리를 내리는 것이었다.

절도사 중에는 아직 당나라 조정에 충성심을 갖고 있는 사람도 있었다. 소의절도사 유종간은 조정에 들어와 문종을 알현하고 자신을 다른 번진으로 보내줄 것을 요청했다.

이러한 그의 태도는 당시로서는 보기 드문 일이었다. 대부분은 자기 아버지가 뿌리내린 번진에 그대로 머물면서 권력 기반을 더욱 확고하게 다지려 하는데, 유종간은 오히려 다른 곳으로 보내 달라고 했기 때문이다. 조정에서는 그의 충성심을 칭찬하며 재상 직위인 동평장사를 내린 후 본래에 그가 있던 진으로 돌려보냈다.

유종간은 장안의 정치가 돌아가는 꼴을 보고 크게 실망했다. 조정의 권력과 업무는 일원화되지 않았고, 대부분의 사대부들은 청탁을 하고 있다는 사실을 알게 된 것이다. 이를 본 유종간은 마음이 변했다. 조정을 가볍게 보게 된 것이다. 이후에 그는 조정의 명령이 떨어져도 들을 생각을 하지 않았다.

노룡절도사 양지성은 노골적으로 재상 자리를 요구했다. 양지성에게는 공부상서라는 직위가 있었는데 자꾸만 더 높은 지위를 달라고 조르자 조정에서는 막강한 힘을 갖는 이부상서의 직위를 주었다.

절도사에게 주는 이러한 관직은 절도사의 등급을 표시하는 것이었다. 양지성은 공부상서급에서 이부상서급이 된 것이니 그만큼 조정에서 대우를 해 준다는 의미였다.

하지만 양지성은 상서급보다 더 높은 복야급의 관직을 받기 원했다. 화가 난 양지성은 조정을 상대로 황제의 칙사가 노룡에 왔다가 돌아갈 수 없을지도 모른다고 협박했고 실제로 조정에서 파견한 위보의와 윤사공을 잡아두고 돌려보내지 않았다.

또한 아장 왕문영을 조정에 파견하여 이부상서직을 내린 것에 감사하다는 인사를 전하게 한 후 이 관직을 받지 않겠다는 사양의 의사를 표명했다. 그리고는 임명장인 고신도 받지 않고 돌아오도록 지시했다. 형식상으로는 관직을 받지 않겠다는 사양이었지만, 속내는 불만임을 표시하는 방법이었다.

이러한 양지성의 행동은 황제의 권위에 정면으로 도전하는 것이었음에도 조정에서는 양지성에게 검교우복야를 내리고 특별히 사신을 보내 그를 위로했으니 황제와 조정이 지방의 절도사에게 굴복한 것에 다름이 아니었다.

실패한 황제의 쿠데타 '감로의 변'

당시대 61 (834년~837년)

당나라 문종 시기에 일어난 가장 큰 정치적인 사건은 '감로(甘露)의 변(變)'이다. 이 시기에 황제와 재상을 제쳐 놓고 권력을 휘두른 사람은 환관이었다. 그들은 황제의 주변을 둘러싸고 모든 일을 진행했다. 심지어는 황제의 호위를 담당하는 금군(禁軍)까지 지휘하는 상황이었으니 황제는 무력으로도 환관을 당할 수 없는 지경이 되었다.

문종은 이 문제를 타개하고자 비밀리에 이훈과 정주를 불러서 환관 제거를 맡겼다. 이들은 이 일에 동의했으나 그들은 원래 재주를 피우며 출세한 사람들이었으므로 황제를 이용하려든 것이었을 뿐, 황제에게 충성하려는 마음은 추호도 없었다.

그런데 이훈은 만약 이 일이 성공하면 절도사로 나가 있는 정주가 군사를 동원했다는 이유로 공을 다 차지하게 될 것이 걱정되어 궁궐 안에서 독단적으로 이 일을 처리하려고 결심했다. 그래서 조회 때 지난밤에 감로(甘露)가 내렸다는 거짓말을 한 뒤 환관들로 하여금 이것이 사실인지 확인해 오게 하면서 기회를 틈타 환관들을 다 죽이려고 했다.

하지만 이 계획은 오히려 환관들에게 발각되고 말았다. 문종의 안위는 환관의 손에 넘어가고, 조정의 관리들은 죽음을 맞이하게 되었다.

이때의 재상은 70살이 넘은 왕애와 서원여였는데, 이들은 문종의 친위 쿠데타 계획을 전혀 눈치채지도 못한 채 화가 난 환관들에게 붙들려 죽었다. 개인적으로 보면 억울하기가 그지없는 일이겠으나, 이에 대하여 사마광은 다음과 같이 논평했다.

"정치를 책임진 이들 두 재상이 이훈과 정주 같은 소인배들과 어깨를 나란히 하면서도 부끄러운 줄 몰랐으니, 그들의 죽음은 억울하다고 할 것이 없다."

그런데 이보다 더 억울한 사람이 있었으니, 왕애의 육촌 동생인 왕목이다. 늙고 가난했던 그는 자기 재종형이 재상이 되었다는 말을 듣고 조그만 노새 한 마리를 장만한 뒤 먼 길을 걸어 왕애의 집에 도착했다. 주부나 현위 같은 말단관직이나마 부탁해 보려고 찾아온 것이다.

왕목은 장안에 온 지 2년이 지나도록 왕애를 만나지 못하다가 그 집 노복에게 부탁하여 겨우 왕애를 만날 수 있었다. 사정 이야기를 들은 왕애가 미관말직이라도 하나 챙겨주겠다고 약속하자, 왕목은 매일 왕애의 집에 가서 명령이 내려오기를 기다렸다.

그러던 왕목은 감로의 변을 만나 왕애의 집에서 붙잡힌 뒤 허리가 잘리는 요참을 받고 죽었다. 벼슬도 얻어 보지 못하고 괄시만 받았는데, 왕애의 집에 있다가 붙잡혀 죽은 것이다.

이와 반대의 경우도 있다. 또 다른 재상 서원여에게는 친척 조카인 서수겸이 있었는데, 사람이 성실하고 민첩하여 서원여가 매우 아꼈다. 서수겸은 서원여를 따라다니며 10여 년간 심부름을 했다. 어느 날 아침, 서원여는 별 것도 아닌 일로 서수겸에게 화를 냈다. 그 후로 매일 나무라는 일이 계속되자 서수겸은 서원여에게 떠나는 것을 허락해 달라고 했다.

서수겸의 입장에서 재상인 서원여의 집을 떠난다는 것은 직업을 잃는 일이었다. 그는 내심 서원여가 잡아주기를 바랐지만, 서원여는 떠나고 싶으면 떠나라고 냉정하게 말했다. 서수겸은 서원여에게 서운한 마음과 서글픈 자신의 신세를 한탄하여 서원여의 집을 떠났다.

그런데 그가 소응에 도착한 날 저녁에 감로의 변이 일어나 서원여가 잡히고, 그 집안사람들은 모두 족멸되었다는 소식을 듣게 되었다. 사마광은 이 일을 두고 이렇게 논평했다.

"이것은 하늘이 죽인 것이지, 환관이 죽인 것이 아니다."

왕목은 순리를 거슬러 보려고 왕애의 집에 있다가 죽임을 당했고, 서수겸은 순리를 따르고자 서원여의 집을 떠남으로써 죽음을 면한 것이다. 순리를 따르는 사람은 살고, 순리에 역행하는 사람은 횡액을 만난 것일까.

246
환관의 세상에서 지켜진 법도

문종 시절 황제가 주도했던 감로의 변이 실패하면서 당나라의 모든 권력은 환관들이 독점하게 되었다. 환관에게 연금되는 신세가 된 문종은 자기 아들조차 마음대로 보존할 수 없었다. 정확한 기록은 없으나 문종이 한 말로 추론해 보건대, 아마도 문종의 두 아들은 해를 입은 듯하다.

한번은 문종이 회녕전에 행차하여 사람들이 놀이하는 것을 보게 되었다. 어떤 동자가 장대에 오르고, 한 남자가 그 아래를 미친 듯이 뛰어다니는 놀이를 하고 있었다. 문종이 이를 이상하게 여기자, 신하들은 그가 장대에 올라간 아이의 아버지라고 말했다. 만약에 아이가 장대에서 떨어지면 밑에서 받으려고 아버지가 뛰어다닌다는 것이다. 이 말을 들은 문종이 한탄했다.

"짐은 귀하기로는 천자가 되었으나 아들 하나를 보전할 수 없었구나!"

이 말로 보아 아마도 문종의 아들은 비명에 죽은 듯하다.

또한 문종이 교방 유초재 등 4명과 궁인 장십십 등 10명을 불러 이렇게 말한 사실도 기록되어 있다.

"태자를 얽어맨 것은 모두 너희들이었다."

문종은 아들 둘을 두었는데, 하나는 일찍 죽었고, 남은 하나는 유초재 등 때문에 죽은 듯하다. 이처럼 문종은 무력한 황제가 되어 있었다.

그러나 아무리 무력한 황제라 하더라도 용(龍)은 용이다. 어느 순간 용의 비늘에 닿는 자는 누구든 여지없이 죽는다. 그래서 환관들은 문종의 뒤를 이을 황제를 세우는 데 온갖 신경을 곤추세울 수밖에 없었다. 환관이 직접 황제가 될 수는 없는 일이므로, 자기 마음에 드는 사람을 골라 황제로 세우려는 것이다.

아들을 모두 잃은 문종은 조카인 진왕 이성미를 황태자로 삼았다. 병이 든 후 문종은 태자에게 나라를 맡기려 했지만 이성미가 너무 어리고 제대로 된 교육을 받지 못했다는 이유로 환관으로부터 거절당했다. 문종이 선택한 이성미가 황위에 오르면 환관들에게는 황제를 옹립한 공이 없어지기 때문이었다.

중위 구사량을 비롯한 환관들은 문종의 조서를 위조하여 문종의 동생인 영왕 이염을 황제로 옹립했다. 환관들은 군사를 거느리고 영왕이 살고 있는 소양원으로 가서 이염을 황제로 맞이했고, 백관들은 사현전에서 새로운 황제가 될 사람을 알현했다.

문종이 죽자 환관들은 새로운 황제에게 전에 이성미를 태자로 삼게 했던 사람들을 모두 죽일 것을 종용했다. 또한 그동안 문종에게 총애를 받았던 악공과 내시들까지 관직을 깎거나 죽이는 일을 계속했다. 자기들을 주살하려 했던 문종은 죽었고, 새로운 황제는 자기들이 세웠으니 세상이 온통 제 것이라 여겼던 것이다.

하지만 새로 황제가 된 무종 이염은 침착하고 강인하며 결단력이 있는 사람이었다. 또한 기쁘거나 화나거나 감정을 얼굴에 드러내지 않았다. 사실 살아생전 문종은 이염을 다른 왕들보다 훨씬 우대했었다.

간의대부 배이직이 무종에게 아뢰었다.

"폐하께서 대통을 이으셨으니 슬퍼하고 그리워하는 것을 마음으로 삼아 속히 상례를 시행하시어 천하를 위로해야 합니다. 그러나 선황이 돌아가신 지 며칠도 되지 않아 돌아가신 황제의 가까운 신하들을 누차 죽임으로써 온 나라의 눈과 귀를 놀라게 하고 돌아가신 황제의 신령을 다치게 하니 사람들이 마음으로 어찌 우러러보겠습니까!"

배이직은 환관들이 죽이라고 한 사람들일지라도 법에 의거하여 죄를 다룰 것이지 환관의 말대로 해서는 안 된다고 주장했다. 환관들이 원했던 무소불위의 권력은 그들이 옹립한 황제에 의하여 막다른 골목이 되어가고 있었다.

환관 구사량이 가진 권력 유지 방법

환관은 제왕 가까이에 있는 심부름꾼으로, 책임감이나 권력
이 주어지지 않는다. 또 이들에게는 본래 어떤 의견이나 견해를
낼 수 있는 자격도 없다. 하지만 막강한 권력을 행사하는 제왕
곁에 항상 붙어 있는 자리다 보니 이를 이용하여 분수에 넘치는
권력을 행사하는 경우가 많았다.

중국 역사에서 환관들이 득세하여 권력을 휘두른 시기는 한
나라 말기와 당나라 말기를 들 수 있다. 특히 당나라 말기의 환
관들은 군사를 지휘할 수 있는 자리까지 올라가 자기들 마음대
로 황제를 골라 세우기까지 했다.

이러한 비극적 역사는 문종에서부터 비롯되었다. 문종은 환관
의 발호를 제압하기 위해 이들을 몰살하는 계획을 세웠다가 도
리어 환관에게 덜미를 잡히면서 그나마 유지되던 황제의 권위
마저 빼앗겨 버리고 말았다.

이후부터 정치 권력은 온통 환관들의 차지가 되었고 문종은
죽을 때까지 환관의 손아귀에서 벗어나지 못했다.

문종은 죽음에 임박하여 당직학사 주지와 이야기를 나누었는데, 그 내용이 《자치통감》에 실려 있다.

문종이 주지에게 물었다.

"그대가 보기에 나는 어떤 군주인가?"

"요순(堯舜) 같은 주군이십니다."

"요순은 무슨 당치도 않소. 짐은 스스로 나라를 망친 주나라의 난왕이나 한나라의 헌제와 같을 것이오."

문종의 대답을 들은 주지는 깜짝 놀라며 왜 그렇게 생각하는지 물었다.

"난왕과 헌제는 그래도 강력한 제후에게 통제를 받았지. 나는 지금 집안의 노복에게 통제를 받고 있지 아니한가."

문종은 울면서 대답했는데, 그가 흘린 눈물이 옷깃을 적셨다. 이후로 문종은 조회에 나오지 않았다.

이처럼 황제를 울린 환관의 우두머리는 구사량이었다. 하지만 황제를 이긴 그도 세월은 이길 수가 없어서, 나이가 들자 궁궐에서 물러나야 했다.

그가 사택으로 돌아가는 길에 환관들이 나와 호송했다. 구사량은 자기를 따르던 환관들에게 권력과 총애를 굳건히 하는 방법을 알려주었다.

"천자를 한가하게 두어서는 안 된다. 사치스럽고 화려한 것을 가지고 항상 눈과 귀가 즐겁게 만들어 매일 새로워지고 매달 성대하게 해 드려야 한다. 그래야 다른 일에 관심을 둘 겨를이 없고, 그런 후에 우리는 뜻을 얻을 수 있다. 삼가 황제 폐하로 하여금 글을 읽거나 유생을 가까이하는 일을 못 하도록 해야 한다. 이전 시대의 흥망을 보고 배우며 마음으로 걱정하고 두려운 것을 알게 되면 천자는 우리를 멀리하고 배척한다.”

이 말은 환관의 입장에서 보면 금과옥조지만 황제의 입장에서 보면 망국으로 향하는 방책이다.

248
중흥의 군주 선종의 공주 교육

당시대 64 (844년~849년)

당나라는 안록산과 사사명의 난이 일어난 이후 여러 가지로
어려움을 겪었다. 환관이 득세했고, 당쟁이 나타났으며, 지방의
절도사는 기회만 있으면 독립하고자 조정의 말을 듣지 않았다.
이런 상태가 100여 년간 지속되는 시점에 무종이 죽고 선종이
즉위했다.

선종 이침은 헌종의 열세 번째 아들로, 문종에게는 삼촌뻘이
되는 사람이다. 그의 어머니는 헌종 때 반란을 일으킨 이기의
첩 정씨였는데 헌종이 그녀를 받아들여 이침을 낳았다. 이침의
원래 이름은 이이인데 나중에 이침으로 고쳤다.

이런 이유로 이이는 황제의 아들이기는 했으나 당나라 종실
에서 대우를 받을 수 없는 처지였다. 이이는 문종 시절에도 스
스로 자신을 숨기고 그저 무리들과 어울리며 시간을 보내고 있
었다.

한번은 문종이 종실의 자식들이 거주하는 십육택에 행차하여
잔치를 열었는데, 말을 잘 하지 않는 이이에게 친히 말을 걸며 함

께 장난하고 웃음거리로 삼는 일이 있었다. 이처럼 그는 황위에 오를 가능성이 전혀 없었던 사람이었는데, 무종이 위독해지면서 환관들에 의해 황제로 옹립되었다. 환관들은 그를 황제로 옹립한 공으로 권력을 요구할 것이므로, 선종은 처음부터 환관들의 손아귀를 벗어나기 어려운 상태에서 황제가 되었던 것이다.

하지만 황제가 된 선종은 서서히 정치를 바로잡아 나가기 시작했다. 가뭄이 들자 고기를 줄이고, 음악을 철폐했으며, 궁녀를 내보내고, 사냥매를 풀어 주었다. 그뿐만 아니라 건물을 새로 짓거나 수리하는 것을 멈추게 하고, 죄수들에게 온정을 베풀었다.

선종은 사랑하는 딸에게도 엄격하게 대했다. 선종이 아끼던 딸 만수 공주가 기거랑 정호에게 시집가게 되었는데, 유사는 만수 공주가 타고 갈 수레를 은장거로 준비하도록 했다. 선종은 이것이 사치라고 지적하면서 규정에 정해진 대로 동장거를 사용하게 했다. 선종은 시집가는 딸에게 당부했다.

"신하와 서민이 법을 지키는 것과 같이 부인의 예절을 행하고, 지아버의 일족을 가볍게 여기지 말아라. 또한 세상일에는 관여하지 말아야 할 것이다. 만약 이를 어긴다면 태평 공주나 안락 공주처럼 비운을 맞게 될 것이니 명심하고 또 명심하여라."

태평 공주는 무측천의 딸이고, 안락 공주는 무측천의 손녀인데, 둘 다 정치에 간여하다가 비참하게 죽었다. 선종은 자신의 딸에게 이러한 예를 들며 크게 경고한 것이다.

만수 공주가 시집간 지 얼마 되지 않아 시동생인 정의가 위급한 병에 걸렸다. 선종은 사람을 보내 병문안하게 했는데, 그가 돌아오자 만수 공주에 대해 물었다. 그런데 공주는 때마침 자은사에서 열린 놀이에 구경을 가고 없었다. 병문안 갔던 사람이 있는 그대로 보고하자 선종은 화를 내며 탄식했다.

"사대부의 집안이 나의 집안과 혼인하려 들지 않는 것을 이상하다고 여겼는데, 그들이 그러는 데는 진실로 까닭이 있었구나!"

선종은 만수 공주를 급히 불러오라고 명한 뒤, 그녀가 도착하자 계단 아래에 세워 둔 채 쳐다보지도 않았다. 겁에 질린 공주가 눈물을 흘리며 사죄하자, 선종은 그제야 나무라며 말했다.

"어찌 시동생이 병이 났는데 가서 살피지 않고 놀이를 구경하는가!"

선종은 곧바로 만수 공주를 정씨 집으로 돌려보냈다.

이 일이 있고 나서 황족과 고관대작들은 모두 황제를 두려워하며 철저히 예법을 지켰다. 이러한 분위기는 차츰 당 왕조의 분위기를 바꿔 나갔다. 그리하여 선종 시대를 '대중 연간의 치세'로 칭찬하여 부른다. 선종은 집안 단속을 철저히 함으로써 정국을 안정시켰다. 수신 제가하여 치국 평천하한 좋은 예를 만든 것이다.

唐時代

당 선종~소선제 시기

850년부터 당나라가 망하는 907년까지 58년 동안의 역사는《자치통감》권249부터 권265까지의 열일곱 권에 실려 있다. 이 시기의 황제는 선종 이침, 의종 이최, 희종 이현, 소종 이협, 애종 또는 애제·소선제라 불린 당나라의 마지막 황제 이축에 이른다.

선종은 무종이 죽은 후 환관들이 쉽게 통제할 수 있는 사람으로 여겨 황제로 옹립한 사람이었지만 막상 등극한 후에는 당쟁을 종식시키고, 토번을 복속시켰으며, 황하를 수복하는 등 13년 동안 정치를 안정시킴으로써 당나라 최후의 유능한 황제로 평가되고 있다.

선종의 아들인 의종도 환관에 의해 황제로 옹립되었다. 그는 아버지의 업적을 잇기보다는 사치스러운 생활로 국고를 탕진하고 백성에게 세금을 무겁게 거둬 당나라를 망국의 길로 인도하였다. 의종의 뒤를 이어 12세의 희종이 황위에 오르자 지방에서는 절도사들이 세력을 확장했으며 반란이 빈번하게 일어나 왕선지, 황소 등이 군사를 일으켰다.

희종이 죽자 환관들은 희종의 동생 이협을 옹립했다. 사방에서 반란을 진압한다는 명목으로 절도사들이 우후죽순 군사를 일으켰고, 일부 환관 세력들은 소종 이협을 퇴위시키고 황태자 이유를 즉위시켰지만 또 다른 환관 세력이 소종을 복위시키는 등 당나라의 정치는 혼란의 도가니 속으로 빠져들었다.

결국 당나라 말기에 황소의 난을 평정하고 화북 제일의 실력자가 된 주전충이 환관들을 살해하고, 소종도 죽인 후 소선제를 세우고, 907년 소선제로부터 선양받아 양(梁) 왕조를 세운다. 이로써 당 왕조는 공식적으로 막을 내린다.

249
황제 외숙의 범법을 처리한 관리

당나라 역사에서 선종은 '작은 태종'으로 불리는 중흥의 군주
다. 그는 장안이 제대로 다스려지지 않자 위오를 불러 장안의
모든 행정과 치안을 책임지는 경조윤으로 삼았다.

위오는 주지가 재상이 되었을 때 권력을 갖지 말라고 충고했
던 사람이다. 그는 여러 주의 풍물과 좋고 나쁜 것을 조사하여
《처분어(處分語)》라는 책을 편집하기도 했다.

선종은 강직하면서도 박식한 위오를 경조윤으로 삼아 장안의
질서를 바로잡고자 했다. 위오가 경조윤의 업무를 파악하자 장
안의 권력자들은 모두 손을 거두고 뒤로 물러났다. 위오가 누구
에게도 불법을 용납하지 않았기 때문이다.

그런데 정광의 장리가 몇 해 동안 방자하게 굴며 조세를 내지
않은 일이 있었다. 장리는 정광의 장원을 관리하는 일을 했는데,
정광이 선종의 외숙이라는 점을 빙자하여 그곳에서 내야 할 조
세를 계속 포탈해 온 것이다.

선종은 어머니 정 태후를 아침저녁으로 봉양하며 극진히 섬

겼고, 외숙인 정광도 특별히 대우하여 평로·하중절도사를 거치게 했다.

하지만 정광은 정사를 논하면서 천박하게 말했으므로, 선종은 그를 우우림통군으로 삼아 봉조청하게 했다. 형식적인 관직만 주고 며칠에 한번씩 조회에만 나오게 했던 것이다. 선종의 입장에서는 외숙인 정광의 무능함을 알고 있었지만, 집안의 어른이므로 함부로 건드리기가 어려운 처지였다.

그런데 경조윤 위오는 조세를 내지 않았다는 이유로 정광의 휘하에서 전장을 관리하는 장리를 붙잡아 형틀에 묶었다. 그런데 장리는 실무 책임자일 뿐 실제로 조세를 내지 않은 것은 정광이었으니, 이 사건은 황제인 선종에게 보고되었다.

사건의 전말을 보고 받은 선종이 위오에게 물었다.

"경은 그것을 어떻게 처리하겠소?"

"법대로 처리할 것입니다."

"정광이 그를 매우 아끼는데, 어찌하는가?"

황제의 외숙인 정광이 아끼는 장리인데, 법대로 처리하는 것이 가능하겠느냐는 황제의 질문이었다. 위오가 대답했다.

"폐하께서 신을 채용하여 경조윤으로 삼은 것은 장안의 폐해를 깨끗이 하려는 것이었습니다. 만약 정광의 장리가 여러 해 동안 세금을 내지 않은 큰 죄를 무겁게 묻지 않고 너그럽게 용서해 준다면, 이것은 폐하의 법이 가난한 자들에게만 행해지는 것이 됩니다. 하여 신은 감히 조서를 받들지 못하겠나이다."

"경의 말은 온당히 맞는 말이오. 허나 외숙인 정광이 나를 잡고 늘어지니 형벌은 내릴지언정 사형은 면해 주면 안 되겠소?"

선종이 사정했지만, 위오는 단호하게 대답했다.

"신은 감히 폐하의 조서를 받들지 않을 수 없사옵니다. 바라옵건대 신이 또 그를 체포하도록 허락하시고 증거가 충분하기를 기다려 마침내 그를 풀어 주게 하소서."

황제의 명을 받아 정광의 장리를 풀어 주더라도 또 그를 체포할 것이고, 증거가 충분할 때라야 그를 풀어 주겠다는 말이었으니 위오는 끝까지 법대로 처리하겠다는 주장이었다. 선종은 위오에게 사과하며 말했다.

"경이 분명히 옳소. 짐은 정광을 위하여 정당한 법의 집행을 고의로 막은 것을 매우 부끄럽게 여기는 바요."

관청으로 돌아간 위오는 정광의 장리에게 곤장을 치고, 조세를 조사하여 수백 곡을 징수한 후, 정광이 이를 완납하자 장리를 돌려보냈다.

부하 장수의 공을 가로챈 장군

당 왕조를 중흥한 군주로 불리던 선종이 죽고 그의 장남 이최가 황위에 오르니, 이 사람이 당나라의 17대 황제 의종이다. 그는 천성이 어리석었으므로 환관들이 정사를 좌우했고, 지방 관들은 제대로 된 정치를 하지 못함으로써 사방에서 반란이 일어났다. 이족인 만족(蠻族)들도 당 조정에 반기를 들었다.

이 문제를 해결하기 위해 당나라 조정에서는 당대의 명장으로 이름난 강승훈을 영남서도절도사로 삼았다. 그는 어려서부터 아버지를 따라 정벌하는 일에 종사하며 북부 지역에서 많은 전공을 세웠고, 이미 선종 시절에 의무절도사에 이르렀던 사람이다.

강승훈이 부임지인 옹주에 도착했는데, 만족의 노략질은 더 심해졌다. 조정에서는 그에게 힘을 실어 주기 위해 동북 지역에 있는 8도에서 병사를 징발하여 그에게 주도록 했다. 이처럼 조정에서는 강승훈에게 전폭적인 지원을 했으나, 어찌된 일인지 강승훈은 척후병조차 두지 않는 안일한 태도를 취했다.

한편 남조에 근거지를 둔 여러 만족들은 노략질을 하기 위해 6만 명에 가까운 사람들을 이끌고 옹주의 경계 지역으로 다가서고 있었다. 이 소식을 듣고 마음이 급해진 강승훈은 조정의 명령으로 오는 지원병 가운데 6도의 병사 1만 명을 만족이 있는 곳으로 파견하여 막게 했다.

하지만 미리 대비해 두지 않았던 탓에 만족을 맞아 싸운 5도의 병사 8천 명이 죽고, 오직 하루 늦게 도착한 천평군의 병사만 위기를 면했다. 조정의 막강한 지원을 받았음에도 실패한 강승훈은 두려운 마음에 어찌할 바를 알지 못했다.

절도부사 이행소가 무리를 인솔하고 해자와 목책을 만들어 방어 태세를 만드는 동안 만족의 군대는 강승훈의 군대를 완전히 포위했다. 이처럼 포위망에 갇힌 상태에서 나흘 동안 공격도구를 만든 부하 장수들은 성 밖으로 나가 공격하게 해 달라고 절도사 강승훈에게 요청했다.

강승훈은 처음에는 부하 장수들의 요청을 허락하지 않았다. 하지만 계속 적의 포위망에 갇혀 있을 수도 없는 일이었다. 거기에 천평에서 구원병으로 온 소교가 간곡하게 나가 싸우게 해 달라고 간청하니, 강승훈은 그제야 못이기는 척 허락했다.

천평의 소교는 밤이 되기를 기다렸다가 용맹한 병사 300명과 함께 밧줄을 타고 성을 나갔다. 그들은 흩어져서 성을 포위하고 있는 만족의 병영을 불사르고 5백여 명의 목을 베었다. 만족들은 크게 놀라 포위를 풀고 달아났다.

강승훈은 수천 명의 군사를 파견하여 그들을 뒤쫓도록 했는데, 이들은 골짜기에 살던 요족의 안내를 받으며 그들을 쫓아갔다. 이때 죽인 오랑캐는 겨우 300급 정도였는데, 그들은 만족이 아니라 당나라의 협박에 못이겨 만족을 쫓던 요족들이었다.

이윽고 강승훈이 만적을 대파했다고 보고하니, 조정에서는 그에게 검교우복야를 내리고, 안팎에서 모두 축하를 아끼지 않았다. 강승훈은 만족을 퇴치하는 데 공을 세운 사람으로 자기 자식과 측근을 추천하여 상을 받게 했다.

하지만 정작 목숨을 걸고 성을 나가 만족의 병영을 토벌한 천평의 소교는 한 계급도 승진하지 못했다. 전투를 승리로 이끈 소교의 공을 강승훈이 가로채 버린 것이다.

이처럼 지휘관이 되어 다른 사람의 공을 가로챘을 뿐만 아니라 올바른 보고도 하지 않은 강승훈의 처사에 대해 원망하고 화내는 소리가 군대 안을 넘어 거리로 흘러나갔다. 선종이 심혈을 기울여 재정비한 질서가 서서히 무너지면서 당나라는 이제 망국의 길로 접어들게 되었다.

251
나라를 망친 황제의 모습

안사의 난 이후 이어진 절도사들의 발호를 잠재우며 당나라를 중흥시키고자 노력했던 선종은 도인이 만들었다는 약을 먹고 병이 들어 갑자기 죽었다. 생전에 선종은 똑똑한 셋째 아들 기왕 이자를 후사로 세우려 했지만, 그가 장남이 아닌 관계로 결정을 미루다가 죽고 말았다.

선종은 자신의 병이 깊어지자 추밀사 왕귀장과 마공유·선휘남원사 왕거방에게 위촉하여 이자를 후계자로 세우도록 해 두었다. 그런데 좌군부사 기원실과 환관 왕종실은 선종의 고명을 받은 신하를 제압한 뒤 황제의 조서를 고치고 아버지에게 쫓겨나 궁궐 밖에 살고 있던 운왕 이온을 데려다 황제로 옹립했으니, 이 사람이 바로 의종이다. 이온은 선종이 어리석다고 내쳤던 장남인데, 후에 이름을 이최로 바꿨다.

의종은 아버지 선종이 판단했던 것처럼 정치에는 관심이 없었다. 음악에 남다른 재주가 있었던 그는 그저 잔치를 열고 술과 여색을 즐기며 나날을 보냈다. 그러니 조정의 정치적 기능은 제대로 작동하지 않았고, 당나라는 점점 혼란 속으로 빠져들어 갔다.

이때 베트남 하노이 지역에 있는 안남에서 방훈이 군사를 일으켰다. 그는 원래 안남을 정복하고 수비하기 위해 양자강 유역에서 차출된 사람이었다. 이처럼 고향을 떠나 먼 곳으로 차출되는 사람에게는 3년을 근무한 후 교대해 준다는 약속을 해 준다. 그런데 방훈은 무려 6년이나 안남에서 근무했는데, 조정에서는 교대해 줄 생각을 하지 않았다.

그러자 안남에 파견된 병사들이 군사를 일으켰고, 방훈은 얼떨결에 반란군의 대장이 되었다. 걷잡을 수 없는 세력으로 늘어난 그들은 고향인 장강 유역으로 치고 올라왔는데 이들을 제압하기 위해 동원된 관군은 제대로 된 대응조차 하지 못했다. 당나라 조정에서는 1년 2개월 동안 이들을 제압하느라 시간과 물자를 소모해야 했다.

이후 당나라는 다시 분열의 길로 치달았고, 50여 년이 지난 후 당 왕조는 명목조차 없어지게 된다. 당 왕조를 바로세우고자 했던 선종의 노력은 한순간에 수포로 돌아가고, 무능한 의종이 등극하면서 멸망의 길을 걷게 된 것이다.

의종이 유일하게 한 일은 연회를 여는 것이었다. 정치는 환관들의 손에서 놀아나고 온 나라에는 사치와 부패가 들끓었으니 보다 못한 지덕현령 진반수가 상소를 올렸다. 방훈의 반란을 막기 위해 엄청나게 소요되고 있는 군사 비용을 막을 방법이 있다고 한 것이다. 흥미를 느낀 의종이 진반수를 불러 방법을 묻자, 그가 대답했다.

"변함 일가를 깨뜨리게 해 주시면 2년분의 군사비용을 부담할 수 있을 것입니다."

변함만 처리하면 군비의 반을 해결할 수 있다는 말에 의종이 물었다.

"변함이 누구인가?"

"폐하께서 아끼시는 재상 노암이 관리하는 사람입니다."

진반수는 나라를 어지럽히는 재상 노암과 변함을 처벌해야 한다고 주장했지만, 의종은 오히려 진반수를 베트남으로 귀양 보냈다.

황제가 바뀜으로써
운명이 바뀐 사람들

당나라 17대 황제인 의종 이최는 14년 동안 황위에 있다가 41
세의 나이로 죽었다. 당시에 권력을 쥐고 있던 환관 유행심과
한문약은 의종이 병이 들어 다시 일어날 수 없게 되자 의종의
다섯 번째 아들인 이엄을 태자로 세웠고, 이최가 죽은 다음 태
자의 이름을 이현으로 바꾸며 황위에 올렸다.

이때 희종 이현의 나이는 겨우 13세였으니 스스로 정치를 할
처지가 아니었고, 그를 황제로 세운 사람들이 계속 권력을 쥐고
있었으므로 사실상 의종 때와 달라진 것이 없었다. 그런데도 불
구하고 이처럼 서로 별 볼일 없는 황제가 교체되는 시기에도 몰
락하는 사람은 생겨났다.

이에 해당하는 첫 번째 인물은 재상 위보형이었다. 그는 우습
유였을 때 의종의 딸인 동창 공주에게 장가를 들었는데, 이 딸
을 매우 아낀 의종으로부터 많은 예물을 받았다. 기록을 보면
동창 공주가 시집갈 때 궁중에 있던 진기한 장난감을 보냈고,
광화리에 집을 하사했는데 모든 창호를 잡다한 보물로 장식하

고 난간과 약절구, 술궤짝 등은 금은으로 장식했다고 한다. 또한 금실로 짜서 만든 키와 광주리에 5백만 민 등을 하사했으니 그야말로 초호화판 예단이었던 것이다.

동창 공주를 아내로 맞아들인 위보형은 승승장구하여 재상에 이르렀지만 공주의 아버지인 의종이 죽자 위보형에게 원한을 가지고 있던 사람에 의해 관청에 고발당했다. 위보형의 집에서 은밀하게 황제를 저주하는 음사가 이루어졌다는 내용이었다.

이 때문에 위보형은 재상에서 쫓겨나 자사가 되었고, 다시 벼슬이 깎여 징매현령이 되었다가 얼마 안 있어 자진하라는 명령을 받았다.

황제가 바뀌면서 운명이 바뀐 두 번째 인물은 의종의 총애를 받던 악공 이가급이다. 의종은 이가급의 아들이 장가들 때 은으로 만든 술항아리 두 개를 하사했는데 그 안에는 술이 아닌 귀한 물건들로 가득 채워져 있었다. 이가급은 황제에게 받은 선물을 싣고 가기 위해 관아의 수레를 빌려야 했다.

이를 본 서문계현이 말했다.

"어느 날 이 물건들은 다시 관아의 수레에 실려 관부로 돌아올 것이니, 물건을 실어 나르는 소만 헛된 수고를 하는구나."

어느 날이란 의종이 죽거나 또는 의종의 마음이 변할 때를 가리킨다. 지금은 황제의 총애를 받아 분에 넘치는 선물을 받지만, 그 마음이 떠날 때 받게 될 비극적인 결말을 예견한 말이었다.

이가급은 의종이 죽은 후 영남 지방으로 유배되었고, 그 집안은 적몰되었으니 서문계현의 말은 제대로 들어맞았다.

의종이 죽으면서 운명이 바뀐 세 번째 인물은 재상 노암이다. 노암은 정치에 관심이 없는 의종을 대신하여 정사를 처리했는데, 사치하고 부패하여 온갖 뇌물을 받으며 권세를 부렸다. 하지만 그 역시도 의종이 죽으면서 관작이 삭탈되고 유배에 처해졌다가 자진하라는 명령을 받았으며, 그의 집안도 적몰되었다. 세상은 항상 변화하고 있다는 가장 기본적인 이치를 알지 못했던 탓이다.

253

고도의 심리전으로
도적을 몰아낸 최안잠

당시대 69 (877년~880년)

당나라 희종 시기에 황소의 난이 일어나 전국을 휩쓸었다. 관리들은 지위 고하를 막론하고 부패하여 뇌물이 횡행했으니 먹고 살기 힘든 백성들은 도적이 되어 살길을 찾는 수밖에 없었다. 이런 이유로 전국 각지에는 도적이 들끓었다.

당나라 조정에서는 이들을 다스리기 위해 엄형 제도를 실시했다. 도적질하던 사람을 붙잡기만 하면 엄벌에 처함으로써 도적질을 금하게 하려는 것이었다.

이러한 시기에 최안잠은 서천절도사로 부임하게 되었다. 이 지역은 그동안 남조와의 끊임없는 다툼으로 치안이 제대로 유지되지 못하던 곳이었다. 백성들은 새로운 절도사가 부임한다는 소식에도 냉소적인 태도를 보였다. 보나마나 또 도적을 잡는다고 야단법석을 떨 것이니 고단할 일만 남았다고 생각한 것이었다.

그런데 새로 부임한 절도사 최안잠은 관부에 도착한 후 도적에 대해서는 하나도 묻지 않았다. 사람들이 이상하게 생각하자 최안잠이 말했다.

"도적이 횡행한다는 것은 백성들이 도적들과 왕래할 뿐만 아니라 그들을 감추어 준다는 것을 뜻하는 것이다. 백성들이 도적을 감싸주지 않는다면 이처럼 도적이 횡행할 수 없다.

그러니 지금 당장 도적을 잡아서 철저하게 조사한다면 그에 연좌된 사람이 많을 것이고, 이를 전부 벌하려 한다면 번거롭고 시끄럽기만 할 것이다."

최안잠은 자신이 직접 나서서 도적을 잡지는 않겠다는 것이었다.

다음날 최안잠은 창고에 있는 돈 1,500민을 꺼내어 성도시의 큰 시장 세 곳에 나누어 비치하고 방을 붙였다.

"도적 한 사람을 잡으면 상금으로 500민을 줄 것이다. 또 도적 중 한 사람이 무리를 고발하면, 고발자는 죄를 사면하고 보통 사람과 마찬가지로 상금을 줄 것이다."

얼마 지나지 않아 한 사람이 도적을 잡아왔다. 그런데 잡혀 온 도적은 자기를 잡아 온 사람도 같이 도적질했다고 항의하며 말했다.

"우리는 17년 동안 함께 도적질을 했는데, 어찌하여 한 사람은 상을 받고 다른 한 사람은 벌을 받아야 합니까? 죽이려면 저 사람과 나를 같이 죽이시오."

최안잠이 그에게 말했다.

"너는 이미 내가 광고한 것을 알고 있지 않은가? 그렇다면 어찌하여 너를 잡아 온 사람을 체포해 오지 않았는가? 만약 그랬다면 저 사람이 죽어야 하고, 너는 상을 받았을 것이다. 하지만 네가 이미 먼저 고발되었으니 죽는다 하더라도 무슨 억울함을 따지겠는가?"

최안잠은 잡혀 온 도적이 보는 앞에서 잡아 온 고발자 도적에게 상금을 주었다. 그리고는 잡혀 온 도적을 사람들이 많이 모이는 시장 거리에서 찢어 죽이고, 그의 집안을 멸망시켰다.

이 소식이 전해자지 도적들은 서로가 서로를 믿을 수 없게 되었다. 더 이상 서천절도사 최안잠의 관내에서는 발붙일 곳이 없다고 생각한 그들은 다른 지방으로 도망쳤다.

이처럼 고도의 심리전을 통해 최안잠은 관내의 도적을 모두 몰아내는 데 성공했다.

피난지의 충신에서
역적이 된 곽기의 사정

당시대 70 (880년~882년)

희종이 황제로 즉위하던 해, 복주 지역의 소금 장수인 왕선지는 수천 명의 농민을 선동하여 봉기했다. 얼마 뒤에는 원구 지역의 소금 장수인 황소도 농민 군사를 일으켰다. 왕선지와 황소의 농민군은 서로 연합하여 산동과 하남 일대의 관군들과 싸웠는데, 이 과정에서 왕선지가 전사했다. 왕선지를 따르던 농민군은 황소의 세력 밑으로 들어가 재편되었고, 황소는 관군의 힘이 미약한 곳을 골라 남쪽으로 내려갔다.

황소가 60만 대군을 거느리고 동관을 점령하자, 희종은 환관 전령자와 함께 촉 지역의 성도로 도망쳤다. 얼마나 급박한 상황이었는지, 황제가 피난하는데도 장안에 있던 관리나 황실 사람들은 이 일을 알지 못했다. 황소는 장안의 대명궁에서 황제로 즉위하여 대제를 세웠다.

환관 전령자는 촉으로 도망한 뒤에도 여전히 권력을 휘둘렀다. 그는 자기가 데려온 군사들과 원래 촉 지역에 있던 군대를 차별하여 원성을 샀다. 희종이 성도로 도망 온 후 전령자가 그곳에 있던 군사들에게 상으로 내린 것은 3민뿐이었다. 반면 황제가 그곳에 있다 하여 사방에서 들어오는 금과 비단 같은 공물은 자기가 데리고 온 군사들에게 나눠 주었다. 그러니 촉의 군사들은 희종과 전령자를 원망하지 않을 수 없었던 것이다.

어느 날 전령자는 군대의 지휘관인 도두들에게 연회를 베풀었다. 금으로 된 잔으로 술을 돌린 후 그 금술잔을 거기에 참석한 도두에게 나눠 주니 모두가 기뻐하며 이를 받았다.

그런데 서천의 황두군사 곽기는 홀로 이 금술잔을 받지 않고 일어나 말했다.

"장안에서 온 군사들은 받는 것이 충분하니, 촉의 군사들에게도 그들과 똑같이 나눠 주십시오."

전령자의 우대를 받고 있던 곽기가 반기를 든 것이다.

"곽기는 어떤 자인가?"

당황한 전령자가 물으니 옆의 사람들이 대답했다.

"그는 산동 출신으로 당항이나 거란을 맞아 많은 전쟁을 치른 사람입니다. 전투를 치르다 옆구리를 다쳐 창자가 밖으로 흘러나올 때도 이를 꿰매고 용감하게 싸웠습니다."

이 말을 들은 전령자는 별도의 술통에서 술을 따라서 곽기에게 내렸다. 별도의 술통은 사전에 미리 독을 넣어 두었다가 만약의 경우 사용하려고 준비해 둔 것이다. 곽기는 전령자가 내리는 술이 독주임을 알았지만 두 번 절한 후 이를 받아 마셨다.

집으로 돌아온 곽기는 비녀 한 사람을 죽여 그 피를 마시고 해독하여 검은 즙 몇 되를 토한 뒤 다시 살아났다. 그리고는 부하를 인솔하여 마을과 시장에 불을 지르고 노략질하며 난을 일으켰다.

전령자는 성문을 닫아걸고 누각에 올라 군사들에게 그를 치라고 명령했다. 군사를 이끌고 자기 군영으로 돌아온 곽기는 진압군에게 포위되었지만 밤중에 포위망을 뚫고 나와 광도로 도망쳤다.

곽기가 도망하여 강 언덕에 이르렀을 때 그를 따르는 사람은 하급관리 한 사람뿐이었다. 곽기는 끝까지 자기를 따라온 부하에게 인수와 검을 풀러 주면서 말했다.

"내가 너에게 보답할 길이 없구나. 가서 그들에게 이 인수와 검을 바치며 이렇게 말하거라.

'도망친 곽기가 강을 건널 때 제가 그를 칼로 치니, 그가 강물에 떨어져 소용돌이를 따라 아래로 흘러 내려갔습니다. 여기 그의 인수와 검이 있습니다.'

이렇게 말하면 너는 상을 받을 것이다."

이 일이 있은 후에도 희종은 여전히 나라의 일을 논의하는 데 조정의 대신들을 제쳐 놓고 환관들과 논의했다. 좌습유 맹소도가 상소문을 올렸다.

"곽기는 목숨을 걸고 폐하를 쫓아왔는데 환관들이 그를 역적으로 만들었습니다. 부디 폐하께서는 목숨을 걸고 쫓아온 조정의 신하들과 나라의 일을 의논하소서."

맹소도의 상소문을 받은 이는 황제 희종이 아니라 환관 전령자였다. 그는 이것을 희종에게 보이지도 않은 채 맹사도를 벽지로 좌천시켰다.

당나라가 멸망하는 데는 여러 가지 이유가 있었다. 하지만 그 중에서도 최고의 권력자인 황제가 무능했다는 것과 환관이 이를 이용하여 전권을 쥐었다는 두 가지가 가장 큰 이유라고 할 수 있을 것이다.

신선을 광신한 어리석은 고병

황소의 난이 일어났을 때 강남 지역에서 가장 큰 군사 세력을 가진 사람은 고병이었다. 황소를 토벌하는 일에 참여하여 한번의 승리를 거둔 후, 고병은 지원군인 산동 지역의 관군들을 물러나게 했다. 그들과 함께 황소를 토벌한다면 나중에 공을 나누어야 한다는 생각 때문이었다.

하지만 사정은 고병의 생각대로 진행되지 않았다. 산동 지역의 지원군이 물러가자 잠시 물러났던 황소가 다시금 고병을 공격한 것이다. 고병은 황소를 물리치고자 하는 당 왕조의 바람은 안중에도 없이 자기의 이익만 생각하다가 황소를 토벌할 수 있는 절호의 기회를 놓치고 말았다.

사실 고병은 독자적인 정권을 창출하려는 것이 아니었기 때문에 당 왕조의 깃발 아래 있어야 자신의 세력을 유지할 수 있는 상황이었다. 그럼에도 불구하고 당 왕조에 비협조적이었으니 자연히 당 왕조와도 틈이 벌어지게 되었다.

평소에 신선(神仙)을 좋아했던 고병은 방사 여용지를 만나게 되었다. 방사란 신선의 술법을 수련하는 사람을 말한다. 여용지는 고병에게 다른 방사들을 소개하며 가까이 지내게 했는데, 방사 제갈은이 고병에게 말했다.

"옥황상제의 명을 받아 고병 장군을 도우러 왔습니다."

제갈은에게는 풍저라는 피부병이 있었다. 피부가 가려워 긁으면 진물이 나는 병이었기 때문에 항상 그에게서는 비릿한 피고름의 냄새가 풍겼다. 평소 조카도 가까이 두지 않을 만큼 까다로운 성품을 지닌 고병이었으므로 제갈은을 옆에 두려면 속을 뒤집는 역겨움을 참아야만 했다.

"제갈은은 옥황상제가 나를 시험하기 위해 보낸 사람이다."

고병은 옥황상제의 시험에 통과해야 한다고 믿었으므로 역한 냄새를 풍기는 제갈은을 옆에 두는 것을 수용했다. 그만큼 그는 신선술의 광신도였다.

여용지는 고병이 거느리는 군부의 정치를 모두 처리하며, 자기 마음대로 사람을 채용하고 정책을 추진했다. 그러는 한편으로는 고병에게 갖가지 어리석은 일들을 시켰다.

"장군과 반목하는 세력이 밤중에 침투할 것입니다. 그러니 장군께서는 여자 옷을 입고 다른 방에 숨어 계십시오. 제가 장군의 옷을 입고, 장군의 방에 누워 있겠습니다."

밤이 되자 여용지는 그릇을 내던지며 요란한 소리를 내고 마당에 피를 뿌려 자객과 격투를 벌인 것처럼 꾸몄다.

이런 일이 있을 때마다 고병은 여용지를 자신의 목숨을 살려 준 은인으로 극진히 대접했다.

고병의 조카 고우는 여용지의 죄상을 쓴 20폭 비단을 바치며 눈물로 호소했다.

"여용지는 안으로는 신선의 말씀을 빌어 삼촌의 눈과 귀를 가로막고, 밖으로는 삼촌의 권력을 도둑질하여 백성들을 해치고 있습니다. 사람들은 죽음이 두려워 감히 아뢰지 못하고 있으니, 지금 그를 제거하지 않으면 고씨의 아름다운 공로와 공훈이 하루아침에 허물어질 것이 걱정입니다."

고병은 온 마음을 다하여 눈물로 충고하는 조카에게 퉁명스러운 한 마디만 남겼다.

"너 지금 술에 취한 거냐?"

고병은 고우를 밖으로 내쫓고 여용지에게 고우가 쓴 글을 보여주었다. 여용지는 고우가 돈을 달라고 했는데 자신이 그것을 거절했더니 보복으로 쓴 것이라며 고우를 천박한 사람으로 몰고 갔다. 여용지를 믿은 고병은 고우를 지방으로 좌천시켰다.

이처럼 잘못된 믿음은 사람의 눈과 귀를 가릴 뿐만 아니라 생각마저 병들게 한다.

256
제왕이 될 사람의 자질

시대가 영웅을 낳는다는 말이 있다. 질서가 유지되는 안정된 시기에는 기득권 세력이 결집되어 있기 때문에 새로운 인물이나 세력의 등장이 원천적으로 가로막힌다. 하지만 혼란한 시대에서는 강자가 득세하고 약자는 보호받지 못하는 무법천지가 되어 질서가 무너진다.

그러나 능력을 갖춘 사람이라면 이런 상황에서 언제든 자신의 능력을 발휘할 수 있는 기회를 만나게 된다.

당나라 말기는 황제의 권위가 전혀 존재하지 않는 시기였다. 따라서 각 지역의 군권을 갖고 있는 사람 중에서 능력이 출중한 인물은 자신이 통치하는 지역을 넘어 전국적인 영향력을 행사할 수 있었다. 그 중에서도 조정의 관직을 갖고 있는 사람이라면 더욱 유리하게 중앙으로 진출할 수 있었다.

광주자사 왕서도 혼란한 시대를 틈타 군사를 일으켰다. 그가 자신을 따르는 사람들을 이끌고 장주에 도착해 보니, 앞으로 나아갈 길은 험하고 양식은 적었다.

이에 왕서는 군대에 명령을 내렸다.

"지금부터는 늙거나 약한 사람은 데리고 갈 수 없다. 이를 어기는 사람은 참수할 것이니 명령을 철저히 준수하라."

하지만 왕조 형제는 어머니 동씨를 부축하여 험한 길로 군사들을 쫓아갔다. 왕서가 그 모습을 보고 왕조 형제를 나무랐다.

"군대에는 모두가 지켜야 하는 법이 있다. 법이 없는 군대는 존재하지 않는데, 내가 명령을 위반한 너희를 죽이지 않는다면 이는 법이 없는 것이다."

하지만 왕조 형제는 자기들의 뜻을 꺾지 않았다.

"모든 사람은 자기를 낳아 주신 어머니가 있습니다. 어머니가 없는 사람은 존재하지 않는데, 저희가 어머니를 모시지 않는다면 어찌 사람이라 하겠습니까?"

사람의 도리가 우선이냐 군법이 우선이냐의 문제를 두고 왕서와 왕조 형제는 대립하고 있었다. 왕조 형제가 근본이 안 된 사람이 무슨 쓸모가 있겠느냐며 반문하자 왕서는 그들에게 벌을 내리지 못했다.

왕서는 지휘관으로서 내린 명령을 지키기 위해 왕조의 어머니를 참수하라고 명령했다. 왕조 형제는 완강히 거부했다.

"장군께서는 어머니를 죽인 자식을 어디에 쓰시겠습니까?"

이때 군영에서 천기를 보는 사람이 왕서에게 말했다.

"장군의 부대에 제왕의 기운을 가진 사람이 있습니다."

이 말을 들은 왕서는 마음이 불안해졌다. 자기가 아닌 다른 사람이 제왕의 기운을 갖고 있다고 생각한 것이다. 왕서는 부하들 가운데 용기가 있거나 지략을 가진 사람을 찾아내어 죽이기 시작했다. 왕서의 매부인 유행전도 죽임을 당했다.

이와 같은 왕서의 만행을 본 무리들은 모두 두려움에 떨었다. 언제 위태로운 일이 닥칠지 모를 일이었기 때문이다.

왕조는 무리의 선봉장에게 왕서를 제거할 것을 설득했다. 그를 제거하지 않으면 군사 전체가 몰살당할 지경이었기 때문이었다. 결국 그들은 왕서를 붙잡아 끌고 다니며 망신을 주었다.

왕조는 왕서를 붙잡아 조리돌린 무리의 선봉장을 새로운 지도자로 추대했다. 하지만 그는 오히려 왕조를 지도자로 추천하며 말했다.

"우리가 절단나지 않은 것은 모두 왕조의 힘이다. 하늘이 그를 주군으로 삼는데 감히 누가 그보다 앞서겠는가?"

선봉장과 왕조는 서로 미루기를 여러 번 하다가 마침내 왕조를 장군으로 삼았다. 왕서가 이 광경을 보고 한탄했다.

"이 사람은 내 그물 안에 있었는데도 죽일 수 없었으니 어찌 하늘의 뜻이 아니겠는가."

새로운 지도자가 된 왕조는 군사를 이끌고 광주로 돌아가기로 결정했다. 왕조는 부하들에게 광주로 가는 동안 지나는 곳을 조금이라도 침범하지 않도록 당부했다. 이 때문에 주변에서 모두 그의 뒤를 따르니 왕조의 세력은 점점 더 커져 나갔다. 힘없는 사람은 사람답게 사는 것을 가장 가치 있는 일로 여기기 때문이다. 이들에 의해서 승패가 결정되기 때문에 아무리 어려운 상황일지라도 지킬 것은 지키는 사람이 승리한다는 것을 보여주는 예이다.

257
살리는 사람과 죽이는 사람

　황소의 난이 일어난 후 당나라는 더할 나위 없는 혼란 속으로 빠져들었다. 황제는 이러한 혼란을 바로잡을 능력이 없었고, 각 지역은 군사를 가지고 있는 세력이 다스리고 있었으니 각지에서 사람을 소나 돼지처럼 사고파는 일마저 벌어졌다. 먹고 살길을 찾지 못한 사람들은 서로를 잡아먹기도 했다.

　이런 상황에서도 재건의 노력을 펼친 사람들이 있었는데 장전의도 그 중 한 사람이었다.

　장전의는 황소의 난 때 그들에게 붙잡혀 포로가 되었고, 황소가 죽은 후 그의 근거지에서 활동하게 되었다. 황소가 가장 오래 머문 곳은 낙양이었는데, 이곳의 피해가 가장 심했다. 황소가 물러간 다음에도 낙양에는 진종권이나 손유 같은 사람들이 들어와 잔인하고 포악하게 백성들을 괴롭혔으므로, 그들이 돌아간 후 그곳에 남은 것은 무너진 담장들뿐이었다.

　손유가 떠난 뒤 장전의가 낙양에 이르렀는데, 그곳의 상황은 차마 눈 뜨고 볼 수 없을 만큼 참혹한 지경이었다. 사람들의 흰 뼈가 땅을 덮고 있었고, 저 멀리에는 가시밭만 무성했다. 그곳에 남아 있는 백성들은 100호가 되지 않았는데, 사방의 들판에는 밭을 가는 사람이 없었다.

장전의의 휘하에는 겨우 100여 명 밖에 남지 않은 상황이었다. 장전의는 이들과 함께 낙양의 중주성을 지켰다. 또한 휘하에서 18명을 뽑아 둔장으로 임명하고 그들에게 깃발 하나와 공문서 하나를 주며 18개 현의 옛 터전으로 나가게 했다.

18명의 둔장들은 임지로 부임하여 깃발을 세운 뒤 공문서를 펼쳐 들고 흩어진 백성들을 불러 모았다. 그리고 그들을 위로하며 다시금 나무와 곡식을 심어 가꾸도록 설득했다.

장전의는 죄를 지은 사람을 벌할 때 오직 살인자만 죽이고 나머지는 곤장으로 다스렸다. 엄격한 형벌과 조세를 없애니 백성들이 너도나도 낙양으로 돌아왔다. 또한 장정을 선발하여 전투와 진 치는 방법을 가르친 후 그들로 하여금 노략질하는 도둑을 방어하도록 만들었다.

몇 년 후 도성의 마을들은 옛날의 제도를 회복했고, 여러 현의 호구도 거의 다 회복되었다. 들판에 뽕밭과 삼밭이 울창하니 노는 땅이 없었다. 병사도 충원되어 큰 현에는 7천여 명에 이르렀고, 작은 현에도 2천 명을 넘었다. 장전의는 각 현에 현령과 보좌를 두어 세심하게 다스리도록 주문을 올렸다.

장전의가 모든 일을 밝게 살피니 사람들은 그를 속일 수 없었다. 그가 정치하는 것은 관대하고 간결했으며, 시찰을 나갔을 때 밭둑에 난 아름다운 것을 보면 번번이 말에서 내려 관료 및 보좌들과 함께 둘러보고 밭 주인을 불러 술과 음식으로 노고를 치하했다. 또한 누에치기와 보리 농사를 잘하는 사람이 있으면 몸소 그 집에 가서 노인부터 어린아이까지 모두 불러 나오게 한 뒤 차와 채색 비단으로 된 의복을 상으로 내렸다. 백성들은 그를 칭송해 마지않았다.

"장공께서는 음악이나 기생을 좋아하지 않으시나 보다. 그런 것을 보아도 웃지 않으신다. 장공께서는 좋은 보리와 훌륭한 누에고치를 좋아하신다. 그것들을 보아야만 웃으신다."

장전의는 밭을 가지고 있으면서 농사짓지 않고 황무지로 방치하는 사람들을 적발하여 곤장을 때렸다. 그들이 일할 사람과 소가 부족하다고 호소하면 그의 이웃 사람들을 불러 나무랐다.

"저 사람이 일할 사람과 소가 부족하다는데, 어찌하여 도와주지 않는가!"

추상 같은 호령에 무리들이 머리를 조아려 사죄하면 장전의는 그들을 풀어 주었으니, 이웃 사이에 있고 없고 간에 서로를 도와주지 않을 수 없었다. 그러므로 모든 호구가 살림이 풍족해지고 저축을 하게 되어 흉년에도 굶지 않고 부유함을 누리게 되었다.

장유유서로 군신유의를 가르친
평로절도사 왕사범

당나라 말기는 지역의 군사력을 갖고 있는 사람들이 조정에 들어와 서로 경쟁하던 시대였다. 그들은 조정에서 내리는 명령을 거절하는 사례가 많았는데, 산동 지역이 특히 심했다. 그 가운데 하나가 산동성 청주에 처소를 두고 있는 평로군이었다.

889년 소종이 즉위한 해에 평로절도사 왕경무가 죽자 평로군에서는 그의 아들 왕사범을 후임 절도사로 세웠다. 원래는 조정에서 절도사를 임명해야 했으나 독립적인 권력을 행사하던 절도사들은 자신의 직위를 세습하는 관례를 누리고 있었다. 평로군에서는 왕사범을 유후로 삼아 절도사의 업무를 대행하게 했는데, 이때 그의 나이는 겨우 15세였다.

그런데 평로 군진에 소속된 체주자사 장섬이 왕사범을 절도사로 세우는 일에 반내하며 따르지 않았다. 이는 왕사범의 입장에서는 반역이지만 당 조정의 입장에서는 평로절도사를 임명할 수 있는 좋은 기회였다. 조정에서는 태자의 스승인 최안잠을 발탁하여 시중의 직함과 함께 평로절도사로 임명했다.

이리하여 평로군에는 왕경무의 직책을 세습한 왕사범과 조정에서 임명한 최안잠 두 명의 절도사가 양립하게 되었다. 평로절도사를 세습한 15세의 왕사범은 노련한 최안잠과 장섬이 연합한 세력을 마주해야 하는 위기를 맞이하게 된 것이다.

왕사범은 먼저 자신을 배신하고 조정 편에 선 장섬을 없애기로 마음먹고, 평로도지휘사인 노홍을 파견하여 장섬을 치게 했다. 그런데 노홍도 창부리를 돌려 왕사범을 공격해 왔으므로 설상가상의 위기를 맞이하게 되었다.

왕사범은 자신을 공격하는 노홍에게 재물을 내린 뒤, 그를 환영하며 말했다.

"저는 어리고 어리석어 절도사의 중대한 임무를 감당할 수 없습니다. 바라건대 제가 이 자리를 피하여 머리와 목을 보전할 수 있도록 어짊을 베푸소서."

노홍은 이 말을 믿고 아무런 방비도 하지 않았다. 왕사범이 겁 많은 어린아이일 뿐이라고 생각한 것이다. 그렇게 노홍을 안심시킨 왕사범은 비밀리에 소교 유심을 불러 말했다.

"그대가 노홍을 죽인다면 나는 그대를 대장으로 삼겠소."

유심과 사전모의를 한 왕사범은 무장한 병사들을 매복시키고, 노홍을 초청하여 향흥을 베풀다가 죽여 버렸다. 그 후 후한 상을 걸고 체주를 공격하여 장섬을 베어 버렸다. 이를 본 최안잠은 도망쳤다.

왕사범은 약속한 대로 유심을 마보부도지휘사로 임명하여 평로군의 군사를 지휘하게 했다. 조정에서도 15세의 유후를 감당하지 못하고 왕사범을 평로절도사로 임명했다.

절도사가 된 왕사범은 자기가 어리다는 것을 내세우며 온화하고 공손하게 행동했다. 자기 관할에 있는 현령들이 절도사의 관부에 오면 번번이 의식과 호위병을 갖추고 가서 그들에게 절했고, 절을 받을 수 없다고 만류하는 현령에게도 왕사범은 억지로라도 자신의 절을 받게 했다.

이를 본 막료들이 절도사가 현령에게 절하는 것은 예법에 맞지 않는다고 간언하자, 왕사범이 그들에게 말했다.

"내가 이들을 공경하는 것은 자손들로 하여금 근본을 잊지 않도록 가르치기 위한 것이오!"

왕사범은 아버지가 임명했던 나이 많은 현령들을 스스로 공경해 보임으로써 근본을 가르치려 한 것이다. 현령들이 장유유서의 근본을 안다면, 상관에게 복종해야 하는 군신유의의 근본도 깨닫게 되리라고 생각한 것이다. 15세의 절도사가 노회한 부하들을 다루는 방법은 고정관념을 깨는 신선한 것이면서도 누구나 쉽게 납득할 수 있는 명료한 것이었다.

259
난세에 핀 꽃들

당시대 75 (892년~894년)

당나라 말기 소종 대에 이르면 장안은 무장 세력들의 각축장이 된다. 이들 지방 세력은 황제를 무시한 채 장안의 세력을 잡기 위해 온갖 혼란을 야기한다.

하지만 모든 지방 세력이 그런 것은 아니었다. 일부 지방의 권력자들은 자기가 통치하는 지역을 위해서 탁월한 정치력을 발휘했다. 그 중 한 사람이 서천절도사 왕건이다.

하지만 왕건이 처음부터 지방의 정치에 관심을 두었던 것은 아니다. 팽주를 포위하여 공격할 때만 해도 왕건은 중앙으로의 진출을 꿈꾸고 있었다. 그리하여 오랫동안 전투를 치르게 되었는데, 전쟁으로 피폐해진 백성들은 산골짜기로 숨어들어 갔고 병사들은 전쟁보다 백성들을 괴롭히고 약탈하는 일에 더 몰두했다. 부대의 우두머리인 도장이 먼저 약탈품 중에서 마음에 드는 것을 골라 가면, 병사들이 나머지를 나누어 가졌다. 이러한 상황이다 보니 군대는 도적에 다름이 아니었으므로 사람들은 이들이 자행하는 노략질을 '도로(淘虜)'라고 불렀다.

이때 그에게 나타난 사람이 왕선성이다. 그는 본래 서생이었으나 전쟁 통에 병사가 된 사람이다. 그는 극도로 혼란해진 주변의 양상을 보며 한탄하고 또 한탄했다. 아무리 시대가 혼란하더라도 사람이 거기에 휩쓸리면 안 된다고 생각한 그는 왕건 군영에 속한 왕종간을 찾아갔다. 그가 가장 현명한 장수라고 생각되었기 때문이다.

"아침에 나간 병사들이 도로하다가 저녁에 들어온다면, 방비가 없는 틈을 타고 안에서 위험한 일이 벌어질 수 있습니다."

왕종간이 이 말을 듣고 놀라자, 왕선성은 그로 하여금 왕건이 승리할 수 있는 방안을 올리게 했다.

"우선은 산속으로 숨어들어간 백성들이 안심하고 돌아올 수 있는 요건을 만들어야 합니다. 병사들로 하여금 도로를 금하게 하여 그들이 안심하고 산에서 내려올 마음을 먹도록 하는 것입니다.

또 그들이 마을로 내려오면 먹고 쉴 곳을 만들어 주고, 현명한 사람을 뽑아 다스리게 해야 할 것입니다. 그러한 다음에 백성들이 본래 자기가 가지고 있었던 일에 복귀하도록 유도해야 합니다. 이것이 정치의 근본입니다."

이 말을 전해 들은 왕건은 그대로 실천했다. 병사들에게 도로를 금한다는 군령을 내리니 감히 이를 위반하는 자가 없었다. 도로가 금지된 사흘째 되는 날, 백성들이 산속에서 앞다투어 내려왔으므로, 왕건은 그들을 수용할 장소를 더 넓혀야만 했다.

사람들이 많아지자 장사하는 곳이 생겼고, 더 이상 촌락을 약탈하는 도적이 없다는 사실을 확인한 백성들은 안심하고 원래의 생업으로 돌아갔다. 한 달여가 지나자 이들에게 먹을 것과 잠잘 곳을 주던 수용소가 텅 비게 되었다. 왕건이 다스리는 사천 지역에 평화가 찾아온 것이다. 이처럼 왕건이 다진 기반을 바탕으로 나중에 사천 지역에는 촉(蜀)나라가 건국된다.

회하 지역을 다스리던 양행밀도 북쪽에서 날뛰는 군사 세력이 회하 이남으로 내려오지 못하도록 강력하게 방어하면서 회하의 남부 지역을 평화스럽게 다스렸다. 이 지역은 전쟁의 후유증으로 지역의 사민(士民)들이 이리저리 흩어지는 바람에 황폐해져 있었다.

그러나 절도사로 부임한 양행밀이 뛰어난 정치력으로 떠도는 유민들을 불러 모아 위로하고 요역을 경감하며 부렴을 줄여 주니 몇 년 지나지 않아 모두 제자리를 찾고 부유해져 태평성세의 옛 모습을 거의 회복했다. 후에 그가 통치하던 회화 지역에는 오나라가 건설된다.

포악하고 탐욕스러운 통치자가 다스리는 곳에서는 전쟁의 피비린내 속에서 굶주린 이들이 사람을 잡아먹고 있었지만, 현명한 지방관을 만난 곳에서는 풍족한 삶과 문화가 꽃피고 있었던 것이다.

허황된 꿈을 실현하다가 망한 동창

시대가 혼란하면 자신의 능력을 알지 못한 채 허황된 꿈을 꾸
는 사람이 더러 있다. 당나라 말기에 살았던 동창도 그런 사람
이었다. 그는 절강 지역에서 일어난 군사 반란을 자기가 모은
사람들로 성공적으로 진압하면서 이를 바탕으로 승승장구하여
마침내 그 지역의 절도사가 되었다.

동창은 항주를 근거로 세력을 넓혀 나갔는데 속으로는 황제
가 되려는 마음을 먹고 있었다. 하지만 아무리 혼란한 시대라
하더라도 스스로 황제가 되는 것은 쉬운 일이 아니다. 주변 세
력들을 방어할 수 있는 막강한 군사력을 갖춘 후라야 비로소 생
각이나마 해 볼 수 있는 일이었다.

그런데 동창은 아직 그런 힘을 갖추지 못했으면서도 굳이 황
제가 되기를 고집했다. 이에 절도부사가 충고하여 말했다.

"밭도랑과 밭이랑이 있는 곳에서 일어난 후 조정의 두터운 은
혜를 받아 지위가 장상에 이르고 부귀가 극에 달했는데, 어찌하
여 하루 사이에 홀연히 가족이 몰살당할 계책을 세우려 하시는

겁니까!"

동창은 건국을 반대하는 절도부사와 그의 일가족 80명을 죽여 같은 구덩이에 묻었다.

그러자 이번에는 회계현령 오료가 반대하여 나섰다.

"대왕께서는 진정한 제후의 자리를 자손들에게 전해 주려 하지 않고, 오히려 가짜 천자가 되어 멸망하는 길을 가려 하고 계십니다!"

동창은 오료와 그의 일족도 모두 다 죽였다.

하지만 그에게 반대하는 사람은 또 나타났다. 산음현령 장손이었다.

"천자를 칭하는 것은 천하의 웃음거리가 될 뿐입니다!"

동창은 장손과 그의 일족도 다 죽였다.

"나에게 반대하는 세 사람이 없어졌으니, 이제 남은 사람 중에 나를 거스르는 자는 없을 것이다!"

동창은 곤룡포와 면류관을 착용한 뒤 성문 누각에 올라 황제의 즉위식을 거행했다.

"과인이 황위에 오르는 것은 하늘의 뜻으로, 여러 가지 상서로운 물건들을 내려 보내셨으니 모두 이것을 보고 즐기도록 하라."

동창은 진귀한 물건들을 정원에 진열하여 사람들로 하여금 보게 했다. 그리고 부하들에게 자신을 '성인(聖人)'으로 부를 것을 명하며 관직을 주고, 주변의 군사 세력에게 자신이 나평국(羅平國)의 황제에 즉위했음을 천명하게 했다.

동창은 주변의 군사 세력 중에서 가장 강력한 세력을 가지고 있는 전류에게 도지휘사의 관직을 내렸다. 이 소식을 들은 전류가 동창에게 편지를 보냈다.

"문을 닫고 천자가 되어 구족과 백성을 모두 도탄에 빠지게 하는 것과 문을 열고 절도사가 되어 죽을 때까지 부귀를 누리는 것이 어찌 같을 수가 있겠소? 지금이라도 잘못을 뉘우친다면 모든 것을 되돌릴 수 있을 것이오."

전류는 동창에게 당나라 조정에서 하사한 절도사로 만족할 것이지 감히 천자를 칭하면 안 된다는 충고를 하고 있었다.

하지만 동창이 이 말을 들을 리 만무했다. 전류가 군사 3만 명을 거느리고 동창이 있는 월주의 성 아래 도착하자, 동창은 비로소 두려움을 느꼈다. 그는 전류의 군사를 위로한다는 명목으로 돈 2백만 민을 보내고, 자기가 의지했던 무당 몇 명을 붙잡아 전류에게 보냈다. 그들이 모의하여 황제가 되었다는 누명을 씌우며 책임을 전가한 것이다.

패권을 다투는 지방의 군사 세력들은 서로를 공격할 구실을 찾기에도 눈이 빠질 지경이었는데, 동창은 오히려 공격받을 구실을 만들었으니 오래 갈 수 없었다. 전류의 공격을 받은 동창은 항복했지만 결국 스스로 목숨을 끊어야만 했다.

261
황제가 앉아야 하는 가시방석

당나라 19대 황제인 소종 이엽은 환관에 의해 옹립되었다. 이처럼 환관에 의해 옹립된 황제는 아무런 힘이 없는 경우가 대부분이었는데, 소종 역시 그러했다. 더욱이 당시의 세상은 환관과 절도사의 권력 다툼으로 나라가 온통 혼란했으니, 그 와중에 소종은 한건이 절도사로 있는 화주로 피난 가는 신세가 되었다.

한건은 황제가 일단 자기 관할로 들어오자 득의만만해졌다. 그는 황제를 압박하며 목왕·제왕·소왕·통왕·팽왕·한왕·의왕·진왕 등이 자기를 죽이려 한다고 말했다. 이들은 모두 황족으로 대종이나 문종, 숙종의 자제들이었으므로 당연히 군사력을 가질 수 있는 권한이 있었다. 한건은 이들을 제거함으로써 황실의 힘을 약화시키려 한 것이다.

소종은 한건을 불러 설득하려 했지만, 그는 아프다는 핑계를 대며 들어오지 않았다. 위기를 느낀 소종은 여러 왕들에게 명하여 한건에게 가서 그를 죽일 의사가 없음을 밝히라고 했다. 황제의 명을 받은 왕들이 한건에게 가서 자신을 변호했지만 한건의 입장은 조금도 변하지 않았다.

한건은 오히려 소종을 더욱 압박했다. 그는 군사력을 동원하여 소종이 묵고 있는 행궁을 포위한 뒤 상소문을 올렸다.

"여러 왕들이 스스로 의심받을 일을 하지 말아야 할 것입니다. 폐하께서는 여러 왕들이 갖고 있는 군사의 해산을 명하셔야 합니다."

소종은 어쩔 수 없이 조서를 내려 여러 왕들이 거느리는 군사를 해산하여 고향으로 돌려보내고, 제후왕들은 가택으로 돌아가도록 했다. 또한 이들에게 소속되어 있던 무장 병사들은 모두 한건에게 위임하여 거두도록 했다.

한건은 여기에 만족하지 않고 이번에는 황제를 호위하는 전후사군을 해산하라고 요구했다. 전후사군은 후방에서 황제를 호위하는 군대인데, 무력을 지닌 이들이 황제 가까이에 있으면 오히려 위험하다는 이유에서였다. 스스로를 지킬 힘이 없어 한건에게 피난 와 있는 소종은 또다시 그의 말을 따를 수밖에 없었다.

이균은 소종이 장안에서 일어난 위기를 피해 화주로 몽진할 때 황제를 호위하며 큰 공을 세웠던 사람이다. 한건은 황제에게 충성하는 그를 살려 두면 안 되겠다고 생각하고, 소종에게 주문을 올려 그를 죽일 것을 요구했다.

소종은 자기를 지켜 주는 이균을 대운교에서 참수하라고 명했으니, 한건의 요구에 따라 자신의 팔다리가 되어주는 세력 모두를 스스로 끊어 버린 것이었다.

이때 연왕 이계비가 진양에서 돌아오자, 한건은 이를 기회로 여러 왕들이 반란을 모의하고 있다면서 소종에게 이들을 모두 죽이라고 요구했다. 제후왕들의 군대를 빼앗고, 가택에 연금하는 것으로도 모자라 이제는 죽이라는 것이었다. 소종은 도저히 그것만은 이행할 수 없어 망설였다.

한건은 지추밀 유계술과 모의하여 소종의 조서를 위조하고 군대를 발동시켰다. 그들이 제후왕들이 연금되어 있는 16가택을 포위하니, 여러 왕들은 머리를 풀어헤치고 담장을 기어올라 지붕에 이른 후 큰 소리로 울부짖었다.

"황제 폐하! 저희들을 구해 주십시오!"

하지만 소종은 아무도 구하지 못했다. 한건은 통·기·목·제·소·팽·한·진·담·연·단 11명의 왕을 에워싸서 석제곡으로 몰아넣고 모두 살해했다. 그리고는 소종에게 이들이 반역을 모의하여 주살했다고 보고했다.

천자라 불리는 황제의 자리에 있었지만 소종은 자기의 형제와 자식들이 죽는 것을 막을 수가 없었다. 그에게 황위는 영광스러운 자리가 아니라 불행을 가져오는 가시방석이었다.

당나라 말기에 황제를 둘러싼 환관들의 전횡이 극에 달하자, 이들을 제거하려는 움직임이 일어났다. 소종과 재상 최윤은 비밀리에 환관을 전부 주살할 것을 모의하고 먼저 송도필과 경무수를 죽였다. 환관들은 황제가 언제 자기의 목을 겨냥해 올지 몰라 두려워하기 시작했다.

그런 와중에 소종은 피난을 가야 하는 신세가 되었다. 자기의 처지에 대한 분노와 한탄으로 정서가 불안해진 소종은 술을 가까이 하게 되었고, 이로써 기쁨과 노여움이 일정치 않게 되었다. 환관들은 더욱 두려움에 떨었다. 황제가 언제 자신들의 목을 베라는 명령을 내릴지 전혀 예측할 수 없는 상황이 된 것이다.

이때 금군을 책임지는 환관 유계술이 제안했다.

"주상께서는 경박하고 과다하게 변덕스러워 우리를 속이는 일이 많으니 받드는 일이 어렵다. 이제 우리의 말은 듣지도 않으시고 관료들만 가까이 하시니 결국은 그 화가 우리에게 미칠 것이다. 그러니 우리는 태자를 받들어 황제로 세우고 주상을 높여 태상황으로 밀어내자. 이것이 무력으로 여러 번진을 통제하는 것보다 나으니, 누가 감히 우리를 해칠 수 있겠는가?"

유계술은 환관들이 힘을 합해 소종을 내쫓고 태자를 황제로 세우자고 선동했다.

그날도 사냥을 나갔다가 술에 취하여 돌아온 소종이 환관과 시녀 몇 명을 죽였다. 이 때문에 다음날 궁궐 문이 열리지 못하자 환관들은 금군을 거느리고 궁궐로 들어가 재상 최윤을 협박했다.

"주상께서 하신 일이 이와 같은데, 어찌 천하를 다스릴 수 있겠습니까? 어리석은 사람을 폐위시키고 현명한 사람을 천자로 세우는 것은 옛날부터 있었던 일입니다. 이는 사직을 위하는 마음에서 비롯되는 것이지, 반란을 도모하는 것이 아닙니다."

금군을 거느린 환관의 협박을 받은 최윤은 그들이 시키는 대로 하지 않으면 목숨을 잃을 것이 두려워 황제를 바꾸는 절차를 진행했다. 환관들은 무장한 병사 1천 명을 문 밖에 매복시켜 놓고 황제의 처소로 들어갔다.

이를 본 소종은 너무 놀라 평상 아래로 굴러 떨어졌다. 소종이 급히 일어나 도망가려다가 환관 유계술에게 붙잡히자 황후가 다급히 달려와 유계술에게 애원했다.

"폐하를 놀라게 하지 마시오. 무슨 일이든 그대들과 상의할 것이오."

황제와 황후가 백기 투항했으니 환관들은 마음대로 세상을 유린할 수 있게 되었다. 그들은 소종 부부를 연에 태워 소양원으로 보냈다. 이들을 따라간 사람은 겨우 10여 명에 불과했다.

소양원에 이르자 유계술은 은과로 땅에 그림을 그리면서 소종의 죄 10가지를 열거했다. 그리고는 직접 소양원의 문을 잠근 뒤 철을 녹여 문틈을 땜질하고, 담장에 구멍을 뚫어 음식을 공급하게 했다. 하지만 무기와 의료기기는 반입되지 않았고, 소종은 요구한 비단이나 종이, 붓도 받지 못했다. 혹한의 날씨에도 옷과 이불이 없어 비빈과 공주들의 처절한 울음소리가 담 밖으로 흘러나왔다.

유계술은 금군으로 하여금 소양원을 포위하고 감시하게 했다. 소양원에 갇힌 소종의 일거수일투족은 유계술에게 즉각 보고되었다. 환관들은 황제의 조서를 위조한 후 태자를 모시고 궁궐로 들어왔다.

하지만 얼마 되지 않아 유계술 일당은 주전충 세력에 의해 축출되고, 소종은 다시 황제의 자리를 되찾았다. 그렇다 한들 힘없는 황제가 힘 있는 자들의 권력 놀음에 이리저리 자리를 옮겨 다니는 것뿐이었으니 이것이 대체 무슨 소용이 있단 말인가.

후당을 세운 사타족 사람들

당나라 말기 서돌궐 계통의 사타족 출신인 이극용은 황소의 난을 계기로 중국에 들어와 세력을 형성하고 주전충과 겨루었다. 주전충은 당나라를 무너뜨리고 후량을 세웠는데, 그의 아들이 후량을 이어받았을 때 이극용의 아들은 후량을 무너뜨리고 후당을 세웠으니 이처럼 대를 이은 경쟁의 승리자는 이극용 부자라고 할 수 있다.

외국인이 중국에 들어와 세력을 펼치는 데는 많은 어려움이 따르게 마련이다. 그때마다 이극용을 돕는 사람들이 곁에 있었는데, 아내인 유씨 부인도 마찬가지였다.

한번은 이극용의 군대가 주전충의 세력 중심지로 깊숙이 들어갔다. 중국을 지배하려면 동부 지역을 먼저 차지해야 하기 때문이었는데, 그곳에는 이미 주전충의 세력이 자리잡고 있었다. 본거지를 떠나온 이극용의 군대는 주전충의 군대에 연달아 패배하고 말았다.

이런 상황에서 이극용의 부하 장수들은 분열되었다. 어떤 사람은 두 번 다시 이 지역으로 들어오기 힘든 만큼 상황이 어려워도 최선을 다해 버티자고 주장하는 반면, 다른 사람은 본거지로 돌아가 힘을 키운 다음 기회를 엿보자고 주장했다.

모두가 갑론을박 자신의 주장을 내세우는데, 이극용도 마땅한 결론을 내리기가 어려웠다. 이때 유씨 부인이 나섰다.

"모두들 역사가 가르치는 원대함을 배우세요. 우리는 황소의 난을 이용하여 중국에 들어왔습니다. 그리고 지금은 중원으로 진출할 수 있는 기회지요. 절대로 이 기회를 놓쳐서는 안 될 것입니다."

유씨 부인의 말에 힘을 얻은 이극용의 군사들은 지난날의 패배를 떨치고 다시 전열을 가다듬고 주전충을 맞아 싸우기로 결의했다. 이극용은 자칫 군사를 잃고 중국에서도 밀려날 수 있는 위기에서 부인의 내조를 받았다.

이극용이 주전충과 대치한 지 수 년이 흘렀다. 전시이기는 했으나 전투는 하지 않는 지지부진한 상황이 길게 이어진 것이다. 이극용은 부하들에게 답답한 마음을 토로했다.

"양식을 비축하지 못했는데 무엇으로 군사를 모으겠는가? 무기와 갑옷을 갖추지 못했는데 무엇으로 적을 이기겠는가? 성곽과 해자를 보수하지 못했는데 무엇으로 방어하겠는가? 지금의 상황에서 무엇이 이롭고 무엇이 해로운지 말해 보시오."

이때 문서를 관장하는 장서기 이습길이 의견을 말했다.

"나라의 부유함은 창고의 비축에 있지 않고, 군사의 강력함은 무리의 많음에서 비롯되지 않습니다. 사람들은 덕이 있는 사람에게 귀의하고, 귀신은 본래 가득찬 사람에게 해를 끼칩니다. 남의 것을 빼앗고 수탈하느니 차라리 도적과 같은 신하를 두는 것이 낫습니다. 가혹한 정치는 사나운 호랑이 같기 때문입니다."

이습길은 폭군인 주왕이 망하고 무왕이 성공한 일을 예로 들며 현재 주전충과 대결하고 있는 상황에 대해 설명했다.

"패업을 이룬 나라 가운데 빈곤한 군주는 없고 강력한 장수에게는 나약한 병사는 없습니다. 주군께서는 덕을 숭상하시고, 백성들을 사랑하시어 사치를 없애고 그들의 요역을 줄여 주십시오. 험한 곳의 경계를 강화하여 변경을 군건히 지키시고, 평소에 군사를 훈련시키며 농사에도 힘쓰셔야 합니다."

이습길은 더 나아가 사람을 뽑는 방법과 경제를 다스리는 법, 법을 집행하는 일에 이르기까지 길게 설명했다.

그의 말처럼 이민족 출신으로 중국에 들어와서 왕조를 건설하기까지의 일은 하루아침에 이루어지는 것이 아니다. 여러 사람이 머리를 맞대고 힘을 모아 꾸준히 한마음 한뜻을 발전시킨 결과로 이루어지는 일인 것이다.

당시대 80 (903년~904년)

당나라 말기에는 군사 세력끼리 서로를 속이며 죽이는 일이 빈번하게 벌어졌다. 그들은 중국의 남부 지역을 장악하기 위해 서로 치열하게 대립했는데, 양행밀이 가장 강력한 세력을 형성하면서 강남 지역의 독립적인 세력으로 남게 된다.

양행밀이 세력을 키워 가는 과정은 순탄치 않았다. 그의 처남 주연수는 양행밀 밑에서 봉국군절도사까지 이르렀는데, 양행밀이 자신을 업신여기며 모욕하자 배반을 감행했다. 주연수는 양행밀과 경쟁 관계에 있는 전군 주전충과 내통하면서 양행밀을 제거하려는 계획을 세웠다.

누구도 아닌 가장 곁에 있는 가족 중에서 자신을 배반하는 사람이 나왔으니, 양행밀로서는 절체절명의 위기가 아닐 수 없었다. 다행히도 미리 처남의 음모를 알아차릴 수 있게 되어 대비할 수 있었다.

하지만 주연수를 공격하는 계획을 세우는 것은 쉽지 않았다. 자신의 아내가 주연수의 누이였으므로, 자칫하면 그를 없애고자 하는 계획이 언제든지 누설될 수 있는 상황이었던 것이다.

양행밀은 아내를 속이기로 결심하고, 눈병을 핑계로 앞을 못 보는 것처럼 행동했다. 주연수가 보낸 사자 앞에서는 사물을 제대로 못 보는 것처럼 행동하면서 일부러 기둥에 부딪쳐 넘어지기도 했다.

양행밀이 아내에게 말했다.

"나는 눈이 멀었고 아이들은 어리니 군부의 일을 처남에게 맡길 수밖에 없구려."

양행밀의 아내는 이 말을 주연수에게 전했다.

양행밀은 주연수에게 사람을 보내어 자신의 후계자로 삼을 것이니 찾아오라고 말했다. 그리고는 믿을 수 있는 부하 서온을 불러 은밀한 명령을 내렸다.

"주연수가 오면 잡아 죽여라."

주연수가 양행밀의 부름에 응하기 위해 관사를 떠나려는데 그의 아내 왕씨 부인이 걱정스러운 얼굴로 말했다.

"지금 당신이 가는 것이 길한 일인지 흉한 일인지 알 수 없습니다. 바라건대 매일 한 사람씩 사람을 보내어 저를 안심시켜 주세요."

주연수가 도착하자 양행밀은 그를 방안으로 불러들였고, 미리 대기하고 있던 서온이 그를 죽였다.

왕씨 부인은 남편에게 부탁했던 사람이 도착하지 않자 사태의 심각성을 알아차렸다. 그녀는 남편의 부하들에게 무기를 나눠준 뒤 문을 닫고 굳건히 지키게 했다.

얼마 후 양행밀이 보낸 기병들이 들이닥쳐서 왕씨 부인을 체포하려 했다. 그녀는 집안사람들을 모두 불러모은 뒤 집안의 보물과 재화를 한 곳에 쌓게 하고 관사에 불을 지르라고 했다.

"하늘에 맹세컨대 나는 희고 밝은 내 몸을 원수들에게 욕보이지 않을 것이다!"

왕씨 부인은 울부짖으며 불에 뛰어들어 죽었다.

사실 주연수는 그다지 훌륭하거나 지혜로운 사람은 아니었다. 그는 엄하고 각박하며 만용 부리기를 좋아했다. 이렇게 결점이 많은 남편이었지만 왕씨 부인은 그가 죽고 나서 스스로 목숨을 버렸다. 남편을 위해서라기보다는 자기 자신의 신념을 위해서 절개를 지킨 것이다.

265
당나라의 마지막 황제 소선제

당시대 81 (904년~906년)

황소의 난을 평정하여 화북 제일의 세력가가 된 주전충은 당
나라를 무너뜨리고 새로운 나라를 세워 스스로 황제가 되고 싶
어 했다. 이를 위해서는 당나라 황제로부터 선양을 받아야 했으
므로, 나이 많은 소종을 제거하고 어리고 힘없는 황제를 세워야
했다.

주전충은 절도사 이무정에게 붙잡혀 봉상 지역에 머무르고
있는 소종을 장안으로 되돌아오게 했다. 장안의 권력은 이미 주
전충에게 있었지만, 나이 많은 소종이 여러 지역의 절도사들을
이용하며 당 왕조를 유지하려고 노력하고 있었기 때문에 주전
충으로서도 함부로 할 수 없는 상황이었다.

소종의 신변을 확보한 주전충은 누구를 황제로 내세울 것인
지를 먼저 생각했다. 자신에게 황제의 자리를 선양할 수 있는
사람을 황제로 세워야 했는데, 소종에게는 아들이 17명이나 있
었다.

소종의 장남은 덕왕 이유였는데, 주전충은 그가 마음에 들지

않았다. 나이도 제일 많거니와 수려한 외모를 지녀 똑똑해 보였기 때문이다. 주전충은 소종이 봉상으로 피난 갔을 때 유계술이 그를 황제로 세웠던 것을 내세우며 재상 최윤에게 이유를 제거하도록 압력을 가했다. 그리고는 소종을 데리고 서부 세력과 가까운 장안을 떠나 낙양으로 천도했다.

소종은 무력을 가진 사람들에게 이리저리 끌려 다니는 참담한 신세가 되었다. 앞일이 불안한 소종은 매일 황후와 마주앉아 술을 마시며 불운한 자신의 신세를 한탄했다. 이러한 소종의 일거수일투족은 추밀사 장현휘에 의해 주전충에게 보고되었다.

황제가 자신에게 불만을 품고 있다는 것을 확인한 주전충은 덕왕 이유를 죽이라고 명령했다. 이 사실을 알게 된 소종이 강력하게 항의하자 주전충은 불안해졌다. 아무리 허수아비 황제라지만, 소종이 언제 어떤 계책으로 자신을 무너뜨릴지 모른다고 생각했기 때문이다. 당시에는 주전충에 반대하는 세력이 도처에 존재했으며, 이들은 호시탐탐 주전충을 제거할 수 있는 기회를 엿보고 있었으므로 언제 황제와 결탁할지 모르는 상황이었다.

결국 주전충은 소종을 죽이기로 결심했다. 장현휘는 용무아관 사태를 비롯한 100명의 자객을 선발하여 밤중에 궁궐로 들어갔다. 술에 취해 있던 소종은 홑옷 차림으로 황급히 도망쳤지만, 사태가 그 뒤를 쫓아 칼을 휘둘렀다. 하지만 소종과 함께 술을 마시던 소의 이점영이 몸으로 황제를 덮어 가로막는 바람에 먼저 목숨을 잃었다. 그들은 살려 달라고 애원하는 하 황후는 불쌍히 여겨 풀어 주었다.

주전충은 소의 이점영과 배정일이 반역을 모의하고 소종을 시해했다고 발표하고 소종의 아홉 번째 아들인 휘왕 이조를 황태자로 세웠다. 그리고는 하 황후의 명을 빙자하여 소종의 영구 앞에서 태자를 황제로 즉위시키니, 이때 이조의 나이는 13세였다. 주전충은 소종의 아들 8명을 한날한시에 모두 죽여 연못에 집어넣었다.

당나라의 20대 황제이자 마지막 황제인 소선제는 즉위한 지 4년 만인 907년, 주전충에게 황위를 선양했다. 주전충은 양(梁)나라를 세우고 황위에 오르니, 역사에서는 주전충이 세운 양나라를 후량(後梁)이라 부른다. 이로써 당나라 시대가 막을 내리고 오대 십국시대가 시작된다.

오대 십국시대

자치통감 권266~자치통감 권294
908년~959년 (52년간)

五代 十國時代

오대 십국시대

908년부터 959년까지 52년 동안의 중국 역사는 오대 십국시대로 구분한다. 《자치통감》에서는 권266년부터 권294까지 스물아홉 권에 오대 십국의 역사를 기록하고 있다. 이 시기에 중원에서는 후량, 후당, 후진, 후한, 후주로 이어지는 다섯 왕조가 역사를 이어갔고, 지방에서도 독자적인 세력들이 오·남당·오월·민·형남·초·남한·전촉·후촉·북한 등의 10개국을 세웠다.

이때는 당나라 말 절도사 시대의 연장선상에 있던 시대로, 사방으로 분열된 왕조와 국가들이 점점 힘 있고 능력 있는 사람에게로 통합되어 가는 과정이었다고 할 수 있다. 중원을 분열로 내몬 당 왕조는 이를 다시 통합할 수 있는 능력이 없었으므로 멸망의 길을 걸었고, 다시 험한 길을 돌고 돌아 송(宋)으로 통합되기까지의 중간 역할을 한 시기였다고 할 것이다.

오대
후량시대

자치통감 권266~자치통감 권271
908년~922년 (15년간)

五代
後梁時代

오대 후량시대

    《자치통감》권266부터 권271까지의 여섯 권에는 오대 국가 중 하나인 후량의 역사가 기록되어 있다. 908년부터 922년까지 15년 간 존속했던 후량의 황제는 태조 주전충과 그의 아들 말제 주우규 두 사람이다.

    주전충은 당의 마지막 황제 소선제를 세우고 그로부터 선양을 받아 황위에 오른 후 국호를 양(梁)으로 정했다. 하지만 나라를 새 로 세웠다는 것 외에 주변 상황은 당나라 말기와 달라진 것이 없었 다. 서부 세력인 이극용의 진(晉)과는 계속해서 경쟁해야 했고, 다 른 지방 세력들도 이미 왕호를 가지고 독립적으로 존재하고 있었 기 때문에 이에 대한 견제도 필요했다.

    이때 왕건이 촉을 세웠고, 양행밀이 오를 세웠으며, 전류는 오월 국을, 왕심지는 민(閩)을, 마은이 초를, 유은이 남한을 건국했다.

오대 후량시대 1 (907년~908년)

755년에 일어난 안사의 난을 계기로 당 왕조의 절대 권력은 속절없이 무너졌다. 그동안 당나라의 군사 제도는 농민 중에서 군사를 뽑아 부병으로 삼는 부병제였다. 부병제는 농한기에 훈련을 시키고 경비를 맡기는 대신 조세를 면제해 주는 병농 일치 제도였는데, 황제권이 약화되어 더 이상 이를 유지할 수 없자 모병제로 바뀌었다.

모병제는 돈을 주고 병사를 모집하는 제도다. 따라서 군사 활동의 향방은 돈을 내는 사람을 따라 움직이게 되었다. 돈이 없는 황제는 군사를 모집할 수 있는 사람에게 관직을 주거나 독자적인 군사력을 가진 사람에게 관직을 하사하는 형식상의 황제권으로 군권을 장악할 수밖에 없었다.

황제는 군권을 가지는 절도사들을 임명하는 것만으로 이들을 통제할 수 없자 가장 신임하는 환관을 감군으로 삼았다. 환관들은 감군 제도를 이용하여 전국을 장악하려 했고, 군권을 가진 이들도 황제의 권위를 빌리기 위하여 이들과 타협했다. 이렇게 시작된 환관 감군들의 전횡이 나라를 망치고 있었다.

이와 같은 상황이 150년 동안 지속되었으니, 당나라의 황제는 점점 유명무실해지고, 독자적인 군사력을 가진 절도사들이 권력의 주인공으로 떠올랐다. 다만 그들은 일정한 지역 안에서만 권력을 행사할 수 있었으므로, 그 어느 누구도 쉽게 전국을 장악하지는 못했다.

도적에서 출발하여 황소의 반란 세력에 들어갔다가 당 왕조에 귀순한 후 절도사가 된 주전충은 인심을 잃을 대로 잃은 환관들을 다 죽이고 새로운 권력자로 부상했지만, 그 역시도 전국의 절도사를 모두 다 통제할 능력은 갖추지 못하고 있었다. 그때 주전충으로부터 공격받을 것을 두려워한 절도사 나소위가 주전충에게 아부하며 말했다.

"지금 사방에서 군사를 가진 자들이 왕을 걱정거리로 삼고 있습니다. 그들은 당 황실을 섬기는 것을 명분으로 삼고 있으니, 왕께서 하루빨리 당 황실을 없애어 이와 같은 자들의 희망을 끊으소서."

주전충은 선양을 받으라는 나소위의 말에 귀가 솔깃했다. 살아남고자 눈치를 보고 있던 소선제도 주전충에게 선양하겠다는 의사를 밝혔다. 주전충은 금상전으로 나아가 백관들의 충성 인사를 받으며 황제에 즉위할 준비를 시작했다.

이 소식을 들은 주전충의 형 주전욱이 나무라며 말했다.

"주삼아! 네가 천자가 될 수 있겠는가?"

주전욱이 셋째 동생인 주전충을 주삼이라 부르며 일갈했지만, 주전충은 아랑곳하지 않고 황제로 즉위하며 후량을 세웠다.

황위에 오른 주전충은 현덕전에서 연회를 베풀어 백관들을 인솔하고 춤을 추며 축하를 나눴다. 주전충의 종친과 외척들이 궁중에서 더불어 음주와 도박을 하는데, 술이 무르익을 즈음 주전욱이 홀연히 옥을 던져 술독을 깨어 버렸다. 그는 황제를 노려보며 말했다.

"주삼아, 너는 본래 탕산의 일개 백성이었는데, 황소를 좇아 도적이 되었고, 천자께 기용되어 사진절도사로 부귀가 극에 달하였는데, 어찌하여 하루아침에 당 왕조의 300년 사직을 멸망시키고 스스로 제왕을 칭하는가? 이는 마땅히 족멸당할 일이거늘 어찌하여 이런 도박을 하는 것인가?"

아무런 실권도 없고, 천하를 다스릴 능력도 없었지만 학식이 높고 사리에 밝았던 주전욱은 당 왕조 밑에서 편안하게 살기를 원했다. 이에 비해서 황제가 될 자질은 갖추지 못했지만 주전충은 새로운 시대를 연 사람이 되었다. 유식하지만 무능한 형과 무식하지만 용감했던 동생이 그려 낸 당나라 마지막 날의 풍경이었다.

267

노복에서 초나라의 왕이 된 고계창

오대 후량시대 2 (908년~911년)

주전충이 당으로부터 선양을 받으면서 오대가 시작되었다. 절도사가 득세했던 당나라 후기의 150년 동안 하루도 편할 날 없이 전쟁으로 날을 지새웠으니, 전통적인 신분 질서는 이미 무너진 지 오래였다. 아무리 고귀한 귀족이었을지라도 군사력을 갖추지 못하면 목숨을 부지하기 어려웠고, 노복이었다 하더라도 전공을 세우면 높은 지위에 올랐으니 신분 질서는 크게 요동치기 시작했다.

이와 같은 시대적 배경 아래 노복에서 왕이 된 사람이 있었는데, 그가 바로 초(楚)나라의 무신왕으로 불리는 고계창이다. 노복으로 10국 가운데 하나인 초를 세우는 데 기초를 쌓았던 그는 죽은 후에 왕으로 불리게 되었다.

고계창은 원래 변주의 상인인 이칠랑의 노복이었다. 전쟁의 혼란 속에서 이칠랑이 주전충의 양자인 주우량의 양자가 되는 바람에 고계창도 주인과 함께 주우량의 군대로 들어갔다. 이후 고계창은 주전충의 부하가 되었고, 전쟁에서 큰 공로를 세워 당 왕조의 공신이 되었다.

고계창은 주전충이 후량을 세운 후 형남절도사에 이르렀다. 노복 출신으로 절도사까지 되었으니, 당말 오대처럼 사회 변동이 심한 시대가 아니었다면 불가능한 일이었을 것이다.

형남절도사는 원래 8개의 주를 관할해야 했지만, 전쟁이 빈번했던 당시에는 겨우 강릉 한 주만 관할에 두고 있었다. 이런 상황이다 보니 고계창에 대한 반감을 갖는 사람이 많았다. 사천 의정 출신으로 당 말기에 과거 시험에 합격했던 지식인인 양진도 그 중의 하나였다.

양진이 고향인 촉으로 돌아가는 중에 고계창이 절도사로 있는 강릉을 지나게 되었다. 평소 양진의 재주와 식견에 대해 관심을 갖고 있던 고계창은 그를 초청하여 강릉에 머물게 했다.

그 시대에 절도사는 해당 지역의 전권을 쥐고 있었고, 유능한 인재를 뽑아 쓸 수 있는 권한을 가지고 있었다. 고계창은 양진을 판관으로 삼고자 했는데, 정작 양진은 이를 수치스럽게 생각했다. 노복이었던 사람 밑에서 벼슬살이 하는 것을 스스로 용납할 수 없었던 것이다.

양진은 고계창의 부름에 응하고 싶은 마음이 없었지만, 군사를 거느리고 있는 절도사를 무시할 수도 없었다. 지위가 높은 절도사의 부름에 응하지 않았다가 무슨 화를 보게 될지 알 수 없는 일이었기 때문이다. 그렇다고 해서 노복 출신의 고계창 밑에서 벼슬살이를 할 수도 없는 일이었으니 진퇴양난에 빠지고 말았다.

양진이 겨우 생각해 낸 것은 고계창의 일을 도와주되 직접적인 상하 관계를 맺지 않는 것이었다. 그렇게 해서라도 양반 출신의 자존심을 지키고 싶었던 것이다. 그는 온갖 말로 벼슬을 사양하며 고계창에게 말했다.

"저는 평소에 영광스러운 관직을 사모하지 않았는데, 밝으신 공께서 저를 어여삐 여겨 곁에 두고자 하시니 다만 백의로 옆에서 모시고자 합니다. 하오니 막부에 저를 두고자 하시는 생각은 거두어 주소서."

벼슬아치들의 의복은 직급에 따라서 색깔이 각각 달랐다. 그런데 색깔이 없는 백의는 평민의 복장이었으므로 양진은 벼슬을 받지 않겠다는 의도를 이렇게 표현한 것이다.

양진은 고계창을 얕잡아보고 벼슬을 받지 않겠다 한 것이지만, 고계창은 이러한 양진의 청을 수락하고 자신의 참모로 삼아 선배로 깍듯하게 모셨다. 자신의 부족함을 알고 마음도 주지 않는 사람에게서 배우기를 마다하지 않았으니 훗날 그가 나라의 초석이 된 것은 당연한 일이었는지도 모른다.

주전충이 후량을 세운 후에도 절도사의 시대는 끝나지 않았다. 각 지역을 차지하고 있는 절도사들은 힘만 있으면 언제든지 독립하여 새로운 왕조를 세우려 하고 있었다. 그 중에는 성공한 경우도 있고, 성급하게 굴다가 오히려 세력을 잃어 버리는 경우도 있었다.

일찍이 연 지역에 자리잡고 있던 유인공의 아들 유수광은 아버지의 애첩과 간통을 저지르는 바람에 부자간의 인연이 끊겼지만 우여곡절 끝에 주전충에 의하여 연왕으로 책봉되었다. 유수광은 경쟁 상대인 유수문을 평정한 뒤 스스로 천자의 복장을 갖춰 입고 부하들에게 말했다.

"지금 천하가 크게 어지럽고 사방에서 영웅들이 각축하고 있다. 우리의 땅은 험준하고 군사는 강하니 내가 황제가 되지 않을 이유가 없지 않은가?"

유수광의 세력이 강하기는 했지만 만약 스스로 황제를 칭한다면 많은 세력들로부터 견제를 받을 것이 뻔했기 때문에 손학은 다음과 같은 이유를 대며 유수광을 말렸다.

"지금까지 내부의 세력인 유수문을 평정하느라 공사간에 모두 힘든 일을 겪었습니다. 또한 북방에서는 거란이 우리를 넘보고 있으므로 아직은 때가 아닙니다. 대왕께서는 군사를 양성하며 곡식을 비축하고, 백성을 아끼는 덕의 정치를 베푸소서. 그리하면 온 사방이 대왕에게 복종해올 것입니다."

그러나 하루빨리 황제가 되고 싶었던 유수광은 이 말에 기뻐하지 않았다.

유수광은 주변의 절도사에게 사람을 보내여 자신을 상보(尙父)로 높여 부를 것을 넌지시 요구했다. 상보란 아버지처럼 존경하여 받들어 모신다는 뜻으로 임금이 특별한 신하에게 내리던 존칭 중의 하나다.

주전충과 대립하던 진왕 이존욱이 유수광의 요구에 분노하며 그를 치려 하자 부하들이 나서서 말렸다.

"유수광의 악행이 지나치므로 마땅히 족멸시켜야 하지만, 일단은 겉으로 그를 받드는 척하며 주변의 인심을 잃게 만들어야 합니다."

몇몇 절도사들이 모의하여 유수광을 상서령·상보로 삼으며 추대하였다. 그들의 속내를 알 길 없는 유수광은 오만방자해진 나머지 황제인 주전충에게 더 높은 벼슬을 요구했다. 주전충도 그가 광포하고 우매하다는 것을 알고 있었으므로 합문사 왕동과 수지 사언군을 파견하여 그를 하북도 채방사로 봉한다는 명을 내렸다.

그런데 유수광이 교외로 나가 하늘에 제사를 지낸 뒤 연호를 고치는 의례 절차를 취하려 하자, 왕동과 사언군은 이의를 제기했다.

"상보께서는 비록 존귀하신 분이나 그래도 신하입니다. 그런데 어찌 하늘에 제사를 지내며 연호를 고치려 하십니까? 이는 불가한 일입니다."

유수광은 화를 내며 말했다.

"내 땅이 사방 2천 리이며 갑옷을 입은 장졸이 30만 명이다. 이만하면 곧바로 하북의 천자가 될 수 있는데 누가 감히 나를 금지할 수 있단 말인가? 내가 어찌 상보라는 이름에 만족할 수 있겠는가?"

유수광은 주전충의 사신과 절도사의 사신들을 형틀에 매어 감옥에 가두고 황제의 즉위식을 준비하게 했지만 결국은 그를 교만하게 만들었던 진왕 이존욱에게 잡혀 죽는 신세가 되었다.

유수광은 자신의 활 솜씨를 내세우며 이존욱을 도와 평천하하게 해 달라고 비굴하게 매달렸지만, 비참한 최후를 면하지 못했다. 유수광을 제거한 이존욱은 연을 합병하고 당 황제를 칭한 후 후량을 멸망시키고 후당을 건국했다.

269
고집불통 환관 감군 장승업

당 왕조 말기에는 환관이 군권을 쥐고 권력을 장악한 것으로 유명하다. 주전충은 환관에 대한 원성을 등에 업고 장안으로 들어가 환관을 도륙함으로써 새로운 권력자가 되었고, 마침내 선양을 받아 후량을 세우기에 이르렀다.

이때 감군으로 지방에 나가 있어 화를 면한 환관들이 있었는데, 그 가운데 한 사람이 장승업이다. 그는 소종 때 하동감군으로 이극용의 진(晉)에 파견되었는데, 다른 환관과는 달리 군사를 엄격하게 관리함으로써 이극용의 군대를 강하게 만들었다. 이극용은 주전충과의 싸움에서 패하여 죽으면서 아들 이존욱을 부탁할 정도로 장승업을 신뢰했다.

그 후 10여 년 동안 이어진 주전충과의 싸움에서 장승업은 이극용의 진왕을 이어 받은 어린 이존욱을 보필하며 하동에 자리 잡은 진 세력을 이끌었다. 연 지역에서 유수광이 칭제하며 황제의 자리에 올랐을 때에도 장승업은 일부러 축하 사절을 보내며 유수광을 교만하게 만드는 술수를 썼고, 오대에서 가장 유명한 재상으로 손꼽히는 풍도가 유수광으로부터 도망쳐 왔을 때도 그를 이존욱에게 추천하여 모든 정책을 관리하는 장서기로 삼게 했다. 그러니 장승업은 이존욱이 후량을 물리치고 후당 왕조를 세우게 한 배후 인물이라 할 수 있다.

한번은 장승업의 조카가 도둑질을 하다가 소 파는 사람을 죽이는 일이 있었는데, 장승업은 즉각 그의 목을 베었다. 왕이 이를 알고 조카의 목숨을 구명하려 했지만 이미 늦은 뒤였다.

이존욱은 놀이를 즐기거나 악공과 광대에게 상을 내리고자 할 때 돈이 필요했지만, 장승업은 이런 일에 인색하여 돈을 내주지 않았다. 이존욱은 아들 이계급에게 돈을 얻어 주고자 돈을 넣어 두는 창고 앞에서 연회를 베풀고 이계급으로 하여금 장승업을 위하여 춤을 추게 했다.

이처럼 자신을 위해서 왕자가 춤을 추었으니 장승업은 인사를 치러야 했다. 그는 보옥으로 장식한 허리띠와 비단 그리고 말을 이계급에게 선물했다. 그러자 이존욱은 잔뜩 쌓여 있는 돈더미를 가리키며 장승업에게 말했다.

"내 아들에게 돈이 없으니 그저 돈 한 더미를 주면 될 것을, 아직은 이처럼 후한 선물을 받을 처지가 아니오."

장승업이 대답했다.

"왕자께 드린 선물은 제 봉록에서 마련한 것이니 가하지만, 여기 있는 돈은 대왕께서 전사를 양성하기 위한 것이므로 불가합니다. 저는 공적인 물건을 사적으로 쓰지 않습니다."

하지만 진왕 이존욱은 기뻐하지 않고 오히려 술을 빌미로 모욕하는 말을 했다. 장승업이 화가 나서 말했다.

"이 노복은 오래된 칙사일 뿐입니다. 여기에 있는 돈은 자손을 위해 쌓아 둔 것이 아니므로 아끼고 또 아껴 왕께서 패업을 이루시는데 도움이 되고자 하는 것인데, 만약 그 뜻이 고까우시거든 대왕께서 직접 가져다 쓰시면 될 일입니다. 굳이 저에게 물을 까닭이 무엇입니까?

허나 여기 있는 재물이 다 없어지면 백성들도 흩어지고 무엇 하나 이루는 것이 없을 것이니, 그것만은 명심하소서."

이와 같은 고집불통 환감 감군 장승업 덕분에 이존욱은 연왕 유수광과 후량의 주전충을 물리치고 후당이라는 새로운 왕조를 열 수 있었던 것이다.

유주에서 거란을 물리친 이사원

오대 후량시대 5 (917년~919년)

후량을 세운 주전충이 912년에 죽고 그의 아들 주우규가 황위를 이을 즈음에는 당 말부터 주전충과 대결하던 서부의 이극용 진영에서도 아들 이존욱이 주전충이 찬탈한 당(唐)을 부흥시킨다는 명분 아래에 황위에 올라 후량을 압박했다. 이존욱은 산동 지역의 독립 세력인 유수광을 궤멸시키고 그 자리에 용장 주덕위를 파견했다.

이러한 중원 지역의 분열 상황은 거란의 남하를 가져 왔다. 중원 지역을 넘보던 거란이 주덕위가 책임지고 있는 유주로 내려와 포위한 지 200일이 흐르자, 후당(後唐)에서는 이를 막아내는 일이 급선무로 대두되었다. 이존심이 말했다.

"오랑캐는 숫자도 많거니와 대부분이 기병이오. 반면 우리는 수도 적고 대부분이 보병이니 평원에서 그들과 마주치는 것은 불리합니다."

그러자 이사원이 말했다.

"오랑캐에게는 군수품이 없으므로 평원에서 만나게 되면 우리의 양식을 노략질 할 것이오. 그러면 우리는 싸워 보지도 못하고 무너질 것이니 산속으로 몰래 행군하여 유주로 가야 합니다. 만약 도중에 오랑캐를 만나게 되면 험난한 지형을 먼저 점거하여 그들을 방어하도록 합시다."

중원 지역의 군대와 북방 지역의 군대는 각각 장단점이 있었다. 기병 위주인 거란의 군사는 평원전에서 유리하고 보병 위주의 진의 군사는 산악전에서 유리했다. 두 군대는 행군하는 것도 서로 달라서 거란군은 산 위로 행군하고, 진의 군사는 계곡 아래로 행군했으니 그들이 만나 싸우는 것은 매번 계곡의 입구에서였다.

이사원이 군사를 이끌고 진군하는데, 산 입구에 도착하니 거란의 1만 기병이 그들의 앞을 가로막았다. 계곡의 입구는 어느 편에도 유리한 지역이 아니었지만 진의 장수들은 얼굴색이 변할 정도로 놀랐다.

이 위기의 상황에서 이사원은 100여 명의 기병을 거느리고 앞서 나아가 투구를 벗고 채찍을 휘두르며 오랑캐의 말로 거란군을 향해 호통쳤다.

"너희는 아무런 이유도 없이 우리의 강토를 침범했다. 이에 진왕께서는 내게 명령하시어 1백만 명의 무리를 거느리고 곧바로 서루로 가서 너희 종족을 모두 멸절시키라고 하셨다."

서루는 거란족의 수도를 말한다. 이사원은 곧바로 말에 뛰어 올라 몽둥이를 휘두르며 그들의 진영으로 쳐들어갔다. 이사원 이 거란의 추장 한 사람의 목을 베자 진군이 일제히 전진하기 시작했다. 이에 놀란 거란의 군사가 뒤로 물러났고, 진군은 무사 히 그곳을 벗어날 수 있었다. 이사원이 기선을 제압한 것이다.

이를 보던 이존심은 보병으로 하여금 나무를 베어 사슴뿔처 럼 얼기설기 엮은 녹채를 만들게 했다. 거란의 말들이 녹채를 넘지 못하고 그 둘레를 돌자 녹채 안에서 진군의 쇠뇌가 일제히 발사되었다. 1만의 쇠뇌가 그들을 향해 쏟아지니 나는 화살이 해를 가릴 정도였다. 진군의 화살에 맞아 쓰러지는 말과 병사들 이 길을 가득 메울 정도였다. 이제 진군은 유주를 향해 거침없 이 진격할 수 있었다.

거란 사람들은 유주 앞에서 진영을 펼치고 진군을 기다리고 있었는데, 이사원은 불리한 조건 속에서도 그들을 물리치고 유 주를 구한 것이다. 이처럼 거침없는 용기와 탁월한 능력을 지닌 이사원은 후량의 뒤를 이은 후당의 2대 황제가 된다. 그 또한 난 세에 드러나는 또 한 명의 영웅이었던 것이다.

271
양다리 걸치기의 달인 장문례

오대에 중원의 동부 세력인 후량과 서부 세력인 진은 숙명적인 대립 관계를 형성하고 있었다. 사타 출신 이극용은 황소의 난을 진압한 공로를 인정받아 진왕으로 책봉되었는데, 후량을 건국한 주전충과 항상 앙숙 관계였다. 이러한 대립 관계는 아들대로 이어져 후량의 주우규도 진의 이존욱과 대결 상태에 놓여 있었다.

이와 같은 거대 세력 사이에서 군소 절도사들은 상황의 변화에 따라 살아남기 위한 처신을 잘 해야 했다. 그 중에 으뜸은 양다리 걸치기의 달인 장문례였다.

그는 원래 하북절도사 유인공의 아장이었는데 유인공의 아들인 유수문을 따라 창주로 가게 되었다. 유수문이 아버지를 만나기 위해 유주로 간 사이에 장문례는 창주를 점거하고 반란을 일으켰다. 하지만 반란이 성공하지 못하자 조왕(趙王) 왕용에게 도망쳐 몸을 의탁하게 되었다.

왕용의 집안은 대대로 진주에 살았고, 그 또한 성덕에 자리 잡고 있는 절도사였으므로 조나라 사람들은 모두 그를 따랐다. 하지만 부귀한 집안에서 나고 자란 탓에 정사를 돌보기보다는 즐기고 노니는 개인적인 향락에 빠져 있었다. 외부의 일은 모두 행군사마 이애에게 맡기고 내부의 일은 내시 이홍규에게 맡겼으며 아첨하기 좋아하는 내시 석희몽을 총애하고 있었다.

이러한 상황에서 장문례는 왕용에게 군사에 관하여 잘 안다는 허풍을 떨어 왕용의 양자가 되었다. 왕용은 그의 이름을 바꾸어 왕덕명이라 하고, 군사에 관한 모든 일을 맡겼다.

조나라에서는 노는 일에 골몰하는 왕용에게 아첨하는 사람과 간언하는 사람들로 나뉘어 있었는데 간언하는 사람들이 아첨하는 사람들을 다 죽이는 일이 벌어졌다. 왕용은 장문례에게 이 일을 수습하라는 명령을 내렸다.

장문례는 이 기회를 이용하여 군사들을 선동했다.

"왕께서 내게 명하시기를 너희들을 모조리 파묻으라고 하셨다. 하지만 나는 너희들이 아무런 죄도 없이 한꺼번에 죽음을 당할 위기에 놓여 있다고 생각한다. 마땅히 신하된 자로서 왕의 명령을 쫓아야 하지만 나는 차마 그럴 수 없다. 그렇다고 해서 왕의 명령을 따르지 않으면 죄를 짓는 것이니 과연 내가 어떻게 해야 하겠는가?"

장문례의 말을 믿은 군사들은 성으로 들어가 향을 피워 놓고 도교의 문서를 받고 있던 왕용의 머리를 베었다. 왕문례로 이름을 바꾼 장문례는 왕소조의 처이자 주전충의 딸인 보녕 공주를 제외한 왕씨 일가를 모조리 멸족시킨 후 후량에 몸을 의탁했다.

이처럼 자신의 주군을 죽인 장문례는 후량의 편에 서면서도 다시 진왕 이존욱에게 한 발을 뻗었다. 자신의 반란을 알리며 이존욱에게 황제로 등극할 것을 권한 것이다. 장문례는 그 대가로 자신의 신분을 보장하는 부절과 생사 여탈권의 증표인 부월을 요구했다. 본격적으로 후량과 진의 양다리 걸치기를 감행한 것이다.

진왕 이존욱은 장문례를 불신했지만 그렇다고 해서 그를 적대시할 수도 없는 상황이었다. 그리하여 진왕은 장문례를 성덕 유후로 삼았다.

후량과 진에 양다리를 걸쳤음에도 불안한 마음을 거둘 수 없었던 장문례는 또다시 거란으로 발을 뻗었다. 하지만 거란으로 보낸 편지가 이존욱에게 발각되면서 끊임없는 불안에 사로잡혔다. 결국 그는 걱정에 빠져 살다가 등에 종기가 나서 죽었다. 살아남고자 물불을 안 가린 결과 스스로 불안의 늪에 빠져 병을 얻고 죽은 것이다.

오대
후당시대

자치통감 권272~자치통감 권279
923년~935년 (13년간)

五代
後唐時代

오대 후당시대

　《자치통감》권272부터 권279까지의 여덟 권에는 오대 후당이 중원을 차지하던 시기의 역사가 기록되어 있다. 923년부터 935년까지 13년 동안 유지되었던 후당은 사타족 출신의 장종 이존욱이 중원으로 진출하여 후량을 무너뜨리고 낙양에 도읍을 정한 뒤 건설한 나라다. 역사에서는 이를 당나라와 구분하기 위하여 후당이라 부른다.

　후당의 장종은 환관을 중용했다가 부하에게 살해되었으며, 그의 아들 이계급도 환관에게 살해당했다. 이 난을 안정시킨 막길렬은 이극용의 양자가 되어 이씨 성을 하사받고 사위 석경당의 권고를 받고 후당의 2대 황제가 되었으니, 이 사람이 명종 이사원이다. 그 후로 명종의 두 아들에게 황위가 이어졌지만, 하동절도사 석경당이 거란 군과 연합하여 낙양을 함락시킴으로써 후당은 막을 내리게 된다. 석경당은 후진을 건국한다.

　후당 시기에 각 지방에 산재해 있던 독립 왕국들 중 전촉이 멸망하고 후촉이 건국했다. 그밖의 오·오월·민·초·남한·형남은 그대로 지방 정권을 유지하고 있었으며, 북쪽에서는 거란족이 세운 요나라가 계속 남하를 시도하고 있었다.

후당을 건국한 이존욱의 결단과 포용

중원의 동부 세력인 주전충은 형식상으로나마 당으로부터 선양을 받은 정통 왕조였다. 그러나 진의 이극용은 그 선양이 강압에 의한 것이어서 반란이라 규정하고 주전충과 대립했다.

그로부터 14년이 흐른 후 후량에서는 주전충의 뒤를 이어 주우규가 황위에 올랐고, 진나라에서는 이극용의 뒤를 이은 이존욱이 황위에 등극하여 당 왕조의 명칭을 회복하였다. 역사에서는 이를 후당이라고 부르는데, 후당을 창건한 장종 이존욱의 입장에서는 300년 정통 왕조인 당을 계승한 것이었다.

이로써 중원의 황제가 둘이 되었으므로 무력 충돌은 불가피한 일이었다. 결전을 앞둔 이존욱은 위국 부인 유씨와 아들 이계급을 홍당으로 돌려보내며 결별의 말을 남겼다.

"이 일의 성패는 한 번의 결전에 달려 있소. 만약 내가 패한다면 우리 가족을 위주에 있는 황궁에 모아 놓고 불태우시오."

당나라의 황제 이존욱은 이처럼 죽기를 각오하고 전장으로 나아갔다.

반면 후량의 황제 주우규 진영에서는 별다른 준비를 하지 않고 있었다. 후당의 대군은 양유에서 황하를 건너 운주에 도착한 후 한밤중에 진군하여 문을 넘었다. 후당군의 선봉에 선 이사원이 후량의 군대와 마주쳐 단 한 번의 싸움으로 그들을 물리치고 중도에 도착하여 성을 포위했다. 삽시간에 승기를 잡은 것이다.

　이때 후량에는 역전의 명장 왕언장이 있었다. 그는 황하를 사이에 두고 당군이 황하를 건너오지 못하게 막았던 사람인데, 성이 포위되고 보니 수십 명의 기병을 데리고 도주하는 신세가 되었다. 그러나 후당의 용무대장군 이소기가 그를 알아보고 뒤쫓아 창으로 찔러 사로잡고 후량의 군사 수천 명을 죽였다.

　왕언장은 평소 후당의 황제로 즉위한 이존욱의 어릴 때 이름인 아자(亞子)라고 부르며 그를 업신여겼다.

　"이아자는 닭싸움 놀이나 하는 어린아이인데 어찌 두려워하겠는가?"

　이존욱이 포로로 잡혀온 왕언장에게 물었다.

　"너는 항상 나를 어린아이라고 놀려왔는데, 오늘은 굴복하겠는가? 너는 훌륭한 장수로 이름나 있는데 어찌 연주를 지키지 아니하였는가? 또한 중도에는 성벽과 보루를 짓지 않았는데 무엇으로 굳게 지켜왔는가?"

　하지만 평소에 자신이 업신여기던 이존욱에게 상처를 입고 포로가 된 왕언장은 단 한 마디 말만 남기고 입을 굳게 다물었다.

"천명이 이미 떠나갔으니 말할 만한 것이 없소."

이존욱은 왕언장이 항상 자기를 업신여겼던 것을 잘 알고 있었음에도 불구하고 그가 지닌 재주를 아깝게 여겼다. 그리하여 약을 보내어 창상을 치료하게 한 후 사람을 보내어 그를 등용하고자 하는 의사를 전했다.

하지만 왕언장은 완강하게 이를 거절했다.

"나는 본래 필부로서 양나라의 은혜를 입어 지위가 상장에까지 이르렀으며, 황제와 더불어 15년 동안이나 교전했던 몸이오. 이제 양나라의 군대는 패배했고 힘이 다한 나는 죽을 몫만 남아 있는데 설령 황제가 불쌍히 여겨 나를 살린다 한들 내가 무슨 면목으로 천하의 사람들을 보겠는가. 아침에는 양의 신하가 되었다가 해 질 녘에 당의 신하가 되는 일은 내가 차마 할 수 없는 일이오."

이존욱은 이사원을 파견하여 그를 달래도록 했다. 이사원은 이존욱의 뒤를 이어 후당의 황제가 된 사람이니 후당의 두 번째 권력자에 다름이 아니었다. 이존욱은 그만큼 왕언장에게 예우를 다한 것이었다.

왕언장은 누운 채로 이사원을 보며 말했다.

"자네는 막길렬이 아닌가?"

막길렬은 이사원의 서돌궐 사타족식 이름이다. 왕언장은 이사원의 사타족 이름을 부름으로써 그를 오랑캐로 낮추어 부른 것이다. 이처럼 왕언장은 결코 설득될 인물이 아니었음에도 이존욱은 끝까지 그를 자기편으로 포용하고자 애썼던 흔적이 역사에 남아 있다.

배우를 군사보다 더 아낀
후당의 장종

오대 후당시대 2 (924년~925년)

후당을 세운 장종 이존욱은 그가 무너뜨린 후량의 태조 주전충으로부터 큰 칭찬을 들었던 사람이다. 주전충은 생전에 이존욱을 보며 감탄 반 한탄 반의 말을 남긴 적이 있다.

"아들을 낳으려면 이극용의 아들 이존욱 같은 아들을 낳아야 한다. 그런데 내 아들들은 돼지새끼 같구나!"

이존욱은 이 말을 입증이라도 하듯 후당을 세우고 주전충의 아들이 황제로 있는 후량을 멸망시킴으로써 주전충에게 당한 아버지 이극용의 한을 풀어 주었다. 하지만 이것은 그가 똑똑해서 이룬 업적이 아니다. 오히려 판단력이 모자랐지만 훌륭한 참모들 덕택이었다.

장종 이존욱은 평소에 연희를 무척 좋아했다. 당시에 연희를 담당하던 배우들을 영인(伶人)이라 불렀는데, 장종은 말년에 연희를 즐기다 못해 스스로 배우가 되어 자신의 이름을 '이천하(李天下)'로 부르게 하며 직접 연기를 하기도 했다. 이런 지경이다 보니 장종은 평소에 무척이나 영인을 아꼈다.

장종이 아낀 영인 가운데 주잡이라는 사람이 있었는데, 그는
전투에 따라갔다가 후량에 포로가 되었던 적이 있었다. 그로부
터 4년 후 장종이 변주에서 후량을 격퇴했을 때 주잡이 나타났
다. 장종이 주잡을 보고 기뻐하자 그는 눈물을 흘리며 말했다.

　　"신이 그동안 온전하게 살아 있었던 것은 양의 교방사 진준과
내원재접사 저덕원의 힘 때문이었습니다. 바라건대 폐하께서
두 주를 내리시어 그들에게 보답하게 해 주십시오."

　　교방사는 후량의 황실 가무단 총감에 해당하는 직책이고, 내
원재접사는 궁궐의 정원 관리 책임자에 해당하는 직책이다. 주
잡은 자신이 후량에 포로로 잡혀 있던 4년 동안 이들로부터 많
은 도움을 받았으므로 황제에게 두 사람을 자사로 임명하여 자
신의 은혜를 보답하게 해 달라고 청했다.

　　이것은 상식적으로는 말도 안 되는 부탁이었지만 장종은 이
를 허락했는데, 재상 곽숭도가 간언했다.

　　"폐하와 더불어 천하를 도모한 사람들은 모두 충성스럽고 용
감한 군사들입니다. 그들은 모두 큰 공로를 세웠지만 아무도 상
을 받지 못하였습니다. 그런데 이들을 자사로 삼으면 천하의 인
심을 잃게 될까 두렵사옵니다."

　　곽숭도의 말을 들은 장종은 자신의 명을 철회했다. 하지만 해
를 넘겨 주잡이 다시 애원하니 장종은 어쩔 수 없이 곽숭도를
불러 말했다.

"내 이미 주잡에게 허락한 바가 있으니 세 사람을 보기가 부끄럽게 되었소. 공의 말이 바르기는 하나 내 체면을 보아 생각을 굽혀 주시오."

결국 장종은 진준과 저덕원, 주잡을 자사로 임명했다. 이를 본 친군들은 모두 분함을 참지 못했다. 친군은 목숨을 걸고 황제를 보위하는 부대인데, 이들 중에는 장종 이존욱을 좇아 백 번을 싸우고도 자사를 얻지 못한 사람들이 많았다.

우간의대부 설소문이 장종에게 간언을 올렸다.

"여러 곳에서 분수에 넘치게 스스로를 황제라 부르는 이들이 많으니 그들을 정벌하는 일을 멈출 수 없습니다. 그런데 사졸들이 오랫동안 정벌에 나서고서도 충분한 상을 받지 못했으니 가난하고 궁핍한 사람들이 많습니다. 폐하께서는 사방에서 올라온 공물을 나누어 주시고, 남쪽 지방에도 남아도는 물자들을 나누어 주십시오.

하남에 있는 여러 부대는 모두 양나라의 세력이므로 자칫 황제를 자칭한 나라들이 그들에게 이익을 베풀어 유인할까 두려우니 의당 폐하께서 먼저 그들을 거두어 어루만져 주소서."

후당이 비록 황제의 국가이긴 하지만 사방에서는 아직도 스스로를 황제라 칭하는 사람들이 우후죽순으로 일어나는 난세지경이었다. 그러니 그들과 경쟁하려면 전쟁에 참가하는 군사들을 후대하라는 말이었다.

하지만 장종은 이 말을 듣지 않았다. 이처럼 공과 사를 제대로 분별하지 못한 황제가 있었으니 이것이야말로 후당이 오래 갈 수 없었던 이유였을 것이다. 훌륭한 신하의 역할에는 한계가 있었던 셈이다.

충성의 기회를 얻지 못한 이사원

장종 이존욱이 후당을 건국한 후에도 중원은 여전히 불안한
상황이었다. 황제의 권력에 대한 만성적 불만을 갖고 있는 군사
세력들이 기회가 있을 때마다 반란을 도모했기 때문이다.

위박지휘사 양인정의 부하인 황보휘는 도박을 하다가 돈을
잃자 수자리를 교대하는 자리를 이용하여 반란을 일으켰다. 이
것은 원래 계획된 일이 아니었다. 그저 단순한 약탈로 시작된 것
이었는데 만약 제대로 된 군대가 있었다면 간단히 진압될 수도
있는 문제였다. 그런데 장종이 보낸 사람들은 모두 도망치기에
바빴으므로 오히려 그들의 세력을 더 키우는 역효과를 낳았다.

황보휘의 반란을 진압할 책임자를 뽑기가 마땅치 않자 장종
은 스스로 나서서 업도를 정벌하고자 했다. 하지만 주변의 모든
사람들은 황제를 말렸다. 도읍을 지키는 것이 우선이므로 황제
의 수레를 가볍게 움직여서는 안 된다는 이유에서였다. 그들은
이사원에게 진압군을 맡겨야 한다고 추천했다.

장종은 이 제안이 마음에 들지 않았다. 이사원은 장종의 아버

지인 이극용이 양자로 삼아 키운 사람이었으므로 은근히 질투심을 느끼고 있었던 것이다. 장종은 그에게 공을 세울 기회를 주고 싶지 않았다.

"이사원은 여기에 남아 궁을 호위해야 할 것이다."

장종은 고집을 피웠지만 반란군을 진압할 뾰족한 수가 없자 하는 수 없이 이사원에게 황보휘의 반란을 진압하게 했다.

황보휘가 점거하고 있는 업도에 도착한 이사원은 성의 서남쪽에 군영을 설치한 후 다음날 아침에 성을 공격할 계획을 세웠다. 그런데 한밤중에 말을 돌보는 종마직 군사 장파패가 반란을 일으켰다.

"반란 세력과 싸워 이기더라도 우리는 필시 죽고 말 것이다."

장종은 황보휘가 항복하지 않자 위박을 점령한 다음 그곳의 군사들을 모두 파묻어 버리라고 말한 적이 있었다. 또한 최근에 종마직을 맡은 몇 명의 사졸이 시끄럽게 했다는 이유로 그들을 모두 죽이라는 명령을 한 적도 있었다. 장파패는 이 일을 빌미삼아 반란을 일으키고, 이사원을 설득했다.

"공께서는 독립하여 황위에 오르소서."

이사원은 장파패 무리를 설득했지만 그들은 듣지 않았다. 오히려 황보휘의 반란 세력에 합류하기 위하여 이사원을 둘러싼 채 성 안으로 들어갔다.

하지만 황보휘는 이들을 받아들이지 않고 모두 다 죽여 버렸다. 졸지에 군사를 잃은 이사원은 황보휘의 요구를 들어 줄 것처럼 속여 겨우 성을 빠져나왔다.

이때 장종의 측근인 이소영은 군사 1만 명을 거느리고 성의 남쪽에 대기하고 있었다. 이사원은 그에게 반란 세력을 함께 칠 것을 요구했지만, 이소영은 이사원이 반란 세력과 내통하며 자신을 속이는 것이라 생각하고 호응하지 않았다.

상황이 이렇다 보니 더 이상 반란 세력을 토벌할 방법이 없었다. 이사원은 장종에게 사실을 아뢰고 판결을 기다릴 것을 제안했지만, 이사원을 의심한 이소영은 장종에게 독자적인 보고서를 올렸다.

"이사원은 폐하를 배신하고 적과 더불어 연합하였습니다."

이사원도 장종에게 장문의 편지를 올려 사실을 설명하려 했지만 상황이 여의치 않다는 것을 직감하게 되었다. 황제가 자신을 시기하는 이상 아무리 충성을 맹세한들 받아들여지지 않을 것이 뻔한 일이었다. 자신을 받아들일 생각이 없는 주군의 마음을 열기란 그만큼 어려운 일이다.

그 후 이사원은 독자적으로 군사를 모집하여 대량까지 진출했다가 혼란한 정국 속에서 장종이 피살되자 그 뒤를 이어 후당의 황제가 되었다.

275
저승으로 심부름 시킨
거란 태후 술율후

오대 후당시대 4 (926년~927년)

중원 지역에서 오대의 혼란이 한창 벌어지고 있을 때 북방에서는 거란의 야율아보기가 요(遼)를 세웠다. 야율아보기가 요나라를 세운 지 10년 만에 부여성에서 죽자 거란의 각 부족들은 술렁이기 시작했다. 거란은 여러 부족으로 이루어진 유목 민족이었으므로, 야율족이 계속해서 거란을 이끌어갈 것인지에 대한 향방이 중요한 시기였던 것이다. 이 일에 대한 결정권은 여러 장수와 추장들에게 있었다.

이때 야율아보기의 황후인 술율후는 제압하기 힘들다고 생각되는 세력을 가진 자들의 처를 한 자리에 불러 모아놓고 다음과 같은 말을 했다.

"내가 과부가 된 이상 너희들은 나를 본받지 않을 수 없을 것이다."

즉 자신이 과부가 된 이상 너희들도 과부가 되어야 한다는 것이었다. 이것은 유목민의 관습에서 비롯된 것으로 그들의 남편을 죽이겠다는 말과도 같았다. 술율후는 그녀들의 지아비를 모아놓고 울면서 물었다.

"너희들은 돌아가신 황제를 생각하느냐?"

그들이 애통해 하며 대답했다.

"돌아가신 황제의 은혜를 입었는데 어찌 생각하지 않을 수 있 겠습니까?"

이들의 대답을 들은 술율후가 거침없이 말했다.

"그토록 황제를 그리워한다면 당장 가서 그를 알현토록 하시 오."

술율후는 거침없이 그들을 모두 죽였다. 말 한 마디로 야율족 이 감당하기 어려운 세력들을 제거한 것이다.

정적들을 제거했으니 그 다음에는 야율아보기의 후계자를 정 해야 했다. 야율아보기와 술율후 사이에는 장남 야율돌욕, 차남 야율덕광, 삼남 야율이호의 세 아들이 있었다. 그 중에서 술율후 는 차남 야율덕광을 후계자로 삼고 싶었다.

술율후는 야율덕광을 데리고 궁궐의 서쪽 망루에 올랐다. 그 리고는 야율덕광을 장남 야율돌욕과 더불어 말을 타고 장막 앞 에 서도록 한 후 그곳에 불러모은 여러 추장들에게 말했다.

"여기 있는 두 아들 중에서 누구를 후계자로 세워야 할지 나 는 알지 못하겠소. 그러니 그대들이 황제의 후사를 결정하여 선 택한 자의 말고삐를 잡도록 하시오."

술율후는 후사로 삼을 아들을 자기가 직접 고르지 않고, 여러 추장들에게 맡기겠다는 뜻을 밝혔다.

하지만 이것은 형식적인 것이었을 뿐, 추장들은 이미 술율후가 야율덕광을 데리고 나타난 것을 보고 이미 황후의 마음을 짐작하고 있었다. 그들은 앞다투어 야율덕광의 말고삐를 잡고 펄쩍펄쩍 뛰며 함성을 질렀다.

"바라건대, 원수 야율덕광 태자를 섬기겠습니다."

그러자 술율후는 흡족한 미소를 지으며 말했다.

"모두가 바라는 뜻을 내 어찌 감히 어기겠소."

술율후는 차남 야율덕광을 옹립하여 천황왕으로 삼고 태후가 되었다.

다음 해에 야율아보기의 장례가 거행되었다. 태후는 이 기회를 이용하여 자신의 주위에 있는 교활하고 약삭빠른 자들을 제거하기로 마음먹었다.

"나를 위하여 돌아가신 황제께 내 말을 전해 주시오."

이미 죽은 황제에게 자신의 말을 전하라는 것은 그가 있는 저승으로 심부름을 가라는 것에 다름이 아니었다. 이렇게 해서 태후의 저승길 심부름을 하기 위해 죽은 사람이 무려 100여 명을 넘었다.

술율후는 저승으로 심부름을 보낼 마지막 사람으로 평주 사람 조사온을 선택했다. 하지만 조사온은 차일피일 미루며 저승길로 떠나지 않았다.

보다 못한 태후가 그를 불러 죽기를 재촉했다.

"너는 돌아가신 황제를 가까이에서 섬겼는데, 어찌 빨리 가려하지 않느냐?"

"제가 황제와 가까웠다 한들 태후마마만 하지 못하오니, 마마께서 먼저 가시면 신이 뒤를 잇겠나이다."

조사온이 머리를 땅에 박고 대답하자, 태후가 한숨을 쉬며 말했다.

"나도 저승에 가 계신 폐하가 몹시도 보고 싶구나. 하지만 나라에 믿을 만한 주군이 없고 폐하를 계승한 아들은 어리고 유약하니 차마 발길이 떨어지지 않는다."

술율후는 자신의 한쪽 팔을 잘라 야율아보기의 묘 안에 두게했다. 자신의 아들을 탄탄한 반석 위에 올려놓기 위한 극단의 조치였던 것이다. 이로써 조사온은 죽음을 면할 수 있었다.

276

반목하는 형제 사이에서
목숨을 잃은 사람들

오대 후당시대 5 (927년~929년)

오대 후당 시절, 양자강 유역의 10국 가운데 오(吳)나라가 있
었다. 오나라의 실권을 장악하고 있는 사람은 서온이었는데, 그
에게는 서지순을 비롯한 친아들이 6명이나 있었고 거기에 더해
양자로 삼은 서지고가 있었다.

서지고는 원래 양행밀의 양자가 될 처지였다. 양행밀은 당으
로부터 오왕에 책봉되어 오나라의 기틀을 잡은 사람이었는데
서지고의 유능함을 알고 양자로 삼으려 했으나 아들들의 반대
로 뜻을 이루지 못했다. 서지고를 놓치기 싫었던 양행밀은 자신
의 부장이었던 서온에게 그를 양자로 삼도록 했으니, 서지고의
파란만장한 운명은 양행밀의 사람 욕심으로부터 시작되었다고
할 수 있다.

양행밀이 죽은 후 그의 아들이 뒤를 이었으나, 오나라의 실권
은 서온에게 넘어갔다. 권력을 잡은 서온은 양행밀의 보호로 승
승장구하던 서지고의 자리를 자신의 친아들인 서지순에게 넘겨
주려 하다가 죽었다.

이와 같은 분위기 속에서 서지순은 오나라의 군사권을 장악하고 서지고가 있는 지역의 상류를 점거했다. 그리고는 아버지의 양자이자 법률상 명백한 형인 서지고를 경시하면서 번번이 권력 싸움을 벌였다.

　이러한 상황이 되자 내추밀사 왕령모가 서지고에게 말했다.

　"공께서 정사를 보필한 날이 오래되었으니 천자의 이름으로 경내에 명령을 내리면 누가 감히 좇지 않겠습니까? 서지순은 나이가 어린 데다가 다른 사람들에게 은혜와 믿음을 두루 미치지 못하였으니 할 수 있는 것이 없습니다."

　왕령모의 말대로 서지순은 여러 동생들에게 야박하게 굴어 원망을 사고 있었다. 서온을 모시던 서개는 서지순에게 제왕의 자질이 없다는 것을 안 뒤 서지고에게로 돌아섰다.

　오나라의 이웃이었던 오월왕 전류는 서지순에게 금과 옥으로 만든 용과 봉황이 장식된 안장과 굴레, 그릇 등을 선물로 보냈는데 이와 같은 물건은 황제가 사용하는 것들이었다. 그럼에도 불구하고 서지순은 아무런 거리낌 없이 그 물건들을 사용했다.

　이와 같은 상황을 잘 알고 있던 주정망은 서지순의 심부름으로 서지고가 있는 강도에 가게 되었다. 그는 서지고에게 아버지 서온의 탈상을 기회로 서지순이 서지고를 죽일 계획을 짜고 있다는 사실을 발설했다. 그리고는 돌아와서 서지순에게 서지고의 상황을 전함으로써 양다리를 걸쳤다.

이로써 서지고와 서지순은 서로를 책망하며 더욱 사이가 나빠졌다. 서지순이 아버지의 탈상에 참석하지 않은 것을 나무라자 서지고가 반문했다.

"네가 검을 뽑고 나를 기다리고 있는데 어찌 감히 갈 수 있겠는가?"

서지고는 주정망에게 들었던 이야기를 밝히며 동생인 서지순을 비난했다.

"천자의 신하된 자로서 너는 본분을 잃었다. 네가 천자의 수레를 보유하고 천자의 복장을 입는 것이 옳은가?"

서지고의 비난으로 그동안 주정망이 양다리를 걸쳤다는 사실을 알게 된 서지순은 불같이 화를 내며 주정망의 목을 쳤다.

이후 서지고는 연회를 베풀고 서지순을 초대했다. 그는 황금 술잔에 따른 술을 동생 서지순에게 권하며 말했다.

"바라건대, 아우는 천세를 누리게."

하지만 서지순은 그 속에 독이 들어 있을 것이라 의심했다. 그는 형인 서지고가 내린 술을 자신의 술잔에 똑같이 나누어 담은 후 그 중 하나를 서지고에게 바치며 말했다.

"이 술을 나누어 마시고 형님과 더불어 각각 500살을 누리기 원합니다."

서지고가 당황한 기색으로 얼굴색이 변하여 좌우를 둘러보자 영인 신점고가 익살을 떨며 앞으로 나왔다. 그는 서지고와 서지순의 술잔을 빼앗은 뒤 둘을 합쳐 마시고 황금술잔을 품에 안은 채 총총걸음으로 나가 버렸다.

이후 서지고가 은밀히 사람을 파견하여 좋은 약으로 신점고를 해독하게 했으나 그는 뇌가 문드러져 죽어 버렸다. 고래 싸움에 새우등이 터진다더니, 반목하는 형제 사이에서 주정망과 신점고는 목숨을 잃어 버렸다.

권력자 안중회의 최후

오대 후당시대 6 (930년~932년)

안중회는 젊었을 때부터 후당의 명종 이사원을 좇았던 인물이다. 후당을 세운 장종 이존욱은 건국 후에는 정작 정사를 돌보지 않고 교만 방자해짐으로써 나라를 혼란에 빠뜨렸다. 결국 그는 영인 곽종겸의 반란으로 피살되었고, 그 뒤를 이어 이사원이 황위에 오르게 된다.

이때 이사원을 황제로 추대한 사람이 안중회다. 그는 926년 이사원이 황제로 즉위한 이후 공로를 인정받아 후당의 새로운 권력자로 떠올랐다. 명종 이사원조차도 그의 말을 함부로 무시하지 못했다.

한번은 마목군사가 말을 제대로 기르지 못하여 많은 말들이 삐쩍 말라 죽는 일이 발생했다. 명종이 그를 처단하려 하자 안중회가 이에 대하여 간언했다.

"말 때문에 군사를 죽였다는 소문이 나면 천하 사람들은 폐하께서 사람보다 말을 중히 여기신다고 생각할 것입니다."

명종은 안중회의 말에 수긍하고 마목군사를 사면했다.

이와 같은 예에서 볼 수 있는 것과 같이 안중회는 국가를 경영하는 데 있어 일가견을 가진 사람이었다. 그는 명종에게 왕 덕비를 추천하기도 했는데, 이에 대하여 《신오대사》에서는 다음과 같이 기록하고 있다.

덕비 왕씨는 빈주에 있는 떡집의 딸로 미색이 있어 '화견차(花見差)'라 하였다. 어릴 때 팔려가 후량의 장수 유심을 모셨는데, 유심이 죽고 나니 갈 곳이 없었다. 이때 이사원의 정실인 하 부인이 죽어 별실을 구하고 있었는데, 마침 어떤 사람이 안중회에게 왕씨를 소개했다. 안중회가 이사원에게 왕씨를 소개하여 받아들여졌으니 왕 덕비는 안중회에게 큰 덕을 입었다.

이사원이 조 숙비를 왕후로 삼고자 하니, 조 숙비가 왕 덕비에게 황후 자리를 양보하며 말했다.

"나는 평소에 가슴이 답답하고 신열이 나는 병을 앓고 있어 접대하는 일에 피로를 느끼니 동생이 나를 대신하여 그 일을 맡아 주오."

이 말을 들은 왕 덕비가 반문했다.

"황후는 지존의 짝이시온데 누가 감히 이를 대신할 수 있겠습니까?"

이러한 사실을 알게 된 명종 이사원은 조 숙비를 황후로 삼았다. 그러니 조 숙비나 왕 덕비 모두를 덕스러운 사람이라 할 것이다.

이 고사에 미루어 보건대 명종 이사원에게 안중회는 정말로 고마운 인물인 것이다.

명종은 원래 검소하고 소탈한 성품이었지만 황제가 된 후 오랜 시간이 지나자 차츰 씀씀이가 사치스러워지기 시작했다. 안중회는 이에 대하여 매번 간언을 올렸으니 명종에게는 즐거운 일은 아니었다.

또한 명종의 비들이 창고에 있는 비단을 가져다가 바닥에 까는 깔개를 만들자 안중회는 장종 이존욱의 유후를 예로 들며 경계로 삼을 것을 간언했다. 이러한 일로 명종의 비들도 그를 원망했다.

어쨌거나 안중회는 자신의 권력을 행사하며 정적을 제거했는데, 그 일이 지나치다 보니 제거되는 정적보다 새로 생기는 정적이 더 많았다. 한번은 선무절도사 부습이 은연중에 안중에게 대항하는 일이 있었는데 안중회는 그의 과실을 찾아 상주함으로써 그로 하여금 벼슬에서 물러나게 했다.

또한 이사원의 양자인 이종가와 술을 먹다가 말다툼이 일어나 이종가가 안중회를 구타하는 일이 생겼는데, 후에 이종가가 사과함으로써 겉으로는 무마된 듯 보였지만 두 사람 사이에는 사사건건 부딪치는 일이 많았다. 안중회는 이종가를 제거하기 위해 그를 모함하는 일을 꾸몄는데, 명종이 그 일의 내막을 눈치채게 되어 뜻을 이루지 못했다.

이제 안중회는 어디를 가나 정적을 만나야 했다. 겉으로 반기던 사람도 그가 돌아가고 나면 바로 험담을 일삼았다. 사정이 이러하다 보니 그가 아무리 황제를 옹립하는 데 큰 공을 세우고 옳은 일을 했다 하더라도 더 이상 버틸 수가 없었다.

급기야 안중회는 반란을 일으키려 했다는 죄목으로 고발당하고 말았다.

"안중회가 다른 뜻을 가졌다면 마땅히 그를 죽여라."

황성사 곽광업이 명하자 안중회를 감시하던 명종의 조카 이종장이 그의 머리를 내려쳐 죽였다. 너무 강하면 부러지게 마련이라는 옛말이 입증되는 순간이었다.

278

그래도 혈육인데
어찌 무고한 손자를 죽이겠는가

오대 후당시대 7 (932년~934년)

명종 이사원이 후당의 황제로 등극했을 때는 이미 나이가 59
세였다. 오랜 세월 산전수전 다 겪은 몸은 이미 노쇠 현상이 찾
아왔으니 아무리 황제가 되었다 한들 인력으로는 어찌해 볼 수
없는 일이었다.

명종 이사원의 장남인 이종수는 장종 이존욱의 양자가 되었
다가 장종이 피살될 때 함께 죽었다. 이제 후계자 순서는 둘째
아들 이종영에게로 돌아간 셈이었는데, 명종은 그가 못마땅하
기만 했다.

시 짓기를 좋아한 이종영은 선비들을 막부에 모아 놓고 더불
어 시를 주고받으며 뽐내기를 즐겼다. 매번 술자리를 마련할 때
마다 번번이 아랫사람들에게 시를 짓게 하고는 그것이 자신의
마음에 들지 않으면 갈기갈기 찢어 던져 버렸다.

명종은 그런 아들 이종영에게 충고했다.

"내가 비록 글은 알지 못하나 유생들의 강론을 기꺼이 들었더
니 사람들의 지혜와 생각을 아는 데 매우 유익하였다. 내가 장

종을 알현했을 때 장종 역시 시 짓는 것을 좋아했는데, 장수 집안의 아들들은 평소에 글 짓는 것을 익히지 않아서 다른 사람들의 웃음거리가 되는 일이 많으니 너는 이를 본받지 마라."

그러나 이종영의 태도는 고쳐지지 않았고, 당연하게 후계자로서의 그의 인기는 나날이 떨어졌다. 오히려 사람들에게 인기가 있는 것은 여섯째 이종후였는데 그는 못난 척하면서 형을 받들기만 했다. 또한 매제 석경당은 이종영과 마주치지 않기 위하여 자청하여 전방으로 나가 버렸다. 사정이 이렇다 보니 이종영의 주위에는 그를 통하여 이익을 보려는 사람들만 남아 있었다.

명종은 나이 66세에 병이 들었다. 황제의 병환이 점점 깊어지자 진왕 이종영은 황궁으로 들어와 아버지의 병세를 살폈다. 명종은 아들이 문안을 여쭈어도 머리를 숙인 채 일어나지 않았다. "폐하, 이종영이 왔습니다."

왕 숙비가 그의 몸을 흔들었지만 아무런 반응도 없었다. 이종영은 그대로 궁을 빠져나왔다. 궁궐 안의 모든 사람들이 통곡한다는 소식을 듣게 되자 그는 아버지 명종이 이미 죽었다고 생각했다. 그러나 병을 핑계로 궁궐에 들어가지 않았다.

그날 저녁 명종의 병세는 조금 차도가 있었지만 이종영은 이를 알지 못했다. 그는 여론이 자기편이 아님을 알고 패거리와 모의하여 궁을 장악할 작전을 세웠다. 군사들을 데리고 들어가 황제를 보필한다는 명목으로 권신들을 제압하려 한 것이다.

이종영은 평복을 입은 채로 군사 1천 명을 거느리고 천진교에서 진을 쳤다. 누가 보더라도 반란을 일으킨 모습이었다.

이를 본 맹한경이 다급하게 명종을 알현하여 말했다.

"폐하, 이종영이 반란을 일으켰습니다. 그의 군사들이 단문을 공격했으니 곧 궁궐로 들어올 것입니다."

이 말을 들은 사람들은 서로 돌아보며 울음을 터뜨렸다.

"이종영이 어찌 이리도 짐을 힘들게 한단 말인가!"

주홍소가 문지기에게 궁궐 문을 닫도록 명하니, 이사원의 양자이자 이종기의 아들인 이중길이 군사를 이끌고 궁문을 사수했다. 맹한경은 마군도지휘사 주홍실에게 500명의 기병을 주어 이종영을 토벌하게 했다. 반(反)이종영 진영이 형성된 것이다.

호상을 점거하고 다리 위에 앉아 있던 이종영은 주홍실이 기병을 이끌고 나타나자 크게 놀라 유 왕비와 함께 평상 아래로 숨었다. 그러나 황성사 안종익이 그들의 목을 베고 이종영의 아들도 죽었다.

명종은 아들 이종영이 죽었다는 소식을 듣고 혼절을 거듭했다. 이로 말미암아 병세가 더욱 악화되었다. 제장들이 궁궐 안에서 양육되고 있는 이종영의 어린 아들을 제거하게 해 달라고 요청하자 명종은 울면서 말했다.

"대체 그 아이에게 무슨 죄가 있단 말인가!"

비록 아들이 반란을 일으켜 죽었더라도 그 죄를 물어 무고한

손자까지 죽일 수는 없는 일이었다. 혈육의 정이라는 것이 어찌
그러하지 않겠는가.

권력 교체기의 두 인물,
양사권과 왕사동

후당 명종 이사원의 뒤를 이은 것은 다섯째 아들인 이종후였
다. 그는 두 형이 정치적 회오리에 휘말려 피살되는 바람에 우
연치 않게 황제가 되었다.

이종후에게는 경계해야 할 인물들이 있었다. 명종이 양자로
들인 봉상절도사·겸시중인 노왕 이종가와 명종의 셋째 딸 영녕
공주와 결혼한 석경당 등 명제를 도운 공로와 명성이 있는 인물
들이었다.

후당의 새 황제로 등극한 민제 이종후로서는 이들을 경계하
지 않을 수 없었다. 그들은 황제와 친인척 관계였을 뿐만 아니
라 신망이 높았고 강력한 군사력을 보유하고 있었으므로 민제
이종후가 황제의 권력을 강화하기 위해서는 이들의 세력을 약
화시켜야만 했다.

민제는 주홍소와 풍빈을 내세워 노왕 이종가를 하동절도사로
삼아 북도유수를 겸임하게 하고, 석경당은 성덕절도사로 삼았
다. 그런데 이와 같은 조치는 황제의 조서에 의한 것이 아니라

사신으로 하여금 추밀원에서 발행한 문서를 보내는 형식으로 이루어졌다.

이를 안 이종가는 자신의 근거지를 빼앗는 이러한 조치에 복종하지 않았다. 그의 수하들도 반발하여 이종가를 자극했다.

"주상께서 춘추가 어리시니 이와 같은 정치적인 일은 주홍소와 풍빈에게서 비롯되고 있습니다. 대왕의 공명이 주군을 떨게 하고 있으니 이곳을 떠나면 위험해집니다. 결코 받아들여서는 안 될 것입니다."

결국 이종가는 명령에 따르지 않았다. 이는 반란이나 마찬가지였다. 그러자 조정에서는 격문을 보내 여러 도의 군사들을 이종가가 있는 봉상으로 집결하게 했다. 정황이 불리하다는 것을 눈치 챈 이종가는 성 밖으로 나와 울면서 그를 토벌하러 온 군사들에게 말했다.

"나는 관례를 올리지 않은 나이 때부터 돌아가신 황제를 좇아 삶과 죽음을 넘나들었고 온몸에 쇠붙이로 인한 상처를 입으면서 오늘의 사직을 세웠다. 너희들은 나를 따랐으니 직접 그 일을 보았을 것이다. 지금 조정에서는 참소하는 신하를 신임하고 골육지친은 시기하고 있는데 대체 내가 무슨 죄를 지었다고 죽임을 당하겠는가?"

이종가와 함께 전장을 누볐던 토벌군들은 그의 말에 공감했다. 토벌군 가운데 양사권이 크게 소리를 지르며 이종가를 주군으로 선언했다. 토벌군의 대부분이 그의 말에 동조하며 창끝을 돌렸는데 유독 왕사동만은 이에 따르지 않았다. 토벌군들은 왕사동을 붙잡아 이종가 앞으로 끌고 갔다.

이종가가 왕사동을 책망하며 꾸짖자 그가 말했다.

"먼저 돌아가신 황제께서 저를 발탁하여 직위가 절장에 이르렀지만 저는 항상 공로 없이 큰 은혜를 입은 것이 부끄러웠습니다. 대왕께 붙으면 부귀를 얻게 된다는 것을 모르지 않으며, 지금의 조정을 돕는다면 화와 재앙을 받게 된다는 것도 잘 알고 있습니다.

다만 제가 두려워하는 것은 죽는 날 저승에 계시는 황제를 뵐 면목이 없을까 하는 것입니다. 토벌의 명을 받고 왔으나 패배하였으니 전고(戰鼓)에 피를 바르는 것이 진실로 합당합니다. 청컨대 저를 죽여 주시옵소서."

죽음으로써 황실과 조정에 의리를 지키겠다는 말에 이종가는 마음을 누그러뜨리고 그를 용서했다. 그러나 토벌의 창끝을 돌림으로써 스스로 부끄러운 자가 되어 버린 양사권의 무리는 왕사동을 제거해 버렸다.

양사권처럼 대세를 따를 것인가, 아니면 왕사동처럼 의리를 지킬 것인가. 권력이 교체하는 시기에 늘 나타나는 정답이 없는 문제라고 할 수 있다.

오대
후진시대

자치통감 권280~자치통감 권285
936년~946년(11년간)

五代
後晉時代

五代　後晉時代

오대 후진시대

　《자치통감》 권280부터 권285까지의 여섯 권에는 오대 후진이 중원의 왕조로 있었던 936년부터 946년까지 11년 동안의 역사가 기록되어 있다. 후진을 세운 석경당은 원래 후당 명종 이사원의 사위이면서 이사원을 황위에 오르게 한 인물이었다. 하지만 민제 이종후에 반기를 든 이종가와 반목하게 되자 거란의 도움을 받아 후진을 세우고 후당을 멸망시켰다.

　이러는 동안 지방에서는 민이 멸망하고 후촉·오월·초·남한·형남은 독자적인 세력을 계속 유지하고 있었다. 오 지역에서는 이변의 남당이 섰으나, 지방 정권의 교체에 불과했다.

　거란족이 세운 요나라는 석경당을 도와 후진을 세우게 한 대가로 연운 16주를 얻게 되었다.

오대 후진시대 1 (936년)

이종가는 민제 이종후를 죽이고 황위를 차지했다. 그가 황위에 오른 후 명제의 사위인 석경당은 경계의 대상이 되었다. 황제 이종가의 생일날 석경당의 아내인 진국의 장공주가 축하 인사만 하고 바로 그들의 근거지인 진양으로 돌아가 버리자 술에 취한 황제가 일갈했다.

"장공주가 궁에 머무르지 않고 바로 돌아가는 것을 보니 이는 석경당과 더불어 반란을 일으키려 함이로다!"

이 소식이 진양으로 전해지자 석경당은 두려움에 몸을 떨었다. 황제와 대결한다는 것이 얼마나 힘든 일인지 잘 알고 있었기 때문이다.

하동절도사 석경당은 북방을 방어하기 위해서 군비를 조달한다는 명목으로 낙양과 여러 도의 물자를 모두 거두어 진양으로 가지고 갔다. 이를 본 많은 사람들은 석경당이 다른 마음을 품고 있다고 생각했다. 명제 이사원의 양자인 황제 이종가와 사위 석경당이 본격적으로 대결의 수순으로 들어가게 된 것이다.

황제 이종가가 이 일에 대해 조정 신하들과 의논하는데 여기가 말했다.

"하동에서 다른 마음을 품고 있다면 반드시 거란과 결탁하여 원조를 받으려 할 것입니다. 하오니 우리가 먼저 거란과 유화 정책을 맺어야 합니다."

여기의 의견에 이숭도 동의하고 재상 장연랑도 동의했다. 그들은 거란에 보내기 위한 〈유거란서(遺契丹書)〉를 작성해 놓고 황제의 명령을 기다렸다. 황제는 이 일에 대하여 추밀직학사 설문우에게 의견을 물었다.

"황제께서 몸을 굽혀 오랑캐를 받든다면 어찌 욕된 일이 아니겠습니까. 만약 오랑캐가 공주를 달라 요구한다면 어찌 이를 거절하시겠습니까?"

설문우는 거란과 유화하는 일에 대해 강력하게 반대했다.

말제는 거란에 대한 유화 정책을 포기하고 대신 석경당에 대한 인사 조치를 단행했다. 그를 천평절도사로 옮겨 새 부임지에서 힘을 쓸 수 없도록 하고, 그가 있던 하동에는 자신의 심복인 마보도지휘사·하양절도사 송심건을 임명했다. 이는 곧 석경당의 기병을 재촉하는 일에 다름이 아니었다.

이와 같은 황제의 처사를 보고 장서기 상유한이 석경당에게 말했다.

"공께서는 명제의 총애를 한몸에 받던 사위이신데 지금의 주상께서는 공을 반역자로 보고 계십니다. 지금 공이 아무리 머리 숙여 폐하께 사죄를 올린다 하더라도 이는 해결될 문제가 아닙니다. 하오니 지금의 난국을 헤쳐 나갈 계책을 세워야 합니다.

거란은 본래 명제와 더불어 맹약한 형제국입니다. 공께서 진실로 마음을 미루고 절개를 굽혀 그들을 섬긴다면 만에 하나 위급한 일이 생겼을 때 아침에 부르면 저녁에 도착할 것입니다. 그런데 어찌 이루지 못할 것을 걱정하십니까?"

상유한은 거란 세력을 이용하여 거병할 것을 석경당에게 권고한 것이다.

이로써 명제의 양자와 사위 간의 본격적인 싸움이 벌어졌다. 석경당은 상유한으로 하여금 거란의 군주에게 신하가 되겠다는 표문을 만들도록 하고, 아버지 명제와 맺은 형제의 맹약에 따라 거란의 황제를 아버지로 섬길 수 있도록 해 달라고 요청하도록 했다. 당시 거란의 황제인 야율덕광은 석경당보다 열 살이나 어렸다.

여기에 덧붙여 그는 반란이 성공하면 후당의 땅인 연운 16주를 그들에게 떼어 주겠다는 약속까지 했다. 이와 같은 내용이 적힌 표문을 가지고 석경당의 사신이 거란으로 향했다.

거란은 석경당이 요청한 원조를 승낙하고 추석날을 기하여 구원하러 오겠다는 기별을 보냈다. 이 소식을 들은 이종가는 장경달로 하여금 급히 진양을 공격하게 했으나 성공하지 못했다.

거란이 5만의 기병을 거느리고 남진해 오자 양자 이종가와 사위 석경당의 싸움은 싱겁게 끝이 났다. 거란과 석경당의 연합군이 승리한 것이다.

석경당은 후당의 왕조를 무너뜨리고 후진을 세웠다. 그러나 거란에게 땅을 떼어 주겠다고 했던 약속은 두고두고 중국과 거란의 외교 문제를 낳는 단초가 되었다. 양자와 사위라는 비혈육 가족의 집안싸움에 이민족을 끌어들인 결과였다.

오대 후진시대 2 (937년~938년)

후진을 세운 고조 석경당은 거란의 도움을 받아 나라를 건국했다. 당시 거란과의 교섭은 쉬운 일이 아니었다. 또한 당시는 문신이 천대받던 시절이었다. 그런데 문인 출신의 상유한이 거란과의 교섭을 추진하여 성공을 거두었다.

상유한은 과거에 합격하지도 못했고, 외모 또한 추하게 생겼다는 이유로 주목을 받지 못하던 사람이었다. 하지만 석경당에게 자기의 포부를 밝힘으로써 장서기로 발탁되었다.

후진이 건국되었지만 여러 번진을 차지하고 있는 절도사들은 새로운 왕조에게 복종하려 들지 않았다. 또한 지금까지 겪어온 일과 석경당 스스로 한 일을 돌아보더라도 복종하는 절도사들에 대하여 마냥 안심할 수도 없는 일이었다. 언제 그들이 반대쪽으로 기울지 모를 일이었기 때문이다. 이런 상황이다 보니 후진의 고조 석경당은 항상 불안과 걱정에 시달렸다.

더욱이 전쟁의 여파로 창고는 비고 백성들은 가난에 시달리는데, 후진을 원조했던 거란의 요구는 끝이 없었다.

상유한은 고조에게 침착한 태도로 이러한 난국을 헤쳐 나갈 방법을 제시했다.

"원한을 버리시고 정성을 다하여 군사와 백성들을 어루만지소서. 말씀은 낮추고 예의를 두텁게 하여 거란을 받드시는 한편, 사졸을 훈련시키고 병장기를 수선하여 군사력을 키우셔야 합니다.

또한 농업과 양잠에 힘써 창고를 채우시고, 상인들을 교류시켜 재화를 풍요롭게 하셔야 합니다. 이와 같은 일에 힘쓰신다면 몇 년 사이에 중원은 점차 안정될 것입니다."

상유한은 천웅절도사 범연광이 반란을 일으킬 움직임을 보이자 고조에게 도읍을 옮기는 정책을 제안했다.

"반란 세력은 초기에 힘이 미약할 때 번개같이 쳐야 합니다. 대량은 범연광의 근거지인 위주와 아주 가까우므로 그곳으로 도읍을 옮겨 반란에 대처하소서."

그리하여 대량으로 도읍을 옮기고 장종빈을 기용하여 범연광을 치게 했는데, 장종빈은 오히려 범연광과 한패가 되어 고조 석경당의 아들을 죽이고 도읍인 대량을 위협했다.

급박한 위기 상황을 맞이한 대량에서는 격문이 나돌고 관리들 중에는 두려워하지 않는 사람이 없었다. 오직 상유한만이 조용히 군사를 지휘하며 계책을 세우고 빈객을 접대하면서 아무 일 없는 것처럼 행동했다. 이와 같은 상유한의 모습을 보면서 대량의 사람들은 차츰 안정을 되찾았으니 그가 홀로 후진을 지킨 셈이 되었다.

상유한은 봉국지휘사 후익에게 조서를 내리게 해서 금군 5천 명을 인솔하고 두중위와 연합하여 장종빈을 토벌케 했다. 또한 선휘사 유처양에게 여양에서 군사를 나누어 그를 토벌케 했다.

이와 같은 상황이다 보니 황제는 반란군을 토벌하는 사람들을 무시할 수 없었다. 유처양은 광진을 포위하고 나서 양광원과 빈번히 왕래했는데, 양광원이 황제에게 주청하는 것이 대부분 분수를 넘었다. 고조는 그들이 자신을 돕는 사람들이었으므로 이런 일들을 대략 얼버무리며 넘겨 버렸다. 자신을 돕는 사람에게 정도를 논할 수 없었던 것이다.

하지만 상유한은 홀로 법에 의거하여 모든 일을 처리했다. 양광원은 자신의 요구가 번번이 거절되자 유처양에게 불평을 늘어놓았다. 유처양은 그 모든 일이 상유한 때문이라고 했으므로 양광원은 상유한을 원망하게 되었다.

반란을 일으킨 범연광이 항복한 후 양광원은 비밀리에 상유한의 과실을 논하는 표문을 올렸다. 하지만 고조 석경당은 모든 일의 내막을 알고 있었으므로 범연광의 모함에 넘어가지 않았다.

무신들의 시대인 오대에 상유한은 문신으로서 나라를 안정시키는 데 큰 공을 세운 시대의 영웅이었다.

282
황제의 조상 만들기 작전

오대시대에 오나라는 당나라 시절부터 양자강 유역에서 독자적인 세력을 유지하고 있었는데, 이 지역에서 처음으로 세력을 잡은 사람은 양행밀이다.

양행밀은 양자강을 중심으로 세력을 유지하면서 후량을 세운 주전충과 대립하기도 했다. 그가 세력을 확대하기 위해 호주를 공격할 때 고아를 하나 만났는데 그 아이의 이름은 이팽노였다. 양행밀은 이 어린아이의 외모를 기이하게 여겨 자신의 양자로 삼으려 했으나 친아들들이 거부하는 바람에 뜻을 이루지 못하고 부하인 서온에게 양자로 삼아 기르게 했다.

상관의 명에 따라 이팽노를 양자로 삼은 서온은 아이의 이름을 서지고로 바꿨다. 서온의 부인인 이씨는 자기와 같은 성씨를 가진 이팽노를 특별히 아끼며 길렀는데, 양행밀이 죽은 후 서온은 쿠데타를 일으켜 정권을 장악했다.

서온의 뒤를 이어 그의 양자인 서지고가 오나라의 권력을 장악하자 오왕 양부는 서지고에게 황위를 선양했다. 황제가 된 서지고는 국호를 대제(大齊)로 고치고 서온을 태조로 추존했다.

황제가 된 서지고는 본래의 성을 회복하고 이름도 이변으로 바꿨다. 그러다 보니 자신의 양부이자 태조로 추존한 서온과의 관계도 바꾸어야만 했다. 이에 따라 서온은 태조에서 의조로 바뀌었다.

황제의 임무 중에는 나라를 다스리는 것 외에도 종묘와 사직을 잘 돌봐야 하는 책임이 있다. 따라서 황제가 된 이변은 자신의 뿌리를 찾아 제사를 지내야 했는데, 당 왕조가 이씨의 왕조였던 점에 착안하여 당의 후예가 되기로 결정하고 국호를 당(唐)으로 고쳤다. 이연이 세웠던 당나라를 부흥시킨다는 의미에서였다.

이렇게 성씨를 바꾸고 황실의 뿌리 심기를 완성하고 나니 조상을 어떻게 설정할 것인가 하는 문제가 대두되었다. 황제는 7실의 종묘를 두고 여기에 모시는 일곱 조상의 제사를 지내야 한다. 고아였던 이변은 조상을 알지 못했으니 거짓으로 꾸미기라도 해야 하는 상황이 되었다.

이변은 처음에 당 태종 이세민의 아들인 오왕 이각을 시조로 삼으려 했다. 하지만 이각은 당 고종 때 주살당했기 때문에 시조로 삼기에는 적절하지 않다는 의견이 제시되었다. 때문에 한 세대를 올려 당 고조 이연의 아들인 정왕 이원의를 시조로 삼아야 한다는 의견이 나왔다.

이변은 유사에게 명령하여 이각과 이원의의 후손을 조사하도록 했다. 둘 중 누구를 자신의 조상으로 삼을 것인지 결정하기 위한 조치였다. 그 결과 이각의 손자인 이의가 당 현종 때 큰 공로를 세운 일이 있었고, 그의 아들 이현은 재상을 지냈다는 보고가 올라왔다. 이러한 근거에 따라 이변은 드디어 자신의 조상을 결정했다.

"오왕 이각을 시조로 하고, 이현에서 5대를 거쳐 아버지 이영에게 이른다."

그런데 이각에서 이변까지의 계보를 분명하게 밝힐 방법이 없었다. 이 일을 담당한 유사는 가상 인물을 창작하여 이연에서부터 이변에 이르기까지 10대를 만들어 완성한 황제의 족보를 이변에게 바쳤다.

이를 본 이변이 유사에게 물었다.

"당나라의 300년 역사를 볼 때 이연에서 시작하여 19명의 황제가 있었는데 이연에서 과인까지 10대로 정한 것은 너무 적지 않은가?"

유사가 대답했다.

"한 세대를 30년으로 보자면 폐하께서 태어나기 전까지가 9대 270년이옵니다. 폐하의 춘추가 올해로 50이시니 조상을 10대로 정하면 충분히 믿을 만하옵니다."

이렇게 해서 황제의 조상 만들기 작전은 마무리되었다.

오락가락 황제의
마음대로 약속 지키기

오대 후진시대 4 (942년~944년)

오대 십국은 절도사의 시대였다. 그 가운데 가장 포악하고 잔
인한 사람은 후진의 장언택이다. 그는 자기 아들이 여리고 약하
다는 이유로 누차 욕을 하고 태장을 때렸는데 아들이 도망쳤다
가 잡혀오자 죽이려 했다. 이때 장서기 장식이 이를 말리려 하
니 그 또한 죽이려 했다. 장식이 도망쳤으나 끝까지 쫓아가 붙
잡아 가슴을 쪼개고, 입을 찢고, 팔다리를 자른 후 목을 치는 만
행을 저질렀다.

장언택은 창의절도사로 경주에 있을 때 마음대로 군대를 징
발하여 여러 호족을 쳤다. 그러나 군사들이 모두 패하여 죽자
백성들의 말 1천여 필을 조달하여 이를 보충했다. 돌아오는 길
에 섬주에서 탈영하여 도망친 장수 양홍을 붙잡았는데, 그가 술
에 취한 틈을 타 손과 발을 자르고 목을 베었다.

이와 같이 무법천지의 야차 같은 짓을 하는 장언택에 대하여
왕주가 후진의 황제인 고조 석경당에게 주문을 올렸다.

"탐욕스럽고 잔인한 장언택이 불법을 저지른 것이 스물여섯

가지에 이르니 백성들 가운데 흩어지고 도망친 사람이 5천여 호에 이릅니다."

하지만 석경당은 장언택이 전장에서 세운 공이 있고, 평로절도사 양광원의 인척이라는 이유로 무죄방면 하고 죄를 묻지 않았다. 이를 본 우간의대부 정수익이 간언했다.

"양홍이 도륙된 까닭은 지난해에 폐하께서 장언택을 보내어 그들로 하여금 뜻을 굳세게 하려 하신 데서 비롯되었으니, 흉악하고 잔인한 장언택이 감히 방자하여 거리낌이 없었습니다.

그가 한 일을 보고 들은 사람들 가운데 이를 갈지 않은 자가 없는데도 폐하께서는 마음을 움직이지 않으시고 한 번도 따지거나 책망하지 않으시니, 이는 정직함과 사특함을 분별하지 아니하고 상벌에 법규가 없었던 일입니다."

정수익은 장언택을 법대로 처벌해야 한다고 주장했다.

"사람들은 모두 폐하께서 장언택이 바친 말 100필을 받고 그를 방면해 주었다고 말하는데, 신은 이와 같은 폐하의 오명을 애석하게 생각합니다. 엎드려 빌건대 장언택의 죄를 법대로 물어 성덕을 밝히시옵소서."

그럼에도 불구하고 석경당은 장언택을 처벌하지 않고 정수익의 상소를 보류시켰다. 그러자 형부랑중 이도 등이 대궐에 엎드려 장언택의 죄를 극단적으로 진술했다. 그가 말하는 것이 너무나도 간절하고 지극하여 황제로서도 더 이상 미적거릴 수가 없게 되었다. 하는 수 없이 석경당은 칙서를 내렸다.

"장언택은 한 계급을 깎고 작위를 한 등급 내리며, 장식의 아버지와 자제들 모두에게는 관직을 제수한다. 또한 경주의 백성들 가운데 본업에 복귀하는 사람은 그들의 요역과 부세를 감면할 것이다."

그러나 이것은 미봉책에 불과했다. 이도는 다시 중서성, 문하성, 어사대의 관리와 더불어 장언택의 처벌이 너무 가벼우니 법대로 판결하도록 해 달라는 조서를 올렸다. 석경당은 이도를 불러 면전에서 그를 타일렀지만 이도는 조금도 물러서지 않았다. 이에 석경당이 말했다.

"짐은 이미 장언택에게 죽이지 않겠다는 약속을 했소."

석경당이 이미 황제로서 한 약속을 지키기 위하여 장언택을 처벌할 수 없다는 논리를 펼치자 이도가 말했다.

"폐하께서 장언택을 죽이지 아니하겠다 허락하신 약속은 저버릴 수 없습니다. 그러나 신은 범연광의 철권이 어디 있는지 알지 못하겠습니다."

후진에 반기를 들었던 범연광은 마음을 바꿔 후진에 귀순하면서 절대로 죽이지 않겠다는 철권을 받은 바 있다. 그러나 후에 그는 양광원 부자에게 죽임을 당했고, 황제는 이를 묵인했다. 누구에게는 죽이지 않겠다는 약속을 지켜야 하고 누구에게는 그 약속을 지키지 않아도 되는지, 아무런 기준 없이 가려서 적용되는 황제의 약속을 꼬집은 것이다.

　말문이 막힌 석경당은 분연히 자리를 떨치고 일어나 안으로 들어가 버렸다. 그리고는 처벌받아 마땅한 장언택을 좌용무대 장군을 삼았다. 기준도 없고 정의도 없는 오로지 황제 마음대로 하는 오락가락 약속 지키기였다.

284
석중귀의 자존심이 야기한
거란과의 전쟁

오대 후진시대 5 (944년~945년)

후당의 이종가와 후진을 세운 석경당은 처남 매부 관계다. 이종가가 후당의 황제가 된 후 극심한 견제를 받게 된 석경당은 자존책으로 거란의 신하를 자청하며 군사적 지원을 받아 후진을 세웠다.

하지만 석경당이 죽고 그 뒤를 이은 석중귀는 거란에 칭신하기를 거부했다. 석중귀는 석경당의 조카로 석경당의 양자가 된 사람이다.

이로써 후진과 거란 사이에는 지루한 전투가 이어졌는데, 석중귀가 즉위한 2년째 되던 해에는 거란이 대대적으로 후진을 공략하러 내려왔다.

거란족이 세운 요나라의 태종 야율덕광은 군사 10여만 명을 거느리고 전주성 북쪽에 진을 치고 동서로 성의 양쪽 모퉁이를 가로질러 급습을 실행했다. 하지만 후진의 귀덕절도사 고행주가 군사를 이끌고 나와 싸우는 바람에 승패가 계속 엇갈리는 싸움으로 이어졌다. 이 싸움은 다음해까지 계속되었으니 후진과 거란 모두 지치고 고통스러운 싸움이었다.

거란의 술율 태후는 양쪽 모두를 위하여 전쟁을 중단해야 한다고 생각하고 자신의 아들인 요태종 야율덕광과 이 문제를 논의했다.

"한인(漢人)으로 하여금 우리의 주군이 되게 하는 것이 가능하겠소?"

"불가능합니다."

"그렇다면 폐하는 무슨 까닭으로 한족의 주군이 되려 하는 것이오?"

"석씨가 은혜를 저버렸으니 용납할 수 없습니다."

야율덕광은 거란족과 한족이 하나가 될 수 없음을 분명히 알고 있었지만, 석중귀가 석경당 때 했던 칭신의 약속을 마음대로 어긴 일을 용서할 수 없다고 말했다. 이에 술율 태후가 물었다.

"폐하가 지금 한의 땅을 얻는다 하여도 그곳에서 살 수는 없는 일이 아니오. 만에 하나라도 차질이 생긴다면 아무리 후회해도 어찌 따라잡을 수 있겠는가?"

술율 태후는 요나라가 후진을 치는 것은 거란족에게 아무런 이득이 없다고 말하고 있었다.

그녀는 아랫사람들을 둘러보며 말했다.

"한족의 아이들이 어찌 한 방향으로 잠을 잘 수 있겠는가? 예로부터 한족이 번족과 화친했다는 소리는 들었으나, 번족이 한족과 화친했다는 소리는 들은 바가 없다.

한족의 아이가 생각을 돌린다면 우리도 역시 더불어 화목하는 것을 어찌 애석하게 여기겠소!"

술율 태후는 거란도 후진과 화목하게 지내야 한다고 강조하고 있었다.

한편 후진에서도 상유한이 누차 황제인 석중귀에게 요나라와 강화를 체결하여 나라의 걱정거리를 줄일 것을 권하고 있었다. 그러자 석중귀는 개봉군장 장휘를 공봉관으로 삼아 표문을 받들고 칭신하게 하고, 거란에게 가서 겸손한 말로 잘못을 사죄하게 했다.

야율덕광은 한 가지 조건을 내걸었다.

"경연광과 상유한으로 하여금 스스로 오게 하고, 진과 정 두 도(道)를 떼어 나에게 예속시킨다면 화친을 하겠다."

두 개의 도를 내놓으라는 거란의 요구에 화가 난 후진의 조정에서는 그들이 화친할 의사가 없다고 하면서 논의를 중단했다. 자존심과 애국심을 내세운 화의 반대 여론에 양국의 안위는 다시 불안한 상황으로 되돌아갔다.

그로부터 2년 뒤, 야율덕광은 후진의 도읍인 대량으로 들어갔다. 후진을 멸망시키면서 야율덕광은 이숭 등에게 말했다.

"지난번에 후진의 사자를 다시 내게 보냈다면 남과 북이 싸울 일은 없었을 것이다."

만약 석중귀가 그때 거란에 고개를 한번 숙였다면 후진은 멸망하지 않았을지도 모른다. 석경당이 자존심을 굽혀 세운 나라가 석중귀의 자존심 때문에 멸망한 셈이니 후진의 운명은 참으로 아이러니하다.

후진에게 배반당한 토욕혼

오대 후진시대 6 (945년~946년)

후진은 석경당이 거란에 신하가 되기를 자청하고 원조를 받아 건립된 왕조다. 하지만 그의 뒤를 이은 석중귀가 자존심을 내세워 칭신하기를 거부함으로써 거란과의 일전을 불사해야 하는 국가적 위기에 봉착했다.

후진에서는 독자적으로 거란의 군사력에 대항할 수 없다는 점을 잘 알고 있었기 때문에 토욕혼을 끌어들여 전력을 강화하고자 했다. 토욕혼은 선비족의 한 지파로 위진남북조 말기에 경쟁에서 밀려 중국의 서부로 이동한 후 독자적인 세력을 형성하고 있었다.

거란과의 우호 관계를 끊은 석중귀는 토욕혼의 추장 백승복을 불러들였다. 백승복은 이미 석경당 시절에 유지원에게 투항했으므로, 후진은 쉽게 토욕혼과 연합할 수 있었다. 석중귀는 연회를 열어 백승복을 환대하고 후한 하사품을 내렸다.

석중귀와 연합한 백승복이 전주에서 거란을 맞아 싸울 때 활주에서 국경을 지키던 장종은은 토욕혼 사람들을 태원으로 보내어 남현과 이석현의 경계에서 목축을 하게 했다.

이렇게 해서 북쪽으로 옮겨간 토욕혼 사람들이 자주 법을 어기자 유지원은 그들을 그냥 내버려 둘 수 없었다.

토욕혼 사람들은 후진의 조정이 힘이 없다고 생각하고 제멋대로 행동하고 있었는데, 막상 그 지역을 관장하는 유지원이 엄격하게 일을 처리하자 겁을 먹었다. 그들은 더불어 모의하기를 그곳에서 도망쳐 옛 땅으로 돌아가자고 결의했다.

그들 가운데 지위가 백승복 다음인 백가구가 있었다. 그는 부하들을 인솔하고 먼저 도망하여 거란에 귀부했다. 거란에서는 그를 등용하여 운주관찰사로 삼은 뒤 백승복을 유혹했다. 이 일을 두고 유지원이 곽위와 더불어 논의했다.

"지금 천하에는 일이 많은데 토욕혼을 태원에 안치한 것은 잘못한 일이오. 그들은 심장이나 뱃속에 있는 고질덩어리와 같으니 제거하지 않음만 못 하오."

"백승복의 집안은 매우 부유하여 은으로 된 말구유를 사용한다고 합니다. 그를 죽이고 재화를 거두어 군자금으로 씁시다."

이와 같은 모의에 따라 유지원은 석중귀에게 은밀한 표문을 올렸다.

"토욕혼은 이랬다저랬다 하여 신의를 보장하기 어려우니, 청컨대 내지로 옮기게 해 주십시오."

황제가 그 청을 들어 토욕혼 사람 1,900명을 징발한 후 하양을 비롯한 여러 주로 나누어 두게 했다.

유지원은 곽위를 파견하여 백승복 무리를 유혹한 후 태원성 안으로 들어와 살게 했다. 그런 다음 백승복을 포함한 토욕혼의 다섯 종족이 모반했다고 무고하여 그들을 죽이고 재산을 몰수했다. 석중귀는 조서를 내려 유지원을 표창하고 상을 내렸다.

이로써 토욕혼은 80~90년간 유지해 온 독자적인 세력을 잃고 말았다. 친하다고 믿었던 친구로부터 등침을 맞은 셈이었다.

오대
후한시대

자치통감 권286~자치통감 권289
947년~950년(4년간)

五代
後漢時代

五代 後漢時代

오대 후한시대

　　《자치통감》권286부터 권289까지의 네 권에는 오대 후한시대의 역사가 기록되어 있다. 947년부터 950년까지 4년 동안 존속했던 후한은 후진의 하동절도사였던 유지원에 의해 건국되었다. 후진의 소제 석중귀가 거란과의 대결에서 패하여 포로가 되자 유지원은 중원 지역에 황제가 없다는 이유로 스스로 황제를 칭하고 후한을 세웠다. 고조 유지원은 후한을 건국한 지 1년 만에 죽었고, 그의 조카 유승우가 황위를 이었지만 천웅절도사 곽위가 쿠데타를 일으켜 후한을 멸망시켰다.

　　이 기간 동안 지방에 있던 독자 세력 가운데 초가 멸망하였고, 후촉·남당·오월·남한·형남은 독립 왕국을 계속 유지했다. 거란족의 요나라에도 야율덕광이 계속 황제의 자리를 지켰다.

나라를 망친 석중귀와
후진 군사의 목숨을 살린 조연수

오대 후한시대 1 (947년)

석중귀는 그의 삼촌인 석경당이 거란에 칭신하여 나라를 세운 것을 못마땅하게 생각하고 반거란 정책을 펼쳤다. 그 결과 거란에게 도읍지를 점령당하고 결국은 거란에 투항하는 지경이 되었다. 석중귀는 거란 땅으로 끌려가 화룡성에 안치되었고, 석경당의 부인이었던 후진의 장공주는 거란의 황제에게 백배 사죄하여 겨우 목숨을 부지할 수 있었다.

"석중귀가 돌아가신 임금의 뜻을 어기고 두 나라의 우호를 끊은 것은 명백히 잘못된 일입니다."

거란에서는 석중귀와 함께 잡아온 사람들을 봉선사로 옮겨놓고 대동절도사·겸시중인 최정훈을 파견하여 군사를 거느리고 그곳을 지키게 했다. 당시 비와 눈이 열흘 동안 계속되어 사람들이 추위에 떨며 굶주리자 후진의 태후가 사람을 시켜 봉선사의 승려에게 말했다.

"내가 일찍이 이곳의 승려 수만 명에게 밥을 먹였는데 오늘 이곳에 있는 단 한 명이라도 나를 생각해 줄 사람이 없는가?"

이처럼 후진의 태후가 자비를 구하는데도 승려들은 냉정하게 대답했다.

"오랑캐의 생각을 헤아리기 어려우니, 감히 음식을 바치지 못하겠습니다."

석중귀는 자신을 지키는 사람에게 몰래 빌고 나서야 음식을 조금 얻을 수 있었다. 황제였던 사람이 밥을 빌어먹는 신세가 된 것이다.

거란의 황제 야율덕광은 조연수와 후진의 땅을 어떻게 할 것인지에 대해 논의했다. 조연수는 후당 명종의 사위였는데, 후진 시절에 전쟁에 나가 싸우다 패하여 거란에 투항한 인물이다. 그 후 조연수는 야율덕광의 신임을 받아 거란의 중신이 되었다.

야율덕광은 거란에 대항한 후진 황제 석중귀의 군사들을 죽이고자 했다. 이에 대하여 조연수가 말했다.

"폐하께서는 친히 화살과 돌을 무릅쓰며 후진을 정복하셨습니다. 그 일이 그들을 갖고자 하셨던 일입니까, 아니면 다른 사람을 위하여 빼앗은 일입니까? 후진에서 항복한 군사들을 다 죽이면 그 소문이 퍼져 아무도 거란에게 항복하려 들지 않을 것입니다. 어차피 항복해도 죽임을 당할 것이라면 사람들은 오히려 죽을 때까지 싸우는 것이 더 낫다고 생각하지 않겠습니까."

이 말을 들은 야율덕광이 말했다.

"내가 옛날에 상당에 있으면서 자르고 나누는 것에서 실수하여 당의 군사를 모두 진에 주었소. 그랬더니 진이 원수가 되어 나와 더불어 싸웠고, 여러 해 동안 고생한 다음에야 겨우 그들을 이길 수 있었소. 다행히도 진이 지금 내 손에 들어왔으니 이때를 이용하여 그들을 모두 없애지 않으면 다시금 후환을 남겨 두는 일이 되지 않겠소?"

황제의 말을 들은 조연수가 지난 번 정책의 잘못을 지적하며 말했다.

"저번에는 진의 군사를 하남에 남겨 두면서 그의 처자들을 인질로 삼지 않았기 때문에 그런 일이 일어난 것입니다. 하오니 이번에는 포로로 잡힌 자들의 가족을 항과 정, 운 등으로 옮겨 살게 하시고 매년 번을 나누어 남쪽 변경에 경계를 서게 한다면 그들이 어찌 변고를 일으킬 수 있겠습니까?"

조연수의 계책을 들은 야율덕광은 기뻐하며 말했다.

"그것 참 좋은 생각이오! 즉시 그렇게 처리하시오."

이로 말미암아 거란에 대항하다가 포로가 된 후진의 군사들은 비로소 목숨을 구할 수 있었다. 그들은 각각의 번으로 배치되어 군영으로 돌아갔다.

국제 정세를 파악하지 못한 채 자존심만 내세우다 나라를 망친 석중귀와 일찍이 거란에 투항하여 오랑캐의 신하가 되었지만 절묘한 계책으로 후진의 군사들을 살려 낸 조연수의 처신은 참으로 대조가 되는 모습이다.

287

거란인 야율마답과 한인 백마답

후진의 석중귀가 거란의 포로로 잡혀간 후 중원에는 황제의 자리가 비게 되었다. 석경당에게 황제가 될 것을 권유했던 유지원은 이를 빌미로 자신의 근거지인 태원에서 후한을 건국하고 황위에 올랐다.

한편 후진의 도읍을 점령한 거란은 야율올욕으로 하여금 그 지역을 통치하게 하였다. 그런데 황제인 야율덕광이 죽자 야율올욕은 황위에 오르기 위해 급히 요의 도읍으로 귀국하게 되었다. 야율올욕은 사촌동생인 야율마답을 안국절도사·중경유수로 삼아 자기가 있던 지역을 통치하게 했다.

야율올욕은 대량을 떠나면서 한림학사 서태부와 이한, 그리고 후궁과 교방에 있는 사람을 데리고 갔다. 그 외에 후진의 문무 관원들과 사졸들은 모두 항주에 남아 있게 했다.

대량의 새로운 통치자가 된 야율마답은 성정이 탐욕스럽고 교활하며 잔인했다. 백성들이 가진 진기한 물건이나 예쁜 여자를 발견하면 반드시 그것을 탈취했고, 무고한 백성들을 도둑으로 몰아 얼굴 껍질을 벗기고 눈을 후벼 파냈으며 팔을 잘라 불에 구워 죽이는 등 포악한 행동을 통해 위엄을 나타내고자 했다. 그는 항상 형벌 도구를 가지고 다니며 좌우에는 사람의 간이나 쓸개, 손과 발 등을 매달아 놓고 그 사이에서 태연하게 일상생활을 했다. 그뿐만 아니라 황제의 물건을 마음대로 사용하고, 제멋대로 재상을 임명하는 등 온갖 만행을 저질렀다.

후한의 황제가 된 유지원은 군사를 파견하여 대량에 있는 거란을 공격할 것을 명했다. 야율마답은 항상 한인 병사들을 의심하여 점차적으로 그 수를 줄이고, 그들이 먹을 것을 거란군에게 주어 먹게 함으로써 한인들을 분노케 했다. 한인 병사들은 후한을 건국한 유지원이 대량으로 들어왔다는 소식을 듣고 모두 남쪽으로 돌아갈 뜻을 갖게 되었다. 따지고 보면 이러한 상황은 야율마답이 스스로 자초한 것이기도 했다.

이와 같은 상황을 파악한 영주방어사 하복진과 공학지위사 이영은 군대 안에 있는 장사 수천 명과 밀통하여 거란을 공격하기로 모의했다. 하지만 거란군은 너무나도 강했으므로 차마 계획을 실행하지 못하여 자꾸만 거사 날짜가 뒤로 미루어졌다.

이때 항주에 있던 거란 사람은 겨우 800명에 불과했다. 하복진과 이영 무리는 드디어 거사 계획을 결정하고 불교 사원의 종 치는 소리를 신호로 거병할 것을 약속했다.

그런데 예상치 못한 차질이 생겼다. 사원에서 식사 시간을 알리기 위해 울리는 종소리를 한인 병사들이 거병 신호로 착각한 것이다. 그들은 거란인 문지기의 무기를 빼앗고 주변의 거란인을 공격하여 10여 명을 죽인 후 안으로 돌진하여 들어갔다. 이영은 무기 창고를 점거하고 한인 병사와 저자에 있던 사람들에게 갑옷과 무기를 나눠 주었다. 그들이 맹렬하게 공격해 오자 야율마답을 비롯한 거란인들은 크게 놀라 금은보화와 가족을 싣고 북쪽에 있는 성으로 달아났다.

이영은 여러 장수들과 힘을 합하여 당시 후한 사람으로 가장 높은 관직에 있던 백재영을 숨어 있던 별실에서 억지로 끌어내어 자신들의 거사에 동참시켰다. 이렇게 하여 백재영은 타의에 의해 거란을 내쫓는 데 공을 세우게 되었는데, 거란이 쫓겨난 이후 대량에서는 그를 거사를 책임지는 권지유휴로 삼았다.

이로써 거사의 실세가 된 백재영은 거란에 협조했던 사람들을 처리한다는 명목으로 한인들 가운데 일찍이 야율마답을 섬겼던 사람들을 구속하고 그들의 재물을 빼앗았다. 항주 사람들은 탐욕스럽고 포악한 백재영을 야율마답에 빗대어 '백마답'이라 불렀다. 백성을 수탈하기로는 야율마답이나 백재영이나 같다는 뜻이었다.

옛 주군 이수정과
새로운 주군 곽위의 대결

오대 후한시대 3 (948년~949년)

오대시대는 강한 자만이 살아남는 시기였다. 이러한 때에 후한을 세운 유지원이 나라를 건국한 지 1년 만에 죽었다. 유지원의 뒤를 이어 그의 아들 유승우가 황위에 올랐는데, 난세를 헤쳐 나가기에는 역부족이었다.

이때 이수정이라는 사람이 있었다. 그는 혼란 중에 졸병으로 석경당을 좇다가 그의 눈에 띄어 총애를 받았는데, 석경당이 죽고 석중귀가 황위에 오른 다음에는 거란으로 투항했다. 그 후 유지원이 후한을 세우자 하중으로 옮겨 영흥 및 봉상 세력과 연합하여 후한 황제의 명령 받기를 거절하며 독립을 감행했다.

후한으로서는 이들을 토벌하지 않으면 왕조로서의 존립 자체가 어려운 상황이 되었다. 그리하여 지속적으로 군사를 파견하여 이들을 토벌코자 했는데, 파견된 장수들이 단결하지 않는 바람에 진압 작전은 지지부진한 상태였다.

그러자 후한의 조정에서는 곽위를 서면군전초위안무사로 삼아 토벌군을 통제하게 했다. 이 임무는 결코 만만치 않은 것이어서 곽위로서는 부담스럽지 않을 수가 없었다. 그리하여 당대의 최고 지식인으로 추앙받던 태사 풍도에게 계책을 물었다.

이에 풍도가 말했다.

"병사들은 이수정이 과거에 훌륭한 장수였다는 생각 때문에 그에게 붙어 있는 것이오. 그러나 공이 관청의 물건을 아끼지 않고 사졸들에게 내려 준다면 그의 군사들을 빼앗아 올 수 있을 것입니다."

이수정은 오래도록 군사를 지휘하면서 사졸들에게 많은 은혜를 베풀었다. 그러니 그보다 더 사졸들을 잘 대해 주어야 병사들이 그에게 옮겨 올 수 있다는 것이었다. 풍도의 말을 받아들인 곽위는 다른 장수들과 함께 섬서 지역에 있는 이수정을 공격하기 위한 포위 작전에 들어갔다.

곽위는 병사들을 살뜰하게 돌보았다. 그들이 공을 세울 때마다 넉넉한 상을 내리고, 그들이 조그만 상처라도 입었으면 친히 둘러보며 어루만졌다. 사병들이 똑똑하거나 못나거나 관계없이 그들이 말하는 것을 모두 받아들였으며, 군령을 어기는 자에게도 화를 내지 않았고, 작은 허물은 책망하지 않았다. 이로 말미암아 장졸들이 모두 곽위를 존경하며 우러러보았다.

한편 이수정은 곽위의 금군들이 과거에 자신이 데리고 있으면서 은혜를 베풀었던 병사들이라는 것을 떠올리며 흡족해 하고 있었다. 그들은 일찍이 자신의 휘하에 있었고, 그의 은혜와

베풂을 받았으며, 자신이 떠난 뒤에는 교만하고 엄격한 후한의 법과 규칙에 시달렸을 것이었다. 따라서 자신을 보는 순간 토벌군으로서의 신분을 버리고 옛 주인을 찾아 투항해 오리라 생각했다. 그러니 이수정은 가만히 앉아서 기다렸다가 그들을 받아들이기만 하면 된다고 믿고 있었다.

하지만 이수정의 생각은 맞지 않았다. 후한의 군사들은 새로운 지휘관 곽위의 은사를 받으며 이수정이 베풀었던 과거의 은혜는 잊어 버렸다. 이수정이 있는 성 아래에 도착한 곽위의 군사는 깃발을 펄럭이며 북을 울리고 펄쩍펄쩍 뛰면서 욕을 하는 등 당장이라도 진군할 기세를 보이고 있었다. 이를 본 이수정은 상황을 오판했다는 것을 깨닫고 얼굴색이 변했다.

곽위의 진영에서는 한시라도 빨리 이수정을 공격하자는 의견이 쇄도했다. 그러나 곽위는 느긋하게 말했다.

"용기에도 성쇠가 있고 공격에도 완급이 있다. 될 때와 아닐 때, 먼저 할 일과 뒤에 할 일을 구별할 줄 알아야 하는 법이니, 지금은 길게 포위망을 만들어 지키며 나는 것과 기어 다니는 것들의 길을 끊어 놓아야 할 때이다. 이수정을 포위망 속에 가두고 제풀에 항복해올 때까지 기다리도록 하라."

이와 같은 상황이 지속되니 그물 가운데 앉은 격이 된 이수정은 결국 스스로 목숨을 끊고 말았다.

289
어린 황제의 분기에서 끝난 왕조

오대 후한시대 4 (950년)

오대시대 유지원이 후한을 건국한 지 1년 만에 병에 걸려 죽자 그의 아들 유승우가 황제로 즉위했는데, 이때 은제 유승우의 나이는 겨우 18세였다. 오대 십국으로 분열한 시기의 혼란을 헤쳐 나가기에는 버거운 어린 나이였던 것이다.

은제가 즉위한 후 후한의 정치는 여러 신하들에 의해 주관되었다. 양빈이 기밀과 정치를 총괄했고, 곽위는 정벌을 주관했으며, 사홍조는 숙위를 관장하고, 왕장은 재부를 장악했다. 공정하고 충성스러운 양빈은 조정에서 퇴근한 후에는 그의 집 문에서 사사롭게 찾아볼 수 없었고, 경성을 감독하고 살피는 사홍조는 길에 떨어져 있는 것을 줍지 않았다. 재부를 책임진 왕장은 재물을 모으고 거두어 들이는 데 각박하긴 했지만 그 덕분에 후한의 조정은 반란을 진압할 경비를 충당할 수 있었다.

이와 같은 신하들에 의하여 나라가 어느 정도 안정을 찾아가는데, 은제의 주변에는 총애를 받는 자들이 사리사욕을 드러내기 시작하고, 태후의 친척도 조정의 정치에 간여해 오기 시작했다. 하지만 양빈 등이 이들을 억눌렀고, 사홍빈은 태후의 이름을 빌어 벼슬을 청탁하는 사람의 목을 베었다.

은제 유승우는 아버지의 삼년상을 끝내는 자리에서 영인들의 음악을 듣고 감동하여 비단으로 된 도포와 옥대를 하사했다. 영인들이 사홍조를 찾아가 감사의 인사를 했는데, 사홍조는 오히려 화를 내며 그들이 받은 하사품을 모두 빼앗았다.

"변방을 지키는 병사들은 목숨을 내놓고 싸우는 데도 아직 이와 같은 상을 받지 못했다. 그런데 너희는 무슨 공로로 이것을 얻었는가?"

이 일을 전해 들은 은제는 화가 났다. 더욱이 황제의 총애를 받으면서도 사홍조와 같은 신하들 때문에 오랫동안 승진하지 못한 사람들의 원망도 높아졌으므로 은제는 자신을 따르는 자들과 함께 양빈 등을 주살하기로 모의했다.

양빈을 비롯한 신하들이 조회에 들어오자 갑옷을 입은 병사 수십 명이 광정전에서 튀어나와 양빈과 왕장, 사홍조를 모두 죽였다. 은제는 조위에게 비밀 조서를 내려 전방에 나가 있는 곽위도 죽이도록 명했다.

하지만 곽위를 죽이라는 은제의 조서는 오히려 곽위의 손에 들어가게 되었다. 곽위는 휘하의 제장들을 모아놓고 양빈 등이 억울하게 죽은 일과 자신을 죽이라고 명한 은제의 조서에 대해 말했다. 조수기가 분연히 일어나 말했다.

"공이 헛되이 죽는다 하여 나라에 무슨 이익이 되겠습니까? 우리가 공을 지지하니 군사를 데리고 남쪽으로 내려가소서. 이것은 공에게 내린 하늘의 계시에 다름이 아닙니다."

곽위는 곽숭위에게 명하여 기병을 거느리고 선봉에 서게 한 후 스스로 대군을 거느리고 그 뒤를 이었다. 후한 황제 유승우는 곽위가 군사를 일으켜 남쪽으로 내려오고 있다는 보고를 듣고 군사를 발동하여 이를 막는 것을 논의했다.

곽위가 활주로 나아가니 의성절도사 송연악이 자진하여 항복하고 그를 영접했다. 곽위는 후주를 건국하고 황위에 올랐지만 그와 대치했던 은제 유승우의 군대는 이리저리 흩어져 지리멸렬한 상태가 되어 버렸다.

은제는 서북쪽으로 말고삐를 돌린 후 조촌에 이르렀는데, 추격하는 군사를 피해 민가로 들어갔다가 결국 피살되었다. 어린 황제의 사소한 분노에서 시작된 일이 후한 왕조의 막을 내리게 한 것이다.

오대
후주시대

자치통감 권290~자치통감 권294
951년~959년(9년간)

五代
後周時代

後周時代 五代

오대 후주시대

《자치통감》권290부터 권294까지의 다섯 권에는 오대 후주 시기의 역사가 기록되어 있다. 951년부터 959년까지 9년 동안 유지된 후주는 하동절도사 곽위에 의해 건국되었다. 그는 후한의 은제 유승우가 자신의 가족을 죽이고 자신도 죽이려 하자 군사를 이끌고 쿠데타를 일으켜 후한을 멸망시키고 후주를 세웠다.

후주 태조 곽위는 나라를 안정시키는 정책을 펼쳐 나중에 조광윤이 송을 건국하고 중원을 통일하는 기틀을 마련했다. 태조의 뒤를 이은 세종 시영이 갑작스럽게 병사하면서 그의 아들 시종훈이 7세의 나이로 황제가 되었는데, 그가 금군장군이었던 조광윤에게 선양함으로써 후주는 막을 내리고 송이 건국되었다. 이로써 당말 오대에 이르는 200여 년간의 분열도 끝이 나고 중원은 송나라에 의하여 재통일로 향하게 된다.

나라의 기틀을 새롭게 다진
후주 태조 곽위

고조 곽위가 건국한 후주는 오대의 마지막 왕조다. 후주가 건국된 지 9년 만에 후주의 3대 황제인 공제 시종훈은 송나라를 건국한 태조 조광윤에게 선양하여 왕조의 운명을 마감한다.

후주는 당말 오대의 200년 혼란을 마감하면서 그 토대 위에서 송 왕조가 건국될 수 있는 기틀을 마련한 셈이니 역사적으로 중요한 위치에 있다고 할 것이다. 이는 마치 위진남북조시대를 마감한 수 왕조를 있게 한 북주와 같은 역할이다.

후주를 건국한 것은 태조 곽위였지만, 그의 혈통이 황위를 이은 것은 아니다. 곽위의 전가족이 후한 유승우에게 몰살당했으므로 곽위의 처조카인 시영을 양자로 들여 태조의 뒤를 잇게 함으로써 2대 황제로 등극하게 되었다. 이후 시영의 아들인 시종훈이 3대 황제를 이으면서 짧은 후주의 역사를 마감했다.

곽위는 후한의 마지막 황제인 은제 유승우가 민가에서 피살된 후 나라의 질서를 장악하여 감국이 되었고, 후한 태후의 고명을 받아 황위에 올랐다. 궁궐로 들어온 그는 숭원전에 자리를 잡고 조서를 내려 말했다.

"짐은 주(周) 황실의 후예이니 나라 이름을 주라 할 것이다."

그리하여 곽위는 오대 후주를 개국하고 황위에 오른 다음 가장 먼저 기원을 고치고 대사면령을 내렸다. 또한 후한 황제 유승우 무리에게 피살된 양빈과 사홍조, 왕장 등에게 관직을 추증하고, 그들의 시신을 거두어 장례를 치렀으며, 그들의 자손을 찾아 벼슬을 내렸다.

그 다음으로는 재물을 거두는 방법과 형벌을 개선했다. 재정을 담당하는 관원들은 손실분을 감안한다는 이유로 항상 규정된 수량보다 더 많이 물자를 거두어 들였는데, 이와 같이 부정한 세금 부과 방법을 금지하고 반드시 규정된 양만큼만 거두도록 하였다.

또한 후당이 쇠퇴하여 도둑이 늘어났을 때 이를 막는다는 구실로 정한 엄한 법이 그때까지 계속 이어지고 있었는데 곽위는 이러한 형벌 제도도 개선했다. 후당법에 따르면 베 세 필을 감춘 자를 사형을 처하고, 남편이 있는 부인과 간음한 경우에는 강간인지 화간인지를 묻지도 않고 남녀 모두를 사형에 처하도록 했다. 또한 1전 이상을 훔치면 모두 사형에 처하도록 했고, 또 죄를 짓고 반역한 경우가 아니더라도 가문을 멸문시키거나 재산을 몰수하는 경우가 빈번했다.

곽위는 이와 같이 공포스러운 법률을 개선하는 것이야말로 나라의 질서를 바로잡는 일이라고 생각했다. 그리하여 엄격한 법률의 적용을 철폐하고, 반역한 경우 이외에는 목숨을 빼앗거나 연좌제를 적용하거나 재산을 몰수할 수 없도록 했다.

그는 후주의 뿌리라고 할 수 있는 후당 황제들의 능묘를 보살피고 정성스럽게 제사를 지냈다. 보통은 새로운 왕조가 개국하면 이전의 왕조를 나쁘게 몰아 스스로를 높이는 전략을 구사했는데, 곽위는 오히려 전 왕조의 황제들을 높임으로써 천하 사람들을 한 마음으로 모으는 고도의 정치적 전략을 발휘한 것이다.

이처럼 후주 태조 곽위는 그동안 무너졌던 국가의 기초를 새롭게 다짐으로써 중원이 다시 한 번 통일로 이르는 새로운 길을 마련했다.

북한의 도발을 물리친 후주의 황제

오대 후주시대 2 (952년~954년)

오대시대에는 한(漢)이라는 국호를 쓴 나라가 셋이 있다. 유지원이 중원 지역에 세운 후한(後漢)과 유엄이 광동 지역에 세운 남한(南漢), 그리고 유민이 세운 북한(北漢)이다.

후한이 후주로 교체되는 과정에서 후한 태조 유지원의 동생이자 하동절도사로 있던 유숭은 후한을 잇는다는 명분으로 황위에 올라 나라를 건국하는 독자적인 노선을 선택했는데 역사에서는 이를 북한이라 부른다. 유숭은 그 후 이름을 유민으로 개명했다.

유민의 북한은 후주의 곽위를 찬탈자로 보고, 그가 멸망시킨 후한을 회복한다는 명분을 가지고 있었기 때문에 기회가 있을 때마다 후주를 공격했다. 하지만 산서 지역의 열악한 조건으로는 후주를 감당할 수 없었다. 그러던 차에 후주를 건국한 곽위가 죽었다.

당시 유민은 59세의 노장이었고, 후주에서 곽위의 뒤를 이어 황제가 된 사람은 곽위의 양자인 시영으로, 33세의 젊은 황제였다. 유민은 황제 교체 및 태조 곽위의 장례 기간 동안 혼란이 일 것으로 생각하고, 이 기회를 이용하여 후주를 공격하기로 했다. 이를 위해서 유민은 미리 거란에 원조를 청해 놓기도 했다.

당시 후주에서는 북한의 형세가 강성하므로 신중함을 유지하여 그들을 좌절시켜야 한다는 신중론이 우세했다. 하지만 세종 시영은 이를 일축하고 나아가 유민의 북한군과 대치했다. 유민은 후주의 군사가 적은 것을 보고 거란을 부른 것을 후회하며 부하들에게 말했다.

"우리가 스스로 적을 격파할 수 있을 것인데 어찌 거란이 필요했는가? 오늘 후주를 이길 뿐만 아니라 거란으로 하여금 마음으로 감복하게 만들 것이다."

유민은 싸워 보기도 전에 자신감부터 내보였다.

후주와 북한 군대가 만나 싸운 지 얼마 되지 않아 후주의 번애능과 하휘가 기병을 이끌고 달아나기 시작했다. 그러자 후주의 보병 1천여 명이 갑옷을 벗고 만세를 부르며 북한에 투항했다.

후주의 군대가 위기에 빠지자 세종 시영이 친히 병사들을 이끌고 하늘을 뒤덮은 화살과 돌무더기를 뚫고 종횡무진하며 전투를 독려했다. 그러자 숙위장 조광윤이 군사들을 향하여 목이 터져라 외쳤다. 그는 나중에 후주로부터 선양받아 송을 건국한 사람이다.

"주군이 위태롭기가 이와 같은데 우리들이 어찌하여 죽지 않을 수 있겠는가?"

또한 그는 곽위의 사위이면서 금군을 지휘하고 있는 장영덕에게 말했다.

"도적의 기세가 하늘을 찌를 듯 교만하니 이를 이용하여 힘껏 싸우면 격파할 수 있을 것이오. 공의 휘하에는 왼손으로 활을 쏠 수 있는 사람이 많으니 군사를 이끌고 높은 곳으로 나아가 좌익으로 나오도록 하시오. 그러면 나는 우익에서 군사들을 이끌고 나와 이들을 치겠소. 국가의 안위가 이번 작전에 달려 있으니 우리 모두 죽기를 각오하고 싸웁시다!"

장영덕과 조광윤은 각각 2천 명씩 거느리고 좌우로 나아가 싸웠다. 조광윤은 사졸보다 앞에서 말을 달려서 그들의 칼날을 범접하니 뒤따르는 사졸들도 죽기를 각오하고 싸웠다. 그리하여 후주의 군사 한 사람이 북한의 병사 백 명을 감당하니 북한의 군사들은 추풍낙엽처럼 쓰러졌다.

금군의 내전직 마인우가 무리들에게 말했다.

"어가를 적과 만나게 했으니 우리를 대체 어디에 쓴단 말인가?"

금군은 황제를 호위하는 군대다. 그런데 황제의 수레를 적진 한가운데서 돌아다니게 했으니 책임을 다하지 못했다는 말이다. 마인우의 독려에 따라 병사들이 크게 소리를 지르며 연이어 수십 명을 죽이니, 후주의 사기가 더욱 불타올랐다. 결국 전투에서 패한 북한의 유민은 가까스로 도망치는 데 성공했다.

후주의 세종은 전투 초기에 도망친 번애능 등을 잡아들여 호통을 쳤다.

"너희들은 모두 여러 왕조를 거친 오래된 장수들이다. 그러니 싸울 능력이 없는 것은 아닌데, 멀리서 바람이 이는 것을 보고 지레 달아나 숨어 버렸다. 이것은 짐을 기이한 재물로 생각하여 유민에게 팔아치우려 한 것이니 죽어 마땅하리라!"

일갈을 마친 세종은 그들 모두의 목을 베었다. 난세를 지나오면서 이익에 따라 이리 붙고 저리 붙던 군사들의 몸에 익은 습성에 차가운 경종을 울린 것이다.

왕방의 중원 재통일에 관한
마스터 플랜

오대 후주시대 3 (954년~956년)

후주의 2대 황제인 세종 시영은 북한과의 전투를 치르면서 군사 제도 개혁의 필요성을 실감했다. 그는 조광윤에게 명하여 황제를 호위하는 금군을 정예군으로 재편하도록 하고, 보병과 기병은 장수가 직접 뽑도록 하여 강군을 만들었다.

또한 가까운 신하들을 불러 지난 200년 동안 중국이 분열되어 통일되지 못한 상황을 설명하고 '위군 난위신 불이론(爲君難爲臣不易論)'과 '개변책(開邊策)'을 각기 한 편씩 저술해 오라는 숙제를 내렸다. '위군 난위신 불이'란《논어》의 〈자로편〉에 나오는 말로, "남의 임금 노릇도 하기 어렵고 남의 신하 노릇도 하기 쉽지 않다."는 뜻이고, '개변책'은 '변방을 여는 책략'이라는 뜻이다. 세종은 획기적인 개선책을 통하여 중원을 다시 통일하고자 하는 포부를 밝히고 있는 것이었다.

이 명령을 받은 비부랑중 왕방이 대책을 올렸다.

"중국이 오(吳)·촉(蜀)·유(幽)·병(幷)을 잃은 것은 모두 도(道)를 잃음으로 말미암은 것이었습니다. 이와 같이 잃어버린 원인을 먼저 보아야 그 다음에 잃어버린 것을 다시 찾는 방법을 알아낼 수 있을 것입니다.

나라를 잃게 하는 원인은 이러합니다. 군주는 아둔하고, 신하는 사악하며, 병사는 교만하고, 백성은 피곤한 까닭입니다. 거기에 간사한 무리들이 안에서 열을 올리고, 무장들은 밖에서 횡행하니 작은 것이 커지고 미미한 것이 쌓여 드러나지 않는 것이 없습니다.

우리가 지금 잃어버린 것을 되찾고자 한다면 이와 같은 일을 반대로 하는 것뿐입니다."

이처럼 중원을 분열시킨 원인과 그것을 다시 통일시키는 방법을 제시한 왕방은 각론으로 들어가 설명을 이어 나갔다.

"재주 있는 사람을 거두어들이고, 백성들의 마음을 하나로 묶어야 하며, 그들이 정성을 다해 일하게 함으로써 재정을 풍성하게 해야 합니다. 이것이 곧 백성들을 크게 하는 일입니다.

이러한 목표를 세웠다면 현명한 사람을 나아가게 하고 불초한 사람을 물러나게 하며, 은혜로 구휼하고 진실하게 믿으며, 공로를 이룬 사람에게 상을 주고 죄를 지은 사람에게 벌을 주며, 사치를 버리고 쓰는 것을 절약하며, 때에 맞추어 부리고 거두어들이는 것을 적게 해야 합니다.

재주 있는 사람이 여럿 모이면 정치가 잘 이루어지며, 재물이 풍성하면 백성들이 모여들게 마련입니다. 그런 다음에는 이루지 못할 것이 없습니다. 이와 같은 형세를 미리 갖춘다면 적의 백성이 우리의 간자가 되기를 원할 것이고, 그들의 산천을 아는 자가 우리 군대의 앞잡이가 되기를 원할 것입니다. 이처럼 백성들의 마음을 먼저 사로잡으면 하늘의 뜻도 반드시 따라올 것입니다.

또한 적의 대비가 없는 곳을 시끄럽게 하여 적으로 하여금 동분서주하게 만들고, 소규모의 군사를 동원하여 적의 약한 곳을 공격하여 빼앗아야 합니다. 예컨대 강남 한 곳을 빼앗으면 다른 지역은 격문 한 장으로 평정할 수 있습니다.

하오니 먼저 무력을 보이고, 그 무력의 위엄을 앞세워 정치적으로 복종하게 만들어야 합니다. 이를 위해서는 무엇보다도 뛰어나게 훈련된 사병과 갑병을 갖추어야 합니다. 아랫사람들이 법을 두려워하고, 장수들이 힘을 다하면 1년 만에 군대를 출동시킬 수 있게 될 것입니다. 이를 위해서는 당연히 여름과 가을에 식량을 축적하여 변경을 충실하게 해야 할 것입니다."

왕방의 말에는 200년간 분열된 중국을 하나로 통일하는 방법이 모두 제시되어 있었다. 세종 시영은 기쁘게 왕방의 숙제를 수용했다.

준법주의자 주행봉과
실제로 법을 지킨 그의 처

오대 후주시대 4 (956년~957년)

오대 시대 양자강 유역에는 남당(南唐)과 초(楚)가 대결하고 있
었다. 주행봉은 원래 초나라의 절도사였는데, 후주가 남쪽으로
세력을 뻗칠 때 그를 무평절도사로 삼았다. 호남 일대를 총괄하
게 된 주행봉은 다른 절도사와는 달리 폐습을 타파하는 일에 앞
장섰다.

가장 먼저 그는 초 왕조의 잘못된 조세 제도를 없애고, 일반
백성들에게 해가 되는 탐욕스러운 관리와 교활한 백성들을 제
거한 후 청렴하고 올바른 사람을 택하여 자사와 현령으로 삼았
다. 또 유언과 왕규 같은 사람 밑에 있던 교만하고 횡포한 장수
들을 법대로 다스리며 공평무사한 정책을 실시하니 무리들은
그를 원망하면서도 두려워했다.

한번은 어떤 장수가 자신의 무리 10여 명과 난을 일으키기로
모의했는데, 이를 알게 된 주행봉이 그들을 모아 놓고 말했다.

"내가 나쁜 옷을 입고 거친 음식을 먹으며 창고를 충실하게
채운 것은 바로 너희들을 위한 것이다. 그런데 어찌하여 나를

배반하고 반란을 꾀하는가? 오늘의 모임은 너희들과 결별하기 위해 연 것이다."

그리고는 그들을 때려 죽였다.

주행봉은 계책과 술수가 많고, 숨기고 감춘 것을 잘 찾아내었으므로 장졸들 가운데 반란을 모의하거나 배반하여 도망치려 하는 사람이 있게 되면 주행봉이 한발 먼저 그를 발각하여 잡아 죽였다. 그러자 부하들은 그를 공경하며 두려워했다. 주행봉이 이렇게 할 수 있었던 것은 항상 사람을 뿌려 비밀리에 여러 주의 일을 염탐했기 때문에 가능한 일이었다.

한번은 주행봉이 소주로 파견한 정보원이 있었는데 그가 가서 보니 특별히 보고할 만한 일이 아무것도 없었다. 그렇다 하더라도 보고를 안 할 수는 없는 일이어서 소주자사 유광위가 자주 연회를 열고 술을 마신다는 보고를 올렸다.

이 보고를 받은 주행봉이 말했다.

"유광위는 자주 사람을 모아 술을 마신다는데 이것은 그가 나를 도모하려는 것이 아닌가?"

주행봉은 즉시 유광위를 소환하여 죽였다.

그런데 주행봉의 처인 운국 부인 등씨는 얼굴은 못생겼지만 성품이 강직하고 결단이 있었다. 그리하여 여러 가지 일을 잘 처리했는데, 평소에 남편인 주행봉에게 엄한 법을 적용하여 사람들을 멀어지게 한다고 간언한 바 있었다.

주행봉이 화가 나서 말했다.

"너는 여자인데 무엇을 알겠는가?"

이 말을 들은 운국 부인은 바로 보따리를 싸더니 시골에 있는 별장으로 들어가 버렸다. 그녀는 그곳에서 농사를 지으며 다시는 주행봉이 있는 관사로 돌아오지 않았다. 주행봉은 누차 사람을 파견하여 그녀를 돌아오게 하려 했지만 번번이 실패했다.

어느날 운국 부인이 직접 사내아이 종을 인솔하고 와서 세금을 납부했다. 그 모습을 보고 주행봉이 물었다.

"내가 절도사인데 부인은 어찌하여 이처럼 스스로 고생을 자처하시오?"

운국 부인 등씨가 대답했다.

"세금은 관부의 재산입니다. 절도사인 공께서 먼저 세금을 내지 아니하시면 어찌 아랫사람을 통솔하시겠습니까?"

주행봉은 그녀와 더불어 관사로 돌아가고 싶어 했지만, 운국 부인은 이를 뿌리치며 말했다.

"공께서 사람들을 주살하는 일이 지나치시니 매일 아침마다 변고를 당하게 될까봐 마음을 졸였습니다. 시골 별장이 내게는 편하니 저는 그저 그곳에 숨어 살겠습니다."

운국 부인은 뒤도 돌아보지 않고 시골로 돌아가 버렸다.

294

7살짜리에게 나라를 물려준
위대한 황제

후주의 2대 황제인 세종 시영은 중원을 통일하기 위한 기반을 다진 인물이다. 세종은 남쪽에 있는 남당으로부터 항복을 받아냈고, 북쪽에 있던 북한을 공격하여 나라의 기반을 넓혔다. 후주가 이처럼 탄탄하게 통일의 기반을 다질 수 있었던 데에는 세종을 보좌한 많은 인물들이 있었다.

그 중에는 위인포가 있었는데, 세종이 그를 재상으로 삼으려 하자 사람들이 반대했다. 과거를 통해 올라온 사람이 아니므로 재상이 될 수 없다는 것이다.

"예로부터 문무의 재주와 지략을 가진 사람을 채용하여 황제를 보좌하게 했는데, 언제부터 과거 급제가 인재 채용의 기준이 되었는가?"

세종은 주변의 반대를 일축하고 위인포를 중서시랑·동평장사로 삼았다. 그를 재상으로 삼은 것이다. 이처럼 높은 지위에 올랐으면서도 위인포는 항상 겸손하고 모든 일에 몸과 마음을 삼가며 주변을 어루만졌다.

하지만 급한 성격이었던 세종 시영은 자신의 뜻을 거스르는 사람에게 불같이 화를 내었다. 그럴 때마다 위인포는 그 사람들의 죄를 자신에게 돌려 그들을 구원했다. 이렇게 해서 목숨을 구한 사람들이 열에 일고여덟이었다. 이런 까닭에 하급 관리에서 시작하여 재상에 이른 위인포를 두고 하찮게 생각하는 사람이 없었다.

세종은 일찍이 병부시랑 장소에게 대신들 가운데 재상으로 삼을 만한 사람이 누구인지 물은 바 있었다. 이때 장소는 이도를 천거했는데, 세종이 놀라 물었다.

"이도는 경박하여 대신의 체통을 구비하지 못했는데 경은 어찌 그를 추천하는 것이오?"

장소가 대답했다.

"폐하께서 지적하시는 것은 그의 작은 행동이고, 신이 천거하는 것은 그의 큰 마음입니다. 후진의 고조 석경당 때 장언택이 아무 죄도 없는 사람을 학살하자 이도는 누차 상소하여 그를 주살할 것을 청하였습니다. 만약 그를 죽이지 않으면 반드시 나라의 걱정거리가 될 것이라 했습니다.

또한 후한의 은제 유승우 시대에도 이도가 상소하여 먼저 돌아가신 황제의 병권을 해체할 것을 청했습니다. 이처럼 국가의 안위가 채 형성되기도 전에 나라의 걱정거리를 먼저 알아볼 수 있는 사람이 진정한 재상감이기에 신은 그를 천거한 것입니다."

이도는 후주의 고조인 곽위의 병권을 해제하지 않는 바람에 후한이 후주에게 황제의 자리를 빼앗겼다고 주장했었는데, 이는 후주의 치세에서 감히 할 수 없는 과감한 간언이었다. 하지만 세종은 장소의 말을 듣지 않았다.

이도는 동생인 이한과 함께 문학으로 이름이 높았다. 형제간의 우애는 좋았으나 해학과 풍자를 좋아하며 방황하기를 즐겼으므로 세종은 그가 장유의 체통을 갖추지 못했다며 등용하지 않았다.

세종은 병이 들자 왕저를 재상으로 삼으라고 말했다.

"왕저는 짐이 세자였던 시절부터 있었던 사람이니, 만약 짐이 일어나지 못한다면 그를 재상으로 삼으라."

하지만 신하들은 이러한 황제의 명령을 받들지 않았다.

"왕저는 하루 종일 술에 취해 노니는 사람인데 어찌 재상의 중책을 감당하겠는가. 모두 신중히 생각하여 이 일을 결코 누설치 말라."

결국 세종의 명은 실행되지 않았다.

그로부터 얼마 되지 않아 세종은 숨을 거두었다. 그의 뒤를 이을 사람은 이제 겨우 7살이 된 공제 시종훈이었다. 아버지인 세종이 보필해 줄 재상을 그토록 가려 뽑았건만, 후주는 공제가 즉위한 지 1년 만에 군권을 손에 넣은 조광윤 의하여 '진교(陳橋)의 변'이 일어났고, 후주는 송에게 그 자리를 넘겨 주었다. 그러나 세종 시영이 남긴 토대는 추후 송이 통일을 하는 밑바탕이 되었으니, 오히려 업적은 제대로 전해진 것이라고 해야 할 지도 모를 일이다.

감사합니다

▶전한시대 황제표

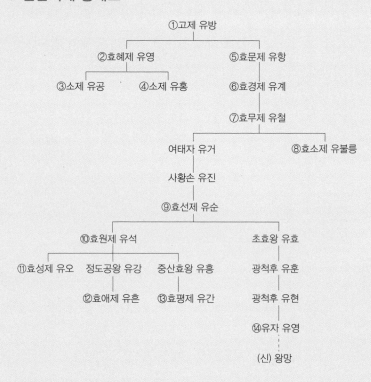

```
                        ①고제 유방
              ┌──────────────┴──────────────┐
         ②효혜제 유영                    ⑤효문제 유항
      ┌──────┴──────┐                        │
  ③소제 유공      ④소제 유홍            ⑥효경제 유계
                                              │
                                         ⑦효무제 유철
                              ┌──────────────┴──────────────┐
                          여태자 유거                   ⑧효소제 유불릉
                              │
                          사황손 유진
                              │
                          ⑨효선제 유순
              ┌──────────────┴──────────────┐
         ⑩효원제 유석                     초효왕 유효
   ┌──────┬──────┴──────┐                    │
⑪효성제 유오  정도공왕 유강  중산효왕 유흥    광척후 유훈
              │              │                │
         ⑫효애제 유흔  ⑬효평제 유간       광척후 유현
                                              │
                                         ⑭유자 유영
                                              ┊
                                          (신) 왕망
```

▶후한시대 황제표

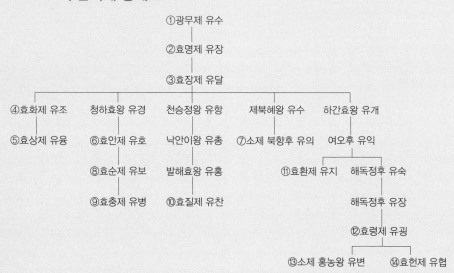

```
                              ①광무제 유수
                                   │
                              ②효명제 유장
                                   │
                              ③효장제 유달
   ┌──────────┬──────────┬──────────┼──────────────┐
④효화제 유조  청하효왕 유경  천승정왕 유항  제북혜왕 유수  하간효왕 유개
   │           │           │           │              │
⑤효상제 유융  ⑥효안제 유호  낙안이왕 유총  ⑦소제 북향후 유의  여오후 유익
               │           │                    ┌──────┴──────┐
          ⑧효순제 유보  발해효왕 유홍      ⑪효환제 유지   해독정후 유숙
               │           │                              │
          ⑨효충제 유병  ⑩효질제 유찬              해독정후 유장
                                                         │
                                                    ⑫효령제 유굉
                                              ┌──────────┴──────────┐
                                        ⑬소제 홍농왕 유변      ⑭효헌제 유협
```

▶삼국시대 위 황제표

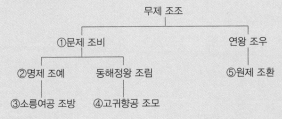

```
                    무제 조조
          ┌───────────┴───────────┐
       ①문제 조비                 연왕 조우
     ┌─────┴─────┐                 │
  ②명제 조예   동해정왕 조림      ⑤원제 조환
     │             │
 ③소릉여공 조방  ④고귀향공 조모
```

▶삼국시대 촉한 황제표

```
   ①소열제 유비
       │
   ②후주 유선
```

▶삼국시대 오 황제표

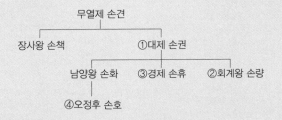

```
                무열제 손견
        ┌──────────┴──────────┐
    장사왕 손책            ①대제 손권
                  ┌──────────┼──────────┐
              남양왕 손화  ③경제 손휴  ②회계왕 손량
                  │
              ④오정후 손호
```

▶서진시대 황제표

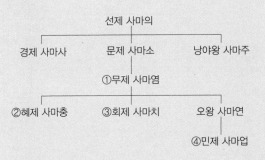

```
                    선제 사마의
        ┌──────────────┼──────────────┐
    경제 사마사     문제 사마소     낭야왕 사마주
                        │
                    ①무제 사마염
        ┌──────────────┼──────────────┐
    ②혜제 사마충   ③회제 사마치     오왕 사마연
                                        │
                                    ④민제 사마업
```

▶동진시대 황제표

선제 사마의

낭야왕 사마주

낭야왕 사마근

⑤원제 사마예

⑥명제 사마소
⑫간문제 사마욱

⑦성제 사마연
⑧강제 사마악
⑬효무제 사마요

⑪폐제 사마혁
⑩애제 사마비
⑨목제 사마담
⑭안제 사마덕종
⑮공제 사마덕문

▶5호16국 흥망표

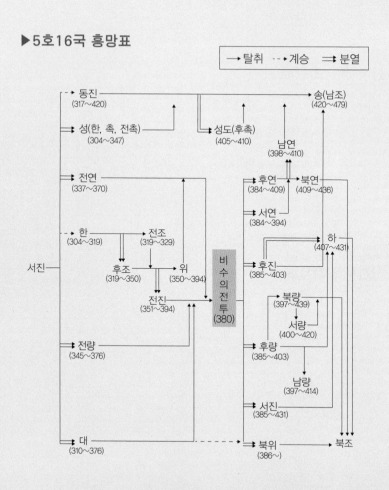

→ 탈취   --→ 계승   ⇒ 분열

동진
(317~420)

송(남조)
(420~479)

성(한, 촉, 전촉)
(304~347)

성도(후촉)
(405~410)

남연
(398~410)

전연
(337~370)

후연
(384~409)
북연
(409~436)

서연
(384~394)

한
(304~319)
전조
(319~329)

하
(407~431)

서진

후조
(319~350)
위
(350~394)

후진
(385~403)

전진
(351~394)

비수의전투
(380)

북량
(397~439)

서량
(400~420)

전량
(345~376)

후량
(385~403)

남량
(397~414)

서진
(385~431)

대
(310~376)

북위
(386~)

북조

▶5호16국 종족 분류표　　★: 16국에 들어가지 않음

종족	나라이름	기 간	창 업 자	도 읍 지
흉노	전조(한)	304~329년	유연	평양(한)
		304~329년	유요	장안(전조)
	북량	397~439년	단업	장액
		397~439년	저거몽손	장액
	하	407~431년	혁련발발	통만
갈	후조	319~350년	석륵	양국 → 업성
선비	전연	384~409년	모용외	용성 → 계 → 업성
	후연	384~409년	모용수	중산
	★서연	384~394년	모용충	장안 → 장자
	남연	398~410년	모용덕	광고
	서진	385~431년	걸복국인	용사보 → 금성
	남양	397~414년	독발오고	겸천보 → 낙도
	★요서	303~338년	단무물진	영지
	★대(위)	315~376년	탁발의려	성락(북도) 평성(남도)
저	성한	302~347년	이특	성도
	전진	351~394년	부홍	장안
	후양	386~403년	여광	고장
	★구지	296~371년	양무수	구지
강	후진	384~417년	요익중	장안
한인	전량	301~376년	장궤	고장
	★위	350~352년	염민	업성
	서량	400~420년	이고	주천
	북연	409~436년	풍발	화룡
	★후촉	405~413년	초종	성도

▶남북조 송시대 황제표

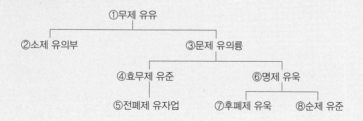

①무제 유유
②소제 유의부
③문제 유의륭
④효무제 유준
⑥명제 유욱
⑤전폐제 유자업
⑦후폐제 유욱
⑧순제 유준

▶남북조 제시대 황제표

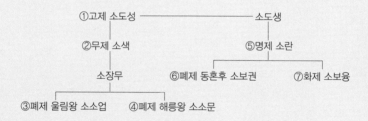

①고제 소도성 ──── 소도생
②무제 소색
⑤명제 소란
소장무
⑥폐제 동혼후 소보권
⑦화제 소보융
③폐제 울림왕 소소업
④폐제 해릉왕 소소문

▶남북조 양시대 황제표

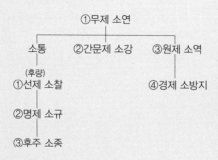

①무제 소연
소통
②간문제 소강
③원제 소역
(후량)
①선제 소찰
④경제 소방지
②명제 소규
③후주 소종

▶남북조 북위시대 황제표

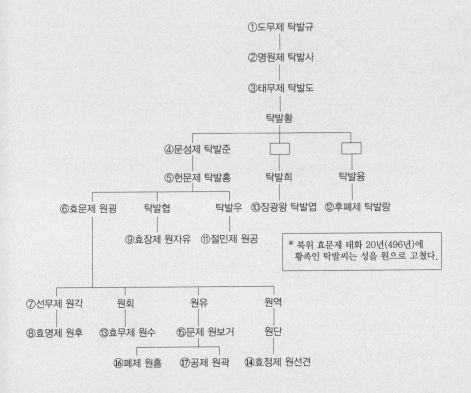

①도무제 탁발규

②명원제 탁발사

③태무제 탁발도

탁발황

④문성제 탁발준　　탁발희　　탁발융

⑤헌문제 탁발홍　　⑩장광왕 탁발엽　　⑫후폐제 탁발랑

⑥효문제 원굉　　탁발협　　탁발우

⑨효장제 원자유　　⑪절민제 원공

* 북위 효문제 태화 20년(496년)에 황족인 탁발씨는 성을 원으로 고쳤다.

⑦선무제 원각　　원회　　원유　　원역

⑧효명제 원후　　⑬효무제 원수　　⑮문제 원보거　　원단

⑯폐제 원흠　　⑰공제 원곽　　⑭효정제 원선견

▶남북조 북제시대 황제표

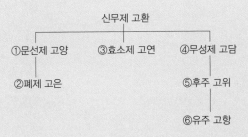

신무제 고환

①문선제 고양　　③효소제 고연　　④무성제 고담

②폐제 고은　　　　　　　　⑤후주 고위

⑥유주 고항

▶남북조 북주시대 황제표

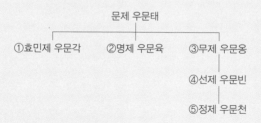

```
                      문제 우문태
        ┌─────────────┼─────────────┐
    ①효민제 우문각   ②명제 우문육   ③무제 우문옹
                                       │
                                  ④선제 우문빈
                                       │
                                  ⑤정제 우문천
```

▶남북조 진(陳)시대 황제표

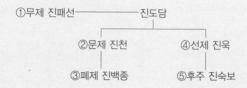

```
    ①무제 진패선──────────진도담
              ┌──────────────┴──────────────┐
         ②문제 진천                    ④선제 진욱
              │                            │
         ③폐제 진백종                  ⑤후주 진숙보
```

▶위진남북조 전개도

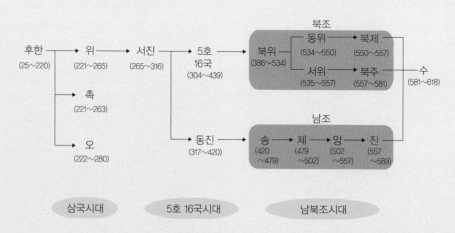

▶ 수시대 황제표

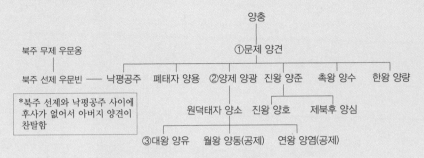

양충

①문제 양견

북주 무제 우문옹

북주 선제 우문빈 ─── 낙평공주   폐태자 양용   ②양제 양광   진왕 양준   촉왕 양수   한왕 양량

*북주 선제와 낙평공주 사이에 후사가 없어서 아버지 양견이 찬탈함

원덕태자 양소   진왕 양호   제북후 양심

③대왕 양유   월왕 양동(공제)   연왕 양염(공제)

▶ 당시대 황제표

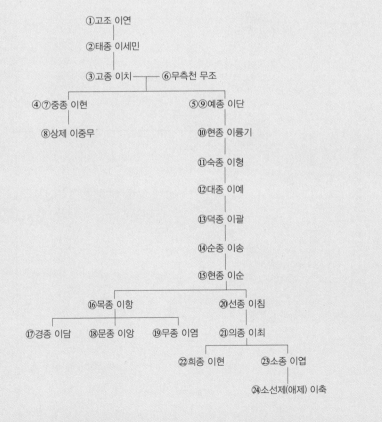

①고조 이연

②태종 이세민

③고종 이치 ─── ⑥무측천 무조

④⑦중종 이현   ⑤⑨예종 이단

⑧상제 이중무   ⑩현종 이륭기

⑪숙종 이형

⑫대종 이예

⑬덕종 이괄

⑭순종 이송

⑮현종 이순

⑯목종 이항   ⑳선종 이침

⑰경종 이담   ⑱문종 이앙   ⑲무종 이염   ㉑의종 이최

㉒희종 이현   ㉓소종 이엽

㉔소선제(애제) 이축

▶5대10국 흥망표

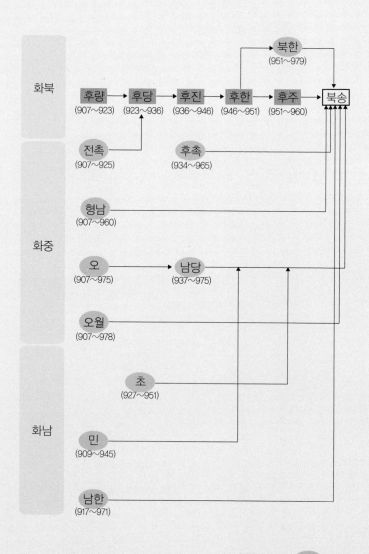

화북	후량 (907~923)	후당 (923~936)	후진 (936~946)	후한 (946~951)	후주 (951~960)	북송

북한 (951~979)

전촉 (907~925)

후촉 (934~965)

형남 (907~960)

오 (907~975) → 남당 (937~975)

오월 (907~978)

초 (927~951)

민 (909~945)

남한 (917~971)

■ 5대 ⬭ 10국

이 도서의 국립중앙도서관 출판시도서목록(CIP)은 서지정보유통지원시스템 홈페이지 (http://seoji.nl.go.kr)와 국가자료공동목록시스템(http://www.nl.go.kr/kolisnet)에서 이용하실 수 있습니다.(CIP제어번호: CIP2016023989)

3권으로 읽는
자치통감 294·하

2016년 12월 2일 초판 1쇄 찍음
2016년 12월 9일 초판 1쇄 펴냄

지은이   권중달
펴낸이   정철재
만든이   권희선 문미라 강선영
디자인   황지영

펴낸곳   도서출판 삼화
등 록   제320-2006-50호
주 소   서울 관악구 남현1길 10, 2층
전 화   02)874-8830
팩 스   02)888-8899
홈페이지 www.samhwabook.com

도서출판 삼화, 2016, Printed in Seoul Korea

ISBN 979-11-5826-063-7 (04910)
ISBN 979-11-5826-060-6 (세트)

책값은 표지 뒤쪽에 있습니다.
잘못 만들어진 책은 구입하신 서점에서 바꿔 드립니다.